Johann Sebastian Steif

Weg mit Aufenthalten

novum ☁ pro

Dieses Buch ist auch als e-book erhältlich.

www.novumverlag.com

Bibliografische Information
der Deutschen Nationalbibliothek:

Die Deutsche Nationalbibliothek
verzeichnet diese Publikation in
der Deutschen Nationalbibliografie.
Detaillierte bibliografische Daten
sind im Internet über
http://www.d-nb.de abrufbar.

© 2016 novum Verlag

ISBN 978-3-99048-451-7
Lektorat: Katja Wetzel
Umschlagfotos: Ariadna De Raadt,
Gooddenka | Dreamstime.com
Umschlaggestaltung, Layout & Satz:
novum Verlag

Gedruckt in der Europäischen Union
auf umweltfreundlichem, chlor- und
säurefrei gebleichtem Papier.

www.novumverlag.com

1

Es schneit. Doktor Weber steht am Gehsteig, blickt nach links, blickt nach rechts, blickt wieder nach links, lässt ein Auto mit einem grau melierten, brillentragenden Mann hinter dem Steuer samt einer sehr alten Dame, die soeben einen nicht abreißen wollenden Monolog hält, als Beifahrerin passieren, überquert die Straße, geht weiter in Richtung Innenstadt.

grau melierter, brillentragender Autofahrer

Von der Zweiten in die Dritte. Nein. Kurve. Konzentration auf die Straße, auf die enge Straße, hoffentlich eine Einbahn, ansonsten könnte jeden Moment ein Problem auftreten, ein Unglück geschehen. Und sie neben mir, die alte Dame, die uralte Tante, die nur zum sonntäglichen Mittagessen aus der dreißig Kilometer entfernten Ortschaft abgeholt, rechtzeitig zum Mittagsschläfchen aber wieder in ihrem einsam-kleinen Häuschen abgeliefert werden muss. Und sie neben mir. Die alte Dame neben mir. Die uralte Tante, die durchgehend spricht, spricht und spricht, die einzig und ausschließlich von sich spricht, von sich und nichts anderem. Tante Hilde besitzt die Gabe jedes Gesprächsthema binnen Sekunden auf sich, auf ihr ureigenes Leben, ummünzen zu können, was durchaus nicht schlimm wäre, führte sie ein tatsächlich aufregendes Leben. Dem ist jedoch leider nicht so. Das macht es zur Qual. Macht das Zuhören zur Qual. Ich höre ihrem Gebrabbel, ihrem Geschwafel, ihrem Gewäsch, ja, ihrem Altweibergewäsch schon seit meinem zwanzigsten Lebensjahr nicht mal mehr einohrig zu, obwohl ich sie durchaus verstehen könnte, ja verstehen könnte, wenn ich wollte. Ich könnte allerdings auch in ihr wettergegerbt-verschrumpeltes Gesicht brüllen: „Jetzt hör endlich auf zu reden! Hör auf zu reden!"

Das könnte ich ihr ins Gesicht schreien. Dazu fühle ich mich stark genug. Aber die Straße, die Kurve, die Einbahn, rechts, gerade noch am Gehsteig, ein Passant, ein Wartender, ein wartender Passant, ein Widerspruch, ein Stehender, Kulisse unter Kulissen aber mit Gedanken, möglicherweise nicht nachvollziehbaren, hoffentlich bleibt er stehen, wartet weiter, wartet bis ich an ihm vorbei und um die Kurve gefahren, hinter der Kurve verschwunden bin, hoffentlich.

Jetzt vom Gas. Auf die Kupplung. Leicht auf die Bremse. Nun hör endlich auf zu reden! Mach dir mal Gedanken über Wichtigeres, über tatsächlich Wichtiges! Siehst du nicht, dass ich fahre? Jetzt reicht's! Bla. Bla. Bla. Ja, ich verstehe schon. Irgendwie verstehe ich dich ja. Onkel Herbert ist vor zehn Jahren verstorben, du wohnst allein, hast niemanden, der dir zuhört außer deinen Pflanzen, außer Onkel Herberts Briefmarkensammlung samt blauer Mauritius, hast niemanden, der während du erzählst ab und an mit dir Blicke austauscht, niemanden, der an den richtigen Stellen ein „Aso" in sich hinein murmelt, ja ich verstehe dich doch, gefangen, wie du bist, eingesperrt mit Pflanzen und Briefmarken, die nun mal grundsätzlich keine Blicke austauschen, die bloß unentwegt vor sich hinstarren, die leider auch an den richtigen Stellen kein „Aso" in sich hinein murmeln. Schade. Vielleicht würden dir mehr Leute zuhören, vielleicht würden wir, deine Verwandten, dich auch öfters, möglicherweise sogar wochentags besuchen kommen, wenn du dich erzähltechnisch auch nur ein wenig zurückhalten würdest oder deine alten, modrigen, unerträglich langweiligen Familiengeschichten zumindest einer Art Vorauswahl unterziehen und bei der Gelegenheit auch gleich die bereits dreimalig erzählten einmal aussortieren, am besten völlig aus deinem Geschichtensortiment entfernen würdest.

Das wäre ein Anfang. So. Einschlagen, einschlagen, ganz vom Gas, die Motorbremse arbeiten lassen. In die Kurve. Halt den Mund! Halt doch deinen saublöden Mund!

einen Monolog haltende, sehr alte Beifahrerin
Tante Hilde

Und in dem roten Haus da drüben wohnt der Doktor Gregor, also nicht der Lungenfacharzt, sondern der Vater, nein, das muss schon der Großvater sein oder der Urgroßvater, bei dem waren wir damals sehr oft, also dein Onkel und ich, aber der is ja jünger als der Onkel Herbert, drei Jahre oder was, der hat's mit den Hüften, nein, das muss doch der Großvater sein, der sitzt nur zhaus, die Frau is ja schon ewig tot, an der Bauchspeicheldrüse, den Bauspeichelkrebs hat's ghabt, war immer auch ein sehr lustiger Mann, das hat er gekauft ghabt, das Haus in der Schleizergasse in den Siebzigern irgendwann, jetzt hat er's verkaufen müssen, ja ich glaub an irgend so einen, ja ich weiß nicht, aber der lasst ihn ja eh drinnen wohnen, also ich glaub zumindest, is aber glaub ich eh angenehm für ihn, er is ja nie viel rausgangen, das hat ihn nie wirklich interessiert, na ja … und der Bruder hat die Pferdezucht, das weißt eh, aber die wachst ihm langsam eh auch schon über den Kopf, da hat der Sohn ja Wirtschaft gmacht, oder macht's immer noch, der is ja in der Schule zweimal sitzen blieben oder so, ja, der studiert noch, hat glaub ich eh noch die Wohnung in Wien, die von der Tante, von der Kehrbauer Liesl, also von der Kehrbauerseite kommt die, das waren ja immer sehr arbeitsame Menschen, die war mit mir in der Volksschule, damals in Sankt Egyden, mim Martin, mim Herrn Gschwendt, den kennst eh noch vom Onkel Herbert, der von den Zeugen Jehovas, dem geht's überhaupt ganz schlecht, der dürft halb blind sein, was ich ghört hab, und seine Frau, die eh keiner kennt, die is ja überhaupt …, na ja ich glaub nicht, dass die ihm guttut …

am Gehsteig stehender, nach links, nach rechts, dann wieder nach links blickender, ein Auto passieren lassender, die Straße überquerender, in Richtung Innenstadt gehender
Doktor Weber

Fahr schon vorbei! ...
Gut. Über die Straße, auf den Gehsteig in Richtung Bank.

Doktor Weber biegt in eine schmale Seitengasse ein, die direkt in der Kurve in die Fußgängerzone der städtischen Einkaufsstraße abzweigt. Auf halbem Weg durch diese Seitenstraße kommt er an einer jungen Dame in einer violetten Pelzkragenwinterjacke samt den darauf perfekt abgestimmten Schuhen, einen Kinderwagen schiebend, in die ihm entgegengesetzte Richtung gehend, vorbei.

in eine schmale Seitengasse einbiegender, auf halbem Wege in der Seitengasse an einer jungen Dame in einer violetten Pelzkragenwinterjacke samt den darauf perfekt abgestimmten Schuhen, die einen Kinderwagen schiebt, vorbeigehender
Doktor Weber

Ich sollte mir meine Augen wieder anschauen lassen. Vielleicht hat sich erneut eine Dioptrie zu meiner Kurzsichtigkeit dazugesellt. Das kann leicht sein. Eine Frau kommt näher, wird menschlich, aus der farbigen Silhouette entsteht ein Mensch aus Fleisch und Blut, der etwas vor sich herschiebt, der einen Kinderwagen vor sich herschiebt. Auf etwa dreißig Jahre würde ich die Dame schätzen, die mir im Kleid des neuesten, modischen Trends mit dazu passenden Schuhen, jedoch auch mit einem so ganz und gar nicht zu ihrem Aussehen, ganz und gar nicht zu ihrem Kleid, so ganz und gar nicht zu ihren Schuhen passen wollenden Kinderwagen samt friedlich vor sich hin schlummerndem Kleinkind, entgegen geschlendert kommt. Vollkommen auf sich selbst konzentriert, ihr Kind im Kinderwagen vor sich herschiebend, kommt mir die etwa dreißigjährige Frau, wahrscheinlich im Glauben an ihre tatsächliche kind-, also abkömmlingsbedingte Unsterblichkeit gefestigt, entgegen. Sie eilt, so kommt es mir vor, ihren Blick eisern-unausweichlich ans Ende der Gasse geheftet, ihrem ewigen Leben, beziehungsweise dem ihr scheinbar unsichtbaren lebenslänglichen Tod entgegen, der Fortsetzung ihres Lebens im Leben ihres Kindes, ihrem Glauben daran, ihr Kind würde ebenfalls der Versuchung erliegen weitere Nachkommen oder im besten Falle nur einen einzigen, aber dafür männlichen Nachkommen in die Welt zu setzen. Allerdings eine traurige Existenz, sollte das schon alles sein, alles, an dem ihr Leben hängt, wenn es sich dabei um den einzigen Sinn ihres Lebens handelt, wenn das den einzigen Hoffnungsschimmer in ihrem langsam aber stetig vor sich hinsterbenden Leben darstellen sollte. Gewiss geht sie in ihrem Beruf auf, ja mit unumstößlicher Sicherheit ist ihr berufliches Leben ihr wirkliches Leben, Familie und Kind jedoch zumindest ebenso gewiss ihr zweites, dem ersten wahrscheinlich um nichts nachstehendes, Leben. Ihr Kind scheint sich nicht zu interessieren, für seine Umgebung nicht zu interessieren, keineswegs, ja ganz und gar nicht, noch nicht einmal ansatzweise zu interessieren. Die Welt wegschlummernd liegt das Kind bewegungslos im Kinderwagen. Nur der Umstand, ein Kind ihr Eigen nennen zu können, scheint für die Dame von Belang. Für sie persönlich Sinn gebend wichtig. Erbarmungswürdig. Ekelhaft.

junge, einen Kinderwagen schiebende, violette Pelzkragenwinterjacke samt perfekt darauf abgestimmten Schuhen tragende, Dame

Hoffentlich wacht der Kleine auf, sobald ich ihn aus dem Kinderwagen heraus- und in den Kindersitz hineinhebe, sonst schläft er heute Nacht wieder nicht, beziehungsweise zu wenig und wenn, dann nur höchst unruhig. Gut. Erstens: zum Auto. Zweitens: bei Caro den Blumenstock abholen. Drittens: einkaufen. Oder? Nein. Moment! Babybrei ist noch ausreichend vorhanden, zwar der mit Karotte, den der Kleine nicht so gerne mag, aber auch der muss einmal aufgegessen werden, Klopapier ist auch noch im Keller eingelagert. Tja. Also, nein. Der Einkauf wird gestrichen. Drittens, drittens, ja drittens. Nun gut. Drittens: Abendessen

kochen. Lebensmittel sind genügend vorhanden. Brot wird auf-
gebacken, dann kommt Martin eh schon heim. Heute ist er an
der Reihe den Kleinen schlafen zu legen, auch den Baby-Nacht-
dienst, die von uns sogenannte Babynachtwache, zu halten. Dann
wird das Konzept noch einmal überarbeitet, damit morgen alles
perfekt läuft, wie geplant ablaufen kann. Die nächste Woche
bleibt der Martin zu Hause, um auf den Kleinen aufzupassen. Ja,
nächste Woche. Die nächste Woche. Wenn die nächste Woche
tatsächlich so laufen sollte, wie ich sie mir vorstelle, wie von mir
ausgemalt, steht einer Gehaltserhöhung nichts mehr im Wege.
Zwei Wochen Urlaub im Fünfsternehotel.

Kleinkind
–

*An der Frau mit ihrem Kinderwagen vorbei geht Doktor Weber weiter
durch die schmale Gasse in Richtung der städtischen Einkaufsstraße.*

*durch die schmale Gasse in Richtung städtischer Einkaufsstraße gehender
Doktor Weber*

Jetzt Geld abheben. Das bedeutet abbiegen, mich einordnen,
mich in den Tross einordnen, in den Tross der freitagmorgend-
lichen, durch und durch pensionierten Bevölkerung einordnen,
mich von der Menge treiben lassen, die Beton-Rollstuhlrampe
empor, oben angekommen, rechts am in die Wand eingelassenen
Bankomaten vorbei, durch den mit automatisch öffnenden Türen
versehenen Eingang hindurch, hinein in die Bank. Geld abheben,
Kontobelege ausdrucken. Dann Kaffee.

*Doktor Weber biegt in die Einkaufsstraße ein, stößt dabei beinahe mit
einem kleinen Mädchen in einer übergroßen, roten Daunenjacke, mit
rund-naivem Mondgesicht, blonden Haaren, grünen Augen zusammen,
welches seiner Mutter vorausgerannt war, das nach dem Beinahe-Zu-
sammenstoß wie angewurzelt stehen bleibt, dem sie um eineinhalb Klein-
mädchenkörpergrößen überragenden Doktor Weber nachblickend. Eine*

alte, feine Dame in brauner Jacke, braunen Lederhandschuhen sowie einer grauen Mütze kommt Doktor Weber entgegen, er geht an ihr vorbei, ordnet sich zwischen einer offensichtlich obdachlosen Frau mittleren Alters, die in alten, ja allerältesten Winterkleidern steckt, die zusätzlich mindestens drei Zahnlücken ihr Eigen nennen kann sowie einem untersetzten, kahlköpfigen Anzugträger mit schwarzer Aktentasche ein, geht die Beton-Rollstuhlrampe empor. Auf der ihm gegenüberliegenden Seite der Fußgängerzone befindet sich ein altes, wortlos-stilles Paar, er im langen, braunen Wintermantel, sie in grauem Pelzmantel, er mit Brille und schütter-weißem Haar, sie ohne Brille und pechschwarz von geschmolzenen Schneeflocken glänzender Pelzmütze, vor einer Reisebüroauslage. Drei Schüler, zwei davon männlich, einer links, einer rechts, in der Mitte eine weibliche, der eine Schüler groß, schlank, sportlich im perfekt abgestimmten Abercrombie & Fitch-Winteroutfit, der andere in schwarzer, äußerst auftragender Daunenjacke und Jeans, die Schülerin in weinrot-grau-karierter Jacke, grauen, eng anliegenden Leggins, zertretenen Converse und einer grauen Strickhaube, gehen nebeneinander an ihnen vorbei.

Am Fuße der Beton-Rollstuhlrampe steht eine Holzbank, auf dieser sitzt ein Mann in joggingaufmachungsgerecht-grüner Winterjacke um die vierzig mit einem etwa fünfjährigen Jungen in gelber Mütze, blaugelber Jacke samt dazu passender Skihose. Beide naschen Braterdäpfel aus einer Tüte, die der etwa vierzigjährige Mann in der Hand hält. Der etwa fünfjährige Junge macht während dem Essen Flugzeuggeräusche nach. Doktor Weber biegt unterdessen am Ende und also am Höhepunkt der Beton-Rollstuhlrampe rechts in die Gemäuer des städtischen Bankgebäudes ein, am Außenbankomaten vorbei, durch die elektronisch-automatisch öffnenden Glastüren hindurch.

kleines, vor Doktor Weber haltendes, auch nach dessen Weitergehen an derselben Stelle stehen bleibendes Mädchen in übergroßer, roter Daunenjacke, mit rund-naivem Mondgesicht, blonden Haaren, grünen Augen

Maroni. Heiß-weiche Maroni. So wie letztes Mal, wo Papa mir die Maroni gekauft hat, obwohl Mama das nicht wollte. Mama wollte heim. Aber jetzt habe ich die zwei Euro-Münze schon in der Hand. Mama hat sie mir gegeben, sie hat gesagt: *Kauf dir welche! Ich schau da nur kurz hinein.* In die Trafik. Ich weiß genau, dass sie sich dort drinnen Zigaretten kauft, die unglaublich stinken. Ein großer Mann! Beinahe wäre er mit mir zusammengestoßen. Glücklicherweise ist er stehen geblieben. Am besten, ich bleibe ebenfalls stehen, rühre mich nicht vom Fleck. Nun geht er weiter. Wo muss er hin? Was geht in ihm vor? Weshalb passt er nicht besser auf?

obdachlose Frau mittleren Alters, die in alten, ja allerältesten Winterkleidern steckt, die zusätzlich mindestens drei Zahnlücken ihr Eigen nennt, vor der sich Doktor Weber einordnet

Die sonst so triste Stadtlandschaft wird vom frischen Schnee weiß gezaubert, weiß wie ein Blatt Papier, ein unbeschriebenes, genau wie ein weißes, unbeschriebenes Blatt Papier bietet auch die weiße Landschaft, die weiße Stadt, die weiße Umgebung einen Hauch von Hoffnung, einen naiven Glanz der Reinheit, den leicht angedeuteten Schimmer des scheinbar noch Möglichen, des tatsächlich noch Machbaren. Ja, des Machbaren. Die Welt steht einem offen, immer steht einem die Welt offen, immer. Ja, die ganze Welt steht einem immer weit offen. Die ganze Welt. Immer offen. Weit. Wahrscheinlich jedoch zu weit, dadurch auf die unübersichtlichste Weise offen, so weit offen, dass sie einen höchstwahrscheinlich bald erschlagen wird. Davor war die Welt geschlossen, eine für mich abgeschlossene in alle Richtungen, eine in alle Richtungen versperrte gewesen. Jetzt, da die Welt sich mir wirklich erschlossen, aufgeschlossen, geöffnet hat, ja jetzt, da die ganze weite Welt sich tagtäglich vor mir ausbreitet, sich in voller Glorie vor mir in ihrer grässlichen Ausstrahlung alles Machbaren Tag für Tag neu erstreckt, ja, was fange ich nun damit an, was stelle ich mit dieser Welt an? Kann nichts tun, bin nur noch mehr gefangen, auf noch engerem Raum eingesperrt, dazu gezwungen auf die eine oder andere Art zu verhungern. Früher war mir dieses Gefühl fremd, mir das abwegigste aller Gefühle gewesen. Damals. Vor langer Zeit, bis es dann geschah, bis ich schließlich in dieser gewiss gewissen Ungewissheit gefangen, gefesselt, geknebelt wurde. Wenn einem die Welt auf diese Weise offen steht, man alles anfangen kann, doch nichts anfängt oder aber das Falsche anfängt, dann ist genau das das Dilemma. Immer diese drei Möglichkeiten des Machbaren: das Richtige, das Falsche oder das Nichts. Einzig das Richtige bringt einen weiter, lässt einen sein altes Leben behalten, beziehungsweise die Silhouette des alten Lebens, füllt diese aber mit neuen, angenehmen, persönlich angenehmen neuen Einzelheiten und Details auf, das Falsche zerstört das alte Leben unwiderruflich, entleert das alte Leben, füllt dessen Silhouette jedoch mit nichts oder bloß mit Schlechtem wieder auf, das Nichtsmachen behält die ganze Existenz auf demselben Niveau, bloß eine gewisse Zeit lang, zerstört diese somit über einen längeren Zeitraum hinweg, zerstört sie restlos. Hoffnung wird vom Schnee immer nur auf den ersten Blick ausgestrahlt, auf den zweiten, dritten, vierten sieht die Sache völlig anders aus, gänzlich unterschiedlich, dann wirkt die weiß bedeckte Umgebung höchstens refugitiv, wirft einen auf sich selbst zurück, macht die so weit offene Welt umgehend um so vieles enger, schließt sie vor einem zu, lässt einen allein in der weißkargen Kälte zurück, lässt diese Straße, diese Stadt, dieses Land, diesen Kontinent, alle Kontinente, diese Welt auf ein Kleinstes zusammenschrumpfen, aufs Kleinste, aufs Engste schrumpfen, bis sich alles einzig und allein auf sich selbst bezieht, lässt sogar alles Verbliebene noch schrumpfen, bis sich alles, tatsächlich alles auf einen selbst, bis sich alles bloß noch auf mich bezieht, bis meine Gedanken die ganze Welt einnehmen, ja vielleicht noch mehr, vielleicht auch die gesamte erforschte und unerforschte Gegend darüber hinaus für sich beanspruchen. Ich kenne diesen Gedankengang, ich kenne ihn nur zu gut, ich kenne seine Auswirkungen, er wirkt aufbauend, ermunternd, angenehm, zeigt einem die absolute Unwichtigkeit dieses riesigen Schauspiels, welches sich Tag und Jahr auf diesem Planeten abspielt, ununterbrochen, ewig fortwährend abspielt, immer wieder und immer wieder auf exakt dieselbe Art und Weise. Wie unwichtig. Wie ernüchternd. Wie unwichtig alles scheint, wie unwichtig man selbst. Wie gut das tut. Beim Anblick des zentimeterhoch liegenden Schnees drängt sich mir genau dasselbe Gefühl auf, beim Anblick des Schnees, der einfach alles bedeckt, wirklich alles bedeckt, zudeckt, trotz seiner eigenen Kälte und der Kälte der Jahreszeit, dadurch selbstverständlich und trotzdem ein Gefühl, das Gefühl der fest um einen gewickelten Daunendecke vermittelt. Früher bin ich diesem Gefühl sehr wohl nachgehangen, oft über mehrere Stunden hinweg hing ich diesem Gefühl hinterher, ließ mich von diesem Gefühl zu Abertausenden absurd-naiv-träumerisch-schwärmerischen Gedankengängen verführen, ja verleiten. Heute verhält sich die Sache anders, obwohl es sich immer noch um dasselbe Gefühl handelt, dasselbe Gefühl, welches beim Anblick einer schneebedeckten Umgebung auftritt, mich weiterführt, weiter bis zu eben jenen Gedankengängen, die damals in meinem Kopf herumschwirrten, jedoch verhält es sich im Großen und Ganzen unterschiedlich, denn ab einem gewissen Punkt (dabei handelt es sich immer um ein und denselben Punkt in ungefähr demselben trockenen Gedankenumfeld) bricht diese Gedankenkette ab, unwiderruflich bricht sie immer wieder an demselben Punkt ab, lässt mich nicht weiter fantasieren, hält mich zurück, kritisiert stillschweigend meine erbärmlich kleine Existenz. Mein Blick richtet sich erneut auf die ringsum befindliche Wirklichkeit, sowohl auf die schrecklich-düster-graue Wirklichkeit dieser Straße, dieser Stadt, dieses Landes, dieses Kontinents, dieser Welt als auch auf mich selbst als schrecklich-düster-graue Existenz. Ja, diese Zeit davor, die Zeit vorher, diese Zeit war so vollkommen konträr zu der jetzigen Zeit, dem Zustand, in dem ich mich soeben befinde, absolut entgegengesetzt. Bis zu diesem Zeitpunkt waren die schneebedeckten Antlitze meiner Heimatstadt, meiner Heimatumgebung, die immer der Anlass zu kindlich-schwärmend-naiv-absurden Gedankengängen waren, ein wichtiger Teil meines Lebens. Damals. Bevor es dann geschehen war, konnte ich jeden Tag in Gedankenwelten, in gedankliche Traumwelten flüchten, beziehungsweise konnte ich es mir damals noch leisten in diese zu flüchten, stündlich einmal in meine abstrusen Gedankenwelten flüchten, minütlich einmal in meine Traumwelten flüchten. Das geht heute nicht mehr, ist auch jetzt und hier beim Anblick dieser schneebedeckten Innenstadt vollkommen ausgeschlossen, sozusagen ein Ding der Unmöglichkeit. Ich kann mir keine Zigaretten leisten.

alte, braune Jacke, braune Lederhandschuhe, graue Mütze tragende, feine Dame, die an Doktor Weber vorbei in Richtung Hauptplatz strebt

Zweihundert Euro abgehoben. Zweihundert Euro. Zweihundert Euro in der Geldbörse. Zweihundert Euro. Ob es denn an einem Tag überhaupt möglich wäre, mehr als zweihundert Euro abzuheben? Christian meinte, glaube ich, schon. Letzte Woche, als er bei mir essen war, oder war es doch vorletzte Woche? Egal. Waren es möglicherweise vierhundert Euro? Ich denke, er sagte vierhundert Euro. Vierhundert Euro könnte man pro Tag abheben. Ja, vierhundert Euro. Nun ja, jetzt befinden sich zweihundert Euro in meiner Brieftasche. Die kann mir niemand nehmen, niemand. Die Bank hat darüber keine Macht mehr, einzig und allein ich. Ich bin es, die entscheiden kann, was sie mit dieser Summe anfängt. Nun geht es zur Parfümerie, dann zum Bäcker, dann zum Supermarkt. Zur Parfümerie, wo der Verkäufer noch Anstand hat, wo der Verkäufer noch Respekt hat. Ich denke, diese Parfümerie existiert tatsächlich schon ewig, zeigt sich als Teil meiner Kindheitserinnerungen. Als elfjähriges Mädchen, während des Krieges, waren meine Klassenkameradinnen und ich immer schon hierhergekommen, bekamen hier gratis Duftproben, die die übrigen Zugreisenden auf dem Weg nach Hause riechen konnten, ebenfalls kostenlos, konnten nicht anders, mussten sie riechen, ob es ihnen gefiel oder nicht, sie mussten sie riechen. Schon als Elfjährige wurden wir in dieser Parfümerie mit „Gnä' Frau" angesprochen, was uns damals selbstverständlich ein Hochgefühl verlieh. In dieser Parfümerie hat der Verkäufer Respekt, Anstand, zeigt sich jedem Kunden gegenüber aufs Äußerste höflich, aus tiefstem Herzen höflich, höflich nicht aufgrund seiner Ausbildung, weil es ihm während seiner Lehre so eingebläut worden wäre, nicht weil sein Lehrmeister, sein Vorgesetzter, in diesem Falle auch sein Vater, der der vorige Inhaber dieser Parfümerie gewesen war, ihm jene Aufmerksamkeit, jene Höflichkeit dem Kunden gegenüber immer und immer wieder hinter die Ohren geschrieben hätte, nein, aus tiefstem Herzen höflich, tatsächlich einfach bloß höflich, höflich mit Anstand, höflich aus Respekt. Der Herr aus der Parfümerie, der Verkäufer, der Inhaber, Sohn des vorherigen Inhabers, Weiterführer dieses traditionell alteingesessenen, familiären Metiers ist und war immer schon ein von Natur aus herzlicher Mensch, ja ein von Natur aus höflicher Mensch, ein von Natur aus höchst respektvoll anständiger Mensch, wie es sie heutzutage nur mehr ausgesprochen selten gibt. Dies ist der Grund, wahrscheinlich der einzige, tatsächlich ausschlaggebende Grund meiner Wertschätzung ihm gegenüber, der ausschlaggebende Grund meiner monatlichen Besuche, außerdem packt er mir immer noch eine kostenlose Edelduftprobe in das weiß-blaue Plastiksackerl zu meinem Eau de Toilette, neben mein Haarspray. Ganz und gar nicht zu vergleichen, nicht um alles in der Welt zu vergleichen mit dem städtischen Bäcker. Der Bäcker, der zwar ebenfalls im kleinen Umfeld begonnen, also als Familienbetrieb begonnen hatte, dann jedoch expandierte, daraufhin erneut expandierte, dadurch mittlerweile ein kleines Imperium, zumindest ein österreichweites Imperium aufzog, ist keinesfalls zu vergleichen mit der feinen Edelparfümerie. Am deutlichsten, ja auf die allerschlimmste Weise ist der Unterschied an den Verkäufern zu bemerken, wirklich augenscheinlich merkt man den Unterschied des städtischen Parfümiers und des städtischen Bäckers an ihren Verkäufern. Ein Betrieb, in welchem der Inhaber auch selbst verkauft, selbst die Verkäuferrolle übernimmt, den Kundenkontakt sozusagen sucht, diesen keineswegs scheut, ist natürlich ehrlicher, wenn nicht sogar der ehrlichste aller Betriebe, was es wiederum schwer macht ihn mit irgendeinem anderen Betrieb, in dem das nicht der Fall, nicht die Selbstverständlichkeit ist, zu vergleichen. Trotzdem würde ich unseren ständig städtisch expandierenden Bäcker in unserer städtischen Einkaufsstraße nie und nimmer aufsuchen, wäre da ein Umstand nicht und nicht von der Hand zu weisen, nämlich der Umstand, dass es bei unserem städtischen Bäcker in unserer städtischen Einkaufsstraße das beste, in dieser Stadt und also in dieser Einkaufsstraße erhältliche Bauernbrot, ja obendrein das einzige, in dieser Stadt und also in dieser Einkaufsstraße erhältliche, hausgemachte Toastbrot zu erwerben gibt. Das Bauernbrot, außen so knusprig, dass man es knacken hört, innen so saftig weich, dass einem schon beim bloßen Gedanken daran das Wasser im Munde zusammenläuft. Die Verkäufer beim städtisch und mittlerweile auch landesweit expandierenden Bäcker sind angelernte Verkäufer, großteils angelernte Verkäuferinnen, die einem bloß mit ihrer angelernten, das heißt stupide auswendig eingelernten Höflichkeit begegnen, mit ihrem hart erlernten Respekt dem Kunden gegenüber, mit ihrem immer wieder eingetrichterten, mühsam erkämpften Anstand, denen jedoch das nötige Herz fehlt, sie wurden ja schließlich nicht in diesen Beruf hineingeboren, das ist mit Sicherheit ihr größtes Manko, das größte Manko der jugendlich-pubertierenden sowie der menopausig-frustrierten Verkäuferinnen. Aber trotz allem gibt es auch einen Verkäufer in dieser Bäckerei, der tatsächlich sehr sympathisch und äußerst hilfsbereit ist. Und trotz aller ihrer Makel steht diese Bäckerei nicht einmal annähernd in Relation zum sogenannten Supermarkt in der sich gleich um die Ecke, über dem Hauptplatz befindenden, in Richtung Wien führenden Haupteinkaufsstraße. Dort gibt es keine Verkäufer, dort gibt es Kassiere. Vorwiegend eher Kassiererinnen. Ansonsten gibt es Regalschlichter, eigentlich auch mehr Regalschlichterinnen als Regalschlichter. Regalschlichterinnen, die keinesfalls zuvorkommend sind, beinahe nie grüßen, die nicht die geringste Ahnung haben, was sich in dem Geschäft, in dem sie arbeiten, an welcher Stelle, in welcher Abteilung, in welchem Regal befindet. Trotz alledem gibt es in diesem Supermarkt das frischeste, ja das allerfrischeste Obst und Gemüse.

Diesen Herrn, ja diesen Herrn kenne ich doch. Ja, das ist doch der … Also die Lippen zu einem lautlosen *Grüß Gott* geformt.

untersetzter, kahlköpfiger Anzugträger mit Aktentasche hinter dem sich
Doktor Weber auf seinem Weg zur Bankfiliale einordnet

Beeilung. Beeilung. Beeilung. Der Text ist fertig. Der fertige
Text befindet sich in der Aktentasche. Einmal noch überarbeiten,
ein einziges Mal noch drüber gehen, dann ist der Text so weit
perfekt. Hie und da noch eine Kleinigkeit ausgebessert, dann
müsste der Text auch schon seine volle Wirkung entfalten können.
Der Text. Der Text. Der Text. Der Text. Der Text, der etwas
bewirken kann, eigentlich dringendst etwas bewirken muss,
der Text, der sich von der allergrößten Wichtigkeit für die an-
stehenden Kommunalratswahlen entpuppen wird, die Geheim-
waffe Doktor Rudolf Zinglers, die Geheimwaffe der gesamten
regionalen ÖVP, die von mir persönlich verfasste Geheimwaffe
der ÖVP im rural-niederösterreichischen Kampf gegen die SPÖ.
Wenn diese Rede, zu der ich gestern den Text verfasst habe, den
ich heute innerhalb der nächsten eineinhalb Stunden nochmals
überarbeiten werde, tatsächlich gehalten wird, dann, ja dann
wird bald, so bald wie nur irgend möglich, ein neuer politischer
Wind wehen, zumindest ein neuer Wind innerhalb, ja hoffent-
lich auch bis einige Kilometer außerhalb dieser Stadt. Dieser Text.
Ja dieser Text. Der Text für die Rede. Die Rede. Ja diese Rede.
Die Rede, die vom wohl begabtesten Politiker, dem rhetorisch
gewandtesten Politiker dieser gesamten Gemeinde heute Nach-
mittag, genauer um dreizehnuhrfünfundvierzig gehalten wird.
In eineinhalb Stunden, pünktlich in eineinhalb Stunden, das
wäre dann um zehn Uhr dreißig, muss die Rede, der Text zur
vielleicht wichtigsten Rede in diesem Wahlkampf, fertig ab-
gefasst, ausgedruckt, am Schreibtisch Doktor Zinglers liegen.
Möglicherweise mit ebendiesem Text, dem Text zu ebendieser
Rede oder danach, vielleicht auch schon davor beginnt für mich
ein neuer Lebensabschnitt. Man wird mich anerkennen. Ja, man
wird mich anerkennen. Der wichtigste Lebensabschnitt? Eine
neue, eine absolut neue Existenz. Die einzig wahre Existenz?
Dann werden die Dinge, alle Dinge, die mich umgeben, anders
aussehen, zumindest eine vollkommen andersgeartete Patina

tragen, anders als zuvor, anders als jetzt, als in diesem Augenblick, absolut unumstößlich unterschiedlich, wie es sich immer zutrug, immer zuträgt, ja immer zutragen wird beim Eintreten in ein neues Leben, eine neue Existenz. Alle Dinge, die einen umgeben, alle Gegenstände, jeder Baum, jeder Strauch, jeder Grashalm, jedes Haus, jede Laterne, jede Straße sowie alle Menschen, die sich um sie herum und auf ihnen bewegen, alle Menschen, die neben ihnen und auf ihnen verharren, zeigen sich einem, wie von einer vollkommen neuen, andersartigen Textur überzogen, ja bis ins Mark von ihr durchdrungen. Aber warum sich jetzt schon darüber Gedanken machen? Es ist noch zu früh, eindeutig zu früh dafür. Wer weiß denn schon, was geschehen wird? Man kann es schließlich niemals wissen, vielleicht verändert sich ja nichts, schlichtweg gar nichts an meiner jetzigen Situation, möglicherweise zieht sie sich ja immer und immer weiter durch mein ganzes restliches Leben hindurch, diese Situation. Trotzdem, trotz aller Widersprüche, trotz aller Wahrscheinlichkeiten des Eintretens einer neuen Situation oder des Nichteintretens einer ebensolchen Situation, macht das Kokettieren mit der Idee, mit dem Gedanken an eine neue Existenz, ein neues Leben an sich durchaus Spaß. Andererseits handelt es sich dabei um einen Spaß, dem man sich besser nicht täglich hingibt, um einen Spaß, dem man auf gar keinen Fall die Oberhand gewinnen lassen darf. Dieser Spaß ist ja nichts anderes als die panischste Flucht, die Flucht aus der Wirklichkeit in ein Zukunftsszenario, und zwar in ein angenehmes, also in ein unrealistisches, beziehungsweise stupides. Da mich dieser Spaß aber gerade zu eben jener Flucht zu verleiten droht, ist es nun für mich an der Zeit, meine Gedanken schleunigst umzudrehen, umzudirigieren, in eine andere Richtung, in die richtige Richtung zu lenken, in die richtige Richtung zu leiten, in die Richtung des Textes, in die Richtung des Textes zur kommunalratswahlentscheidenden Rede des Doktor Rudolf Zingler, die ich in den nächsten eineinhalb Stunden ein letztes Mal zur Perfektion hin überarbeiten, ja verbessern werde.

Braterdäpfeltüte haltender, auf einer Bank sitzender, joggingaufmachungs-
gerecht-grüne Winterjacke tragender, einen etwa fünfjährigen Jungen mit
Braterdäpfeln fütternder Mann um die vierzig

Immer wieder, die Augen hat er von seiner Mutter. Immer wieder,
das Lachen hat er von seiner Mutter. Immer wieder, immer wieder
erinnert er mich an seine Mutter, an die Frau meiner Träume, an
die Frau, die ich nicht mehr haben kann, an die Frau, die mir ein-
mal alles gegeben hat, an die Frau, die mir alles, ja noch viel mehr
genommen hat, immer wieder, immer wieder aufs Neue führt er
mir meine tagtägliche Verzweiflung vor Augen, meine ununter-
brochene tagtägliche Verzweiflung, die im besten Falle höchstens
einmal wöchentlich von lichtblitzenden Lichtblicken, die immer
einzig von meinem Sohn ausgehen, einzig an diesen wenigen,
ja wenigsten Tagen von meinem Sohn ausgehen, nur an jenen
Tagen, an denen er ausschließlich mir gehört, von meinem Sohn
ausgehen, unterbrochen wird. Die Hände, die Ohren, die Haare,
die Haare, die Ohren, die Hände, immer wieder, die Haare, die
Ohren, die Hände hat er von mir, es sind meine Hände, meine
Ohren, meine Haare, die sich so gut an meinem Sohn machen.
Aber das Lachen, sein Lachen, das Lachen seiner Mutter, das
Lachen meiner Frau, nein, meiner Exfrau, das Lachen meiner Ex-
frau, das nicht nur mich, nein, auch die Hände, die Ohren und die
Haare meines Braterdäpfel naschenden Sohnes verhöhnt. Lächelt
er mich an, so lächelt mich meine Exfrau an; lächelnd fragt er
mich nach noch ein paar Braterdäpfeln, ich greife in die braune
Tüte, händige ihm eine aus. – *Immer eins nach dem anderen.* Die
Braterdäpfel schmecken ihm, dessen bin ich mir sicher, dessen
bin ich mir bewusst, sie schmecken ihm, er freut sich, also freue
ich mich auch. Wie verhält er sich die restliche Woche über, die
er bei seiner Mutter verbringt, frage ich mich. Freut er sich oft,
freut er sich ebenso wie hier und jetzt, hier und jetzt in meiner
Gegenwart? Ist er traurig? Sehnt er sich nach seinem Vater? Ist
ihm egal, wo er sich befindet? Ich glaube nicht. Nein, tatsäch-
lich glaube ich, dass die Tage, die er bei mir, an meiner Seite
verbringen kann, für meinen Sohn besondere Tage darstellen,

dass diese spärlich gesäten Tage für ihn wirklich gewissermaßen einen Höhepunkt der jeweiligen Woche darstellen. Daran glaube ich. Daran glaube ich fest. Die Umstände stellen sich mir bloß auf diese Weise logisch dar, deswegen glaube ich so fest daran. Wenn ich mich in meinen Sohn hineinversetze, wenn ich versuche mich in meinen eigenen Sohn hineinzuversetzen, so würde ich mich den Umständen entsprechend logisch, ja aufs tatsächlich Logischste auf das Wochenende, auf den Tag, an dem ich meinen Vater wiedersehe, freuen, gar nicht ausschließlich des Wiedersehens meines Vaters wegen, nein, natürlich und selbstverständlich auf den Tag an sich, der ja immer einer voller nicht alltäglicher Unternehmungen ist, ein spannender sozusagen. Schon wenn ich ihn von der Bushaltestelle abhole, erkenne ich an meinem Sohn, an seinen glänzenden Augen, für gewöhnlich eine Aufgeregtheit, eine für ihn spannende Ungewissheit. Was wird heute geschehen? Was hat sich mein Vater für den heutigen Tag ausgedacht? Vielleicht wieder einen Ausflug? Ausflug wohin? Aber wahrscheinlich ist es ihm letzten Endes doch egal. Jeder Sohn muss Zeit mit seinem Vater verbringen, natürlich, sonst fehlt etwas, vielleicht sogar das Wichtigste. Das Wichtigste? Möglicherweise. Immer wieder seine Mutter, immer wieder meine Frau, meine Exfrau. Immer wieder. Immer wieder. Immer wieder sitzt sie da, auf dem Sofa in Jojos Wohnung, immer wieder sitzt sie da, wie aus Bronze gegossen, an dem Tag, an dem ich sie zum ersten Mal sah, an dem ich sie kennenlernte, eine Ahnung über die Art ihrer Person bekam, eine Ahnung, die mich seither nicht mehr loslässt, sitzt sie da, immer wieder, auf dem Sofa in der Wohnung meines besten Freundes sitzt sie da wie aus Bronze gegossen, sitzt dort, wird immer dort sitzen bleiben, stumm, hübsch für den Rest aller Tage. Nie wieder werde ich dieses Bild aus meinem Kopf bringen, nie wieder, ein starres, bewegungslos in mein Hirn eingebranntes Bild, das mich in den Wahnsinn treibt. Immer wieder mein Sohn. Immer wieder meine Exfrau. Immer wieder ich. Er möchte noch ein Braterdapfelstück. Ich reiche meinem Sohn also noch ein Braterdapfelstück. – *Immer eins nach dem anderen.*

neben einem Mann um die vierzig auf der Bank sitzender, eine gelbe Mütze, eine blau-gelbe Jacke samt dazu passender Skihose tragender, etwa fünfjähriger Junge

Das Gebäude explodiert, zerfällt in Tausende, in Abertausende Trümmer, die die ganze Einkaufsstraße unter sich begraben. Buff. Krawumm. Indianer okkupieren die Straße. Ihr lautes, merkwürdig animalisches Kampfschreigeheule liegt in der Luft. Sie sind wild. Ich esse ein Braterdapfelstück. Salzig. Knusprig. Warm. Warm und nicht heiß, weil mein Vater drauf geblasen, das Braterdapfelstück somit gekühlt hat. Ich verlasse mich vollkommen auf meinen Vater, wenn ich in das Braterdapfelstück beiße, ich verlasse mich alleinig auf ihn, ich verlasse mich voll und ganz. Ich gebe mich dem Gefühl der Sicherheit hin, dem immerwährenden Sich-verlassen-Können, er ist immer für mich da. Selbst wenn er nichts tut, nichts sagt, stumm dasitzt, mich bloß ansieht, mich betrachtet als wäre ich etwas Besonderes, weiß ich, dass ich ein Braterdapfelstück bekomme, sobald ich danach verlange. Er ist für mich da. Ich kann mich auf ihn verlassen. Ich bin in Sicherheit. Salzig. Knusprig. Warm. Ich möchte noch ein Braterdapfelstück. Nein, am besten gleich zwei, drei. Die Hand aufhalten! Er sieht mich an, erkennt meine Geste, greift in die Braterdapfeltüte. *−Immer eins nach dem anderen.* Er reicht mir, nachdem er drauf geblasen, es für mich abgekühlt hat, ein Braterdapfelstück. Salzig. Knusprig. Warm. Gut. Am besten alle auf einmal, gleich jetzt, jetzt und hier, alle auf einmal. Auf ein paar Bisse, in meinen Magen. Da! Ein Flugzeug, es schwebt über den Wolken, kaum sichtbar, alle ignorieren es, ich sehe, wie es sich seinen kondensstreifenbehafteten Weg in, ja teilweise über den flauschig weich, einen unsichtbaren Pfad entlang treibenden, Wolken bahnt. Ein Flugzeug. In seinem sichtbaren Zustand zwischen einzelnen Wolkenfetzen mysteriös abenteuerlich glitzernd. Was mag sich darin befinden? Wo mag es wohl hinfliegen? Welche ferne Destination wartet wohl auf diesen einen Flieger? Da kommt auch schon ein anderes Flugzeug, ein kleineres, ein tarnfarben-grünes mit etwa der doppelten Geschwindigkeit des anderen, des offensichtlichen Passagierflugzeuges, daher gedonnert. Während es stetig rasant darin begriffen ist auf gleiche Höhe mit dem Passagierflugzeug zu kommen, zu eben jenem Passagierflugzeug aufzuschließen, feuert das militärisch tarnfarben-grüne Jagdflugzeug eine sogenannte Wärmesuchrakete auf das anscheinend feindliche Passagierflugzeug ab. Diese trifft das Passagierflugzeug an seiner linken Tragfläche. Der Flügel bricht in der Mitte auseinander, woraufhin der abgebrochene Flügelteil vom Himmel herabstürzt. Das Passagierflugzeug gerät ins Taumeln, wenn ich genau hinhöre, nehme ich Schreckensschreie, nehme ich Todesschreie wahr. Das Passagierflugzeug stürzt ab, kommt immer schneller werdend der Erde entgegen, das tarnfarben-grüne Jagdflugzeug schickt ihm auf seinem vertikal abfallenden, schnellen Weg zu Boden eine zweite Wärmesuchrakete nach. Diese trifft das herabstürzende Passagierflugzeug an dessen Heck, lässt dieses in Flammen aufgehen, zerlegt somit das Heck des Passagierflugzeuges in Tausende, brennende, metallene, in alle Himmelsrichtungen davonfliegende Teile. Die Schnauze sowie der vordere Teil des Passagierflugzeuges krachen mit enormer Wucht, mit unvorstellbarer Geschwindigkeit mitten in die Einkaufsstraße, hüllen sie und die straßenseitigen Hausmauern innerhalb von Sekunden in kerosin-orangene Flammen. Der große, dünne Zeiger der überdimensional großen Standuhr, die die Einkaufsstraße genau in zwei Teile teilt, steht bald ganz oben, in wenigen Momenten oder Minuten befindet sich der große, dünne Zeiger wieder ganz oben in der Mitte. Dann kommt der Kuckuck. Der Kuckuck, der alles erhellt, das kleine Kuckucksding, das den ganzen Tag lang in diesem kleinen, beengten Häuschen sitzt, nur um zu gewissen Zeiten wie aufgeschreckt daraus hervor zu preschen, um sein kleines Liedchen zu trällern, sein unverständliches, kurzes Kuckucksgedicht singend aufzusagen. Ich möchte ihn mitnehmen oder einfach bis in alle Ewigkeit vor dieser blauen, überdimensionalen Standuhr verharren.

Die Hand aufhalten! Er erkennt meine Geste: *Immer eins nach dem anderen.*

winterbemäntelter, brillentragender, schütter-weißhaariger, alter, vor der
Reisebüroauslage stehender Mann

Es ist, als hätte ich auch den letzten Rest Wachheit, der noch
in meinen alten Knochen verblieben war, weggeschlafen. Als
Kind, als Jugendlicher habe ich Mittagsschläfchen immer zutiefst
verabscheut, jetzt stehe ich so früh auf, dass ich sogar am Vor-
mittag schon ein kleines Schläfchen einlegen muss. Ich konnte
und konnte meinen Großvater in Bezug auf seine – wie mir
schien – willkürlich auf den ganzen Tag verteilten Schläfchen
nicht um alles in der Welt verstehen, ich wollte, ja ich konnte
ihn gar nicht verstehen. Wie konnte man nur so viel kostbare
Tageszeit vergeuden? Am helllichten Tage die Augenlider zu
schließen, sich von seiner Umwelt plötzlich gänzlich auf diese
introvertierte, höchst egoistische Art und Weise von allem und
jedem abzuschotten war mir als Kind, als Jugendlicher im aller-
höchsten Maße unverständlich gewesen. Auskosten, hieß damals
die Devise, alles auskosten, zu jedem Preis, denn damals war die
große, weite Welt noch interessant, hatte für mich täglich etwas
Neues zu bieten, jede Menge Neues, das man auch erkunden
wollte, erkunden konnte, dessen man sich annehmen musste, neue
Dinge, neue Situationen, neue Gelegenheiten, neue Menschen.
Ich kenne alles, nun kenne ich bereits alles, habe alles erlebt,
sehe nichts Neues mehr, nur noch geschlossene Augenlider wie
geschlossene Vorhänge, die immer bloß Neues versprechen, das
Neue, das Unerwartete in Leuchtbuchstaben ankündigen, einem
dann aber eben jenes Neue doch, jedes Mal wieder aufs Neue,
vorenthalten. Karibik klingt gut. Ja, durchaus, eine Reise in die
Karibik hört sich gut an, wäre wahrscheinlich eine ausgezeichnete
Idee. Hinter dem Schaufenster, direkt über dem Karibikangebot
eine Anzeige für eine Sightseeingtour durch Tibet. Ja, mit Sicher-
heit mindestens genauso interessant. Karibik – natürlich bloß
Badeurlaub, nichts weiter, vielleicht ein, zwei Tagesausflüge bei
etwaiger Langeweile, ansonsten ein reiner Badeurlaub, was selbst-
verständlich eine gewisse Entspannung verspricht, aber ebenso
selbstverständlich auch die Gefahr des Entstehens einer schnell

wachsenden Fadesse in sich birgt. Nichts Neues. Immer dasselbe. Weshalb, wovon beeinträchtigt und wodurch zeigt sich das Leben ab einem gewissen Punkte, an den man sich nie so genau erinnern kann, ganz plötzlich als nichts anderes, denn reine Routine? Diese endlose Wiederholung, ja diese endlosen Wiederholungen dieser endlosen Wiederholung. Tibet, ausgesprochen spannend, neuartig, fremdes Terrain, alles Gründe, gute Gründe, sehr gute Gründe, Gründe über und über, alles Gründe diese Reise tatsächlich anzutreten, nicht nur um sich zu bilden, weiterzubilden, fortzubilden, um am Stammtisch endlich etwas zu erzählen zu haben, nein, um etwas zu erleben, für sich höchstpersönlich zu erleben, etwas mitnehmen zu können, neue Ansichten, neue Weltanschauungen mit auf den Weg nehmen zu können, darin läge natürlich der Hauptgrund diese Reise überhaupt anzutreten. Aber dann scheint sie doch um nichts besser zu sein, um keinen Deut mehr zu versprechen zu haben als irgendeine andere Reise dieser Fasson, als irgendein anderer, von den Tourismusagenturen neuerdings so bezeichneter, Sightseeingtrip, also würde sich die Reise nach Tibet sowieso im Großen und Ganzen wahrscheinlich nicht sonderlich von der zweitausendundeins, von mir und Sissi unternommenen Chinareise unterscheiden. Nehme ich an. Wenn ich es mir recht überlege, wäre sie auf jeden Fall spannender, die Tibetreise auf jeden Fall spannender als die Karibikreise, als ein tagelanger, verschlafen-apathischer Karibikurlaub, bei dem man sich sowieso nur auf die fünf neuen Kriminalromane, die man dorthin mitnehmen wird, freuen kann und letzten Endes doch nur auf diese Kriminalromane neugierig fixiert sein wird. In meinen Jugendjahren hätte ich nicht den geringsten Augenblick gezögert, wäre direkt in das Reisebüro eingetreten, hätte die Sightseeingtour nach Tibet ohne Umwege sofort gebucht. Nun bin ich zu alt dafür. Außerdem wäre mir das ganze Unternehmen wahrscheinlich zu anstrengend. Wahrscheinlich wäre Tibet in meiner Jugend, in meinen jungen Jahren, in meinen Glanzjahren für mich die perfekte, beinahe wie maßgeschneidert perfekte Urlaubsdestination gewesen. Hätte es damals solch ein Angebot gegeben, hätte mir damals ein Angestellter eines Reisebüros ein solches Angebot unterbreitet, ja hätte ich in meinen jungen Jahren, in meinen Glanzjahren das für eine Tibetreise benötigte Kleingeld besessen, ich hätte dieses Angebot, ohne groß zu überlegen, wahrscheinlich sogar ohne zu zögern selbstverständlich umgehend angenommen. Nun jedoch bin ich zu alt.

eine pechschwarze, von geschmolzenen Schneeflocken glänzende, Pelzmütze tragende, alte, vor der Reisebüroauslage stehende Dame ohne Brille
Sissi

In der Karibik ist es wohlig warm, so warm, dass ich von der dort herrschenden Wärme, befände ich mich tatsächlich in der Karibik, als ein körperliches Ganzes, vollkommen durchflutet werde, als einziges Körperlich-Ganzes in dieser allumfassenden Wärme vergehe, von ihr aufgesogen, aufgenommen werde, so warm, dass es schließlich sogar angebracht ist, sich von allen Kleidungsstücken gänzlich zu entledigen, dadurch eine gewisse Freiheit zu erlangen, die dann den Rest des Urlaubes von mir herumgeschleppt werden kann. Die Karibik als Ort der absoluten Entspannung, als Ort des absoluten Gegenteils, des totalen Kontrasts, nicht nur zu der hier herrschenden alles erfrierenden, alles vernichtenden, vor allem Körper und Geist vernichtenden, stählernen, blaugrauen Kälte. Die Karibik als paradiesischer Ort, als Ort der lebendigen Versprechen, allem voran als ein Veränderung versprechender Ort. In der Karibik. In der Karibik wird mich Hannes wieder lieb gewinnen, in der Karibik wird mich Hannes wieder lieben. Wird er in der Karibik wieder mit mir schlafen? Eigentlich möchte ich das nicht. Ab und zu aber doch … Karibik. Karibik. Ausland. Einfach bloß Ausland. Im Ausland fühle ich mich wohl, mit Abstand wohler als hier in Österreich. Im Ausland bin ich freier, fühle ich mich freier, freier als hier in Österreich, als in meinem Vaterland, als hier in Österreich, wo jeder jeden kennt, wo demnach also überall nichts als blanke Vorurteile herrschen, nichts anderes herrscht als ein Konglomerat der unterschiedlichsten, blankesten Vorurteile. Als Niederösterreicher oder Wiener oder Burgenländer, als Ostösterreicher generell wird man beispielsweise sofort als Nörgler, ja als Griesgram abgetan, sobald man sich in ein westlicheres Bundesland vorwagt, dem ist einfach so, dessen bin ich leid. Als Jugendliche war ich oft in Tirol, in Kärnten, in der Steiermark, meist an Wochenenden mit meinen Eltern in der Steiermark, ab und an in Tirol oder in Kärnten an verlängerten Wochenenden, in jenen Gegenden mit diesen einmalig einzigartig-eigenen Landschaften, den außergewöhnlichen Bergen, außergewöhnlichen Wäldern, den einzigartigen Seen, den einzigartigen, kleinen, heimeligen Dörfern und der in ihr vorherrschenden, wunderschönen Architektur der kleinen, der kleinsten Häuser, der mittelgroßen Höfe sowie der großen, der größten Gehöfte. Aber die Menschen. Diese nur in Vorurteilen denkenden und in Vorurteilen lebenden Menschen, die immer bloß verachten, alles, jeden immer bloß verachten, aufgrund der von ihnen unternommenen Einordnung aller übrigen Menschen in ihre seit Jahren, Jahrzehnten, Jahrhunderten bestehenden, auf einfachsten, ja auf den ordinärsten Stereotypen basierenden, Raster aufs Skeptischste gegenüberstehen, verachten, hassen. Vielleicht würde er wieder mit mir schlafen, in der warmen, in der heißen Karibik mit mir schlafen, mich fest umarmen, danach, währenddessen mich wirklich fest umarmen, eins mit mir werden, eins mit mir bleiben, für immer, bis in alle Ewigkeit. Hoffentlich. Und dann, dann wird es nie wieder so sein wie zuvor, nie wieder. Vielleicht bin ich dann wieder glücklich. Vielleicht. Hoffentlich. Die Wärme. Die Umarmung. Die Nähe. Nähe zu meinem Mann. Nach unserem gemeinsamen Karibikurlaub wird sich alles ändern, werde ich jeden einzelnen Tag umarmt werden, werde ich Hannes' Nähe ununterbrochen zu spüren bekommen, mich wieder jünger fühlen, wir werden Ausflüge unternehmen, an Abenden gemütlich, romantisch, vor allem aber verliebt miteinander am Abend in einem feinen, dem feinsten Haubenlokal gemütlich, romantisch, erotisch zu Abend essen, auf die Rax werden wir fahren, die Aussicht genießen, gemeinsam werden wir sein, stark werden wir sein, gemeinsam stark das gelb-orange-rote Abendlicht der untergehenden Sonne, auf der Raxwiese sitzend, genießen, wie frisch verliebt werden wir einander lieben, schlussendlich gemeinsam sterben. Die Karibik wird der Auslöser sein, das trampolinartige Sprungbrett in eine gänzlich neue, in eine golden glänzende Zukunft.

großer, schlanker, sportlicher, ein perfekt aufeinander abgestimmtes Abercrombie & Fitch-Outfit tragender, in Richtung Hauptplatz rechts neben einem Mädchen gehender Jugendlicher

Vor nicht ganz einer Minute hat sie mir wie beiläufig an den Arm gefasst, soeben zwinkerte sie mir zu, beziehungsweise lächelte mir zwinkernd zu, möglicherweise liegt Toni mit seiner leise geäußerten Vermutung ja richtig oder zumindest gar nicht so falsch, vielleicht hegt Susanne tatsächlich Gefühle für mich, solche Gefühle ihrerseits für mich würden auf jeden Fall sehr gut ins Bild, ins Gesamtbild passen, würden überhaupt ein schlüssiges, unsere gesamte – nie ganz einfach gewesene – Beziehung umfassendes Gesamtbild abgeben, ein Gesamtbild, das mir keineswegs unangenehm wäre, so viel steht fest. Solche Gefühle, die über das Ziel einer üblichen, einer normalen Freundschaft eindeutig hinausschießen, kann Susanne selbstverständlich nicht öffentlich zur Schau stellen, zu gefährlich, Facebook, Twitter, da wüsste ja am nächsten Tag bereits die ganze Welt darüber Bescheid, das heißt, mindestens die halbe Klasse darüber Bescheid, es wäre die halbe Klasse, die sich darüber das Maul zerreißen würde, nach der halben Klasse dann die ganze Klasse, daraufhin die Parallelklasse, ja daraufhin würde auch noch die Französischklasse folgen und so fort, morgen wüsste dann schließlich die gesamte Stadt darüber Bescheid, denn so groß ist sie nicht. Was, wenn Susanne wüsste, wie es um meine Zuneigung ihr gegenüber bestellt ist? Was, wenn sie wüsste, dass sie in meinem tiefsten Inneren auf die größtmöglich vorstellbare Erwiderung ihrer so starken Gefühle stoßen würde? Was, wenn? Wir beide wären glücklich, wir beide würden im wärmsten Sonnenlicht, von den silbern-hellsten Sonnenstrahlen des Glückes beschienen, bis ans Ende unserer Tage gemeinsam über grüne Wiesen schreiten, miteinander leben.

Kinder. Haus. Garten. Auto. Das alles. Kinder. Haus. Garten. Auto. Das alles steht, ungeduldig auf mich wartend, als Ziel am Ende der milchig-weißen, traumhaften Vorstellung, oder doch eher als Ziel am Ende des von mir ausgemalten Wunschtraumes, das Ziel als Belohnung für mein jetziges, still dahin wartendes Siechen. Wenn sie bloß davon wüsste. Wüsste sie, wie meine Gefühle ihr gegenüber geartet sind, wäre einiges, eigentlich alles, um etliches leichter, um etliches großartiger. Könnte man bloß immer in offener, ja öffentlicher Manier seine ureigenen Gefühle aussprechen, sie einfach immer auf der Zunge tragen, eine Welt ohne Kopfszenarien, ohne Missverständnisse, wäre die Folge, die logische Folge, die unsere Welt verbessern würde, ja nicht nur die Welt als Ganzes, sondern meine eigene Lage im Speziellen verbessern würde. Und erneut. Schon wieder streift ihr Ellenbogen an meinem Ellenbogen oder vielmehr lässt sie ihren Ellenbogen an meinem Ellenbogen streifen, dabei immer so nebensächlich, nebensächlichst fädelt sie immer diese kleinen, kleinsten Berührungen ein, durchgehend sucht sie auf diese Weise meine Nähe. Ja, ihre Blicke, von denen sie anscheinend glaubt, ich bemerke sie nicht, diese seitlichen Blicke ihrerseits auf mein Profil, auf meine linke Backe, die ich erst gestern von einem großen, ziemlich unschön rot geschwollenen Mitesser befreit habe. Heute müsste meine linke Wange also ein recht ansehnlicher Körperteil sein. Susanne jetzt, unmittelbar, in ebendiesem Augenblicke anzusprechen, auf ihre Gefühle mir gegenüber anzusprechen, scheint mir ein Ding der Unmöglichkeit, wäre unangebracht, tatsächlich unangebracht, sinnlos im Beisein Andis, sinnentleert in Gegenwart all dieser Passanten, unsinnig in diesem kalt-weißen Schneegestöber, in der Öffentlichkeit dieser städtischen Einkaufsstraße, zusätzlich zu der angstbehafteten Ungewissheit, die ein solches Ansprechen ihrer Gefühle mir gegenüber, ein solches Gespräch über unsere – nie ganz einfach gewesene – Beziehung zueinander, mit sich bringen würde, gar nicht vorstellbar.

in Richtung Hauptplatz gehende, weinrot-grau-karierte Jacke tragende
Jugendliche in eng anliegenden Jeans mit zertretenen Converse und grauer
Strickhaube
Susanne

Toni zu Hause. Ein Schulvormittag ohne Toni. Toni ist krank.
Schule daher unnötig. Toni am Frühstückstisch, Toni im Bad,
Toni am Balkon, Toni frühstückend, Toni Zähne putzend, Toni
rauchend, Toni im Schlafzimmer, Toni schlafend, Toni im Wohn-
zimmer, Toni fernschauend, Toni zu Hause, zu Hause, nicht hier,
nicht bei mir, nie bei mir. Toni sitzt am Frühstückstisch, trinkt
seinen Kaffee, schneidet ein Stück von der Palatschinke, die seine
Mutter, bevor sie in die Arbeit fuhr, für ihn zubereitet hat, ab,
steckt es sich mit der Gabel in den Mund, kaut, schluckt, wieder-
holt diesen Vorgang solange, bis die morgendliche Palatschinke
vom Frühstücksteller zur Gänze verschwunden ist. Denkt er dabei
an mich? Zwischen den einzelnen Palatschinkenhappen wird der
Mund immer wieder mit Kaffee durchspült, der dann sofort weiter
in den Magen rinnt, wo er sich endlich mit dem restlichen Früh-
stück vereint. Toni steht im Bad vor dem Waschbecken, welches
sich direkt unter dem Badezimmerspiegel befindet, er betätigt
den Wasserhahn, woraufhin sofort das lauwarme, morgendliche
Leitungswasser ins Waschbecken zu plätschern beginnt, er hält
seine zur Mulde geformten Hände genau zwischen Wasserhahn
und Waschbecken mitten in den Strahl des lauwarmen Wassers, so
lange, bis die Handmulde beinahe überzulaufen droht, anschließend
schüttet er sich das Wasser aus den zur Mulde geformten Händen
ins Gesicht, um dieses zu reinigen, um aufzuwachen, woraufhin
er zur elektrischen Zahnbürste greift, den grünen Vibrationsauf-
satz auf das dazu passende, dünne, metallene Gegenstück steckt,
die Zahnbürste samt Vibrationsaufsatz unter das lauwarme Wasser
aus dem Wasserhahn hält, das Wasser abstellt, zur sich unter dem
Badezimmerspiegel befindenden Ablage greift, um die Zahn-
pastatube zu nehmen, sie aufzuschrauben, schließlich das letzte
bisschen Zahnpasta aus der beinahe leeren Zahnpastatube, auf die
blauen Borsten des grünen Vibrationsaufsatzes herauszuquetschen,

woraufhin er die Zahnpastatube wieder zuschraubt, sie auf die Ablage unter dem Spiegel zurückstellt. Toni putzt sich die Zähne, blickt währenddessen in den Spiegel. Denkt er an mich? Toni stellt die elektrische Zahnbürste ab, steckt sie auf die Ladestation, spült sich den Mund mit morgendlich-kaltem Wasser aus, trocknet sich mit dem Frotteehandtuch das Gesicht ab, die Hände ab, woraufhin er das Badezimmer verlässt. Denkt er an mich? Toni steht auf seinem sein Heimatdorf überblickenden Balkon, seinen Blick über die Dächer seines Heimatdorfes schweifen lassend. Seiner Hosentasche entnimmt er eine Packung Zigaretten, greift erneut in die Hosentasche, diesmal tiefer, entnimmt ihr ein blaues Feuerzeug, öffnet die Zigarettenpackung, führt die Packung an den Mund, fischt mit seinen weißen Zähnen unter Zuhilfenahme seiner vollen Lippen eine Zigarette aus der Packung, behält sie im Mund, zündet die Spitze des Glimmstängels an, raucht. In der klaren Morgenluft scheint der blaugrau-rauchige Dunst förmlich stillzustehen, zu verharren, zu warten. Denkt er an mich? Ist er schon wieder gesund oder zumindest auf dem Weg der Besserung? Kommt er morgen schon wieder in den Unterricht oder gar erst nächste Woche? Zahlt es sich aus, ihm einen Besuch abzustatten, nur um ihm gute Besserung zu wünschen? Nein, das wäre keine gute Idee, da ich ja noch nie zuvor bei ihm war. Würde er sich vielleicht über eine SMS freuen?

einen nicht sehr vorteilhaften, schwarzen Anorak tragender, in Richtung Hauptplatz links neben einem Mädchen gehender Jugendlicher
Andi

Meine Finger zwischen Susannes Beinen. Meine Hand als Ganzes zwischen Susannes Beinen, meine Finger im Besonderen. Reibend, drückend, massierend liebkose ich Susannes Vagina, im Besonderen ihre Klitoris durch den rauen Stoff ihrer Jeans hindurch, merke, wie ihre Augen glasig werden, abwesend, wie sich langsam aber sicher all ihre Gedanken auf ihr primäres Geschlechtsorgan bündeln, spüre, wie sich der Jeansstoff mehr und mehr mit Susannes vaginalen Erregungssäften vollsaugt. Susanne, deine

Beine werden weich, werden weicher, dein Körper phasenweise
lasch, daraufhin sofort wieder verkrampft, du schnappst nach Luft,
hyperventilierst beinahe, konzentrierst dich nur noch auf meine
Hand, meine eifrig-flinken Finger, stöhnst, vergisst die Welt um
dich herum vollkommen, Schweißperlen bilden sich auf deiner
Stirn, Schweißperlen auf meiner, die Wirklichkeit verschwimmt
vor deinen Augen, bildet verschwommen-pulsierende Wellen aus
unterschiedlichst gefärbten Farbpunkten, aus grell blendenden
Lichtreflexen, du hältst bewusst die Luft an, wartest nur darauf,
dass sich deine Muskeln immer mehr verkrampfen, schnappst
dann erneut nach Luft, was deine Muskeln wieder entspannt,
starrst in die Ferne, in das unweltliche, außerirdisch schwarze
Loch aus Lust, das dich nun vollkommen in sich aufsaugen wird.
Susanne! Heiß, heißer, feucht, feuchter, nah, näher, fern, ferner,
im selben Moment nah, im selben fern, genießt du genießend,
ich beobachtend; deinen Klimax beobachtend, deinen von mir
ausgelösten Klimax beobachtend genieße ich also mein Werk,
deinen Orgasmus. Überrascht, welch Wunderwirkung meine
Finger auf deinen Körper haben, zeigst du dich, zeige ich mich.
In haargenau demselben Grade überrascht, in dem du dich über
die Wunderwirkung, die meine Hand, meine Finger auf deinen
Körper haben, zeigst, zeige ich mich über die Wunderwirkung,
die meine Hand, meine Finger auf deinen Körper haben. Un-
echt. Unecht. Möglicherweise irgendwann spürbare, erlebbare
Realität, doch nicht jetzt, jetzt noch nicht. Ich senke meinen
Kopf, senke meinen Blick. Der grau bepflasterte Innenstadtboden
zieht an meinen Augen vorbei. Grau, grau, grau, grau, grau-
rot, grau-rot, grau. Wischend, wir gehen schnell, wischend das
Grau, wischend das Grau-Rot-Grau. Das Autobahn-spezifische
Verwischen der Landschaft um einen herum, in der Fußgänger-
zone jedoch bloß mit zu Boden gesenktem Blick möglich, sobald
ich meinen Kopf hebe – ich hebe meinen Kopf – kommt sofort
wieder das Gefühl zu gehen, langsam durch die Schneeland-
schaft zu gehen, zu langsam durch die Schneelandschaft zu gehen.
Susanne im Nachthemd, im weißen. Susanne ohne Nachthemd,
nackt. Susanne nackt, schwitzend, Susanne mit schweißnassem

Haar, das ihr in Strähnen ins lustverzerrte Gesicht hängt, nackt, schwitzend über mir. Ihre animalisch braunen Augen starren mich an, direkt, hypnotisierend. Susanne kurz vor dem Orgasmus, Susanne dem Orgasmus entgegenstrebend, nackt, schwitzend, mit schweißnassem Haar, das ihr in Strähnen ins lustverzerrte, trotzdem mädchenhaft hübsche Gesicht hängt, auf dem weichen Bett, auf meiner Kinderzimmermatratze, alle Gedanken auf ihren Höhepunkt gerichtet, über mir, zum Greifen nahe.

in die Einkaufsstraße einbiegender, dabei beinahe mit einem kleinen Mädchen zusammenstoßender, eine Beton-Rollstuhlrampe hochgehender, an deren Höhepunkt rechts, am Außenbankomaten vorbei, durch die elektronisch-automatisch öffnenden Glastüren hindurch, in die Gemäuer des städtischen Bankgebäudes eintretender
Doktor Weber

Max hat mich auf die Idee gebracht. Als ich ihm den Sachverhalt erläutert habe, kam er mit dieser Idee, mit der Idee der Aufzeichnung des heute stattfindenden, amikalen Gesprächs. Darin könnte sich eine gute Story verstecken, hat er gemeint. Es wäre eine veritable Möglichkeit etwas an unserem System zu verbessern, etwas zu verändern, für ihn natürlich auch eine Möglichkeit die Chronikspalten, die zeitungsintern in seinen Aufgabenbereich fallen, aufzufüllen. Selbstverständlich handelt nicht einmal er ausschließlich uneigennützig, einzig und allein für den guten Zweck. Wer tut das schon? Es dient zwar jeder gern der guten Sache, aber nur so lange auch für einen selbst etwas dabei herausspringt, auch wenn es sich dabei nicht unbedingt stets einzig um Materielles, Monetäres handeln muss. Anerkennung, Selbstzufriedenheit, historische Unsterblichkeit sind ebenso willkommene Anreize. Wohltätigkeit ist das Zauberwort, ein Zauberwort, das in aller Munde liegt, sich aber immer genau dort auch schon wieder auflöst, nämlich in absolutes Nichts auflöst. Frauen in extravaganten Pelzmänteln mit Sektflöten in der Hand, die Geld sammeln, die Armenhäuser oder Schulen in der dritten Welt errichten lassen, tun dies auf den ersten Blick aus Wohltätigkeit, absolut uneigennützig und doch ziehen auch sie ihren Nutzen daraus. Sie beruhigen ihr Gewissen, meist ihr schlechtes, gleichzeitig aber schaffen sie sich dadurch sowohl einen bestimmten Ruf als auch sogenanntes Prestige, das ihre gesellschaftliche Stellung erhöht, was für sie sicherlich kein unangenehmes Nebenresultat darstellen dürfte. Dabei handelt es sich also um den eigentlichen Anreiz. Das ist die Heuchelei, von der die Oberschicht lebt. Jedoch handelt es sich hierbei um den menschlichsten aller menschlichen Züge, um den Urtrieb schlechthin. Denn wir Menschen sind nicht dazu gebaut uns selbst Schaden, in welcher Hinsicht auch immer, zuzufügen. Jeder Mensch ist ein geborener Egoist, der eine mehr, der andere weniger, trotzdem kann niemand gegen den Egoismus ankämpfen. Tut er es doch, so wird er verlieren oder im besten Fall nur einen marginalen, kaum bemerkbaren Erfolg erfahren. Es gibt keinen unegoistischen Menschen, nur stark und weniger stark egoistische. Alles andere ist Lüge. Allerdings steht es auch ganz außer Zweifel, dass man durch seinen Egoismus sehr wohl etwas Gutes bewirken kann, was den sauren Beigeschmack nicht nur mindert, sondern ihn sogar voll und ganz tilgt. Hoppla! Blick zu meinem linken Oberschenkel, Blick nach unten. Ein Kind. Ein Kind, das blindlings gegen mein Bein gelaufen wäre. Allerdings blieb ich sofort stehen. Es sieht mich an, wendet den Blick, läuft zur Mama zurück. Weiter zur Bank. Der Weg wird fortgesetzt. Ah! Die Frau … Sie grüßt. Ich nicke, habe ihren Namen vergessen oder noch nie gekannt. Sowohl Max als auch ich werden unseren Egoismus auf positive Weise einsetzen, auf die positivste, weltverbesserndste oder zumindest österreichverbesserndste Weise. Zuerst aber brauche ich Geld, Geld für den Kaffee.

Doktor Weber betritt das Bankgebäude, geht in das großräumige Foyer, in dem sich links hinten die Bankschalter, rechts vorne, gleich neben dem Eingang, hinter Glastüren, ein kleiner, sehr bunt eingerichteter Kinderraum mit einem kleinen Tisch in Kindergröße voller Lego sowie Duplosteinen befinden. In der Mitte des Raumes, dem Eingang direkt gegenübergelegen, stehen, Rücken an Rücken, zwei Bankomaten sowie zwei Gerätschaften zum Ausdrucken der Kontoauszüge, dazwischen

Behälter zum Einwerfen der Erlagscheine. *Von den fünf Bankschaltern im linken, hinteren Teil des Bankfoyers sind nur zwei tatsächlich belegt, und zwar der mittlere sowie der zweite von rechts.*

Doktor Weber öffnet auf dem Weg zum Bankomaten den Reißverschluss seiner Winterjacke.

Hinter dem mittleren Bankschalter steht ein Herr von etwa dreißig Jahren mit zurückgegeltem, schwarzem Haar sowie einer, sich seinem kantigen Gesicht, wie eben dafür entworfen, anpassenden, silbern umrandeten, rechteckigen Brille auf der Nase. Er trägt einen schwarzen Anzug, darunter ein weißes Hemd, um den Hals eine leicht aus der Waage geratene, schwarze Krawatte.

Hinter dem zweiten Schalter von rechts steht eine offensichtlich leicht gelangweilte Dame – prüfende Blicke auf ihre Fingernägel werfend – die unter ihrem Make-up sowie unter ihrem konservativ grauen Rock, unter ihrer konservativ weißen, bis obenhin zugeknöpften Bluse, gut und gerne ebenso wie ihr Herr Kollege die dreißig bereits erreicht haben könnte.

Der Herr mit Anzug starrt in die imaginative Leere vor seinen Augen, die bis tief in sein Hirn hineinzureichen scheint, im Großen und Ganzen apathisch steht er da.

Die Dame im konservativ grauen Rock und der konservativ weißen Bluse mit konzentriertem, ja konzentriertestem Blick auf ihre Fingernägel.

Ansonsten ist keine weitere Person im Bankfoyer auszumachen.

Doktor Weber begibt sich also zum ersten Bankomaten, greift in seine rechte, rückwärtige Hosentasche, der er seine Geldbörse entnimmt. In ein, zwei Handgriffen wird die schwere Ledergeldbörse auseinandergeklappt, die griffbereit im Inneren steckende Bankomatkarte herausgezogen, die Geldbörse in der linken Hand behalten, mit der rechten die Bankomatkarte in die für sie vorgesehene Öffnung an der rechten Seite des Bankomaten gesteckt. Doktor Weber steht also vor dem Bankomaten, begutachtet seinen Kontostand, hebt Geld ab, während der Bankangestellte am mittleren Schalter, von der Theke verdeckt, etwas ordnet, unterdessen steht die Dame am zweiten Schalter von rechts reglos mit Blick auf die Fingernägel ihrer rechten Hand, dann Blick auf die Fingernägel ihrer linken Hand, da.

Es ist so weit, Doktor Webers von seinem Konto abgehobene Geldscheine werden vom Bankomaten aus der dafür vorgesehenen Öffnung geschoben. Doktor Weber entnimmt dem Automaten zuerst seine Bankomatkarte,

*dann sein Geld, klappt die Geldbörse in seiner linken Hand auf, steckt
zuerst die Karte in das dafür vorgesehene Fach, dann die drei grünen
Scheine in das hintere Fach der Börse, die Börse wieder in seine rück-
wärtige Hosentasche. Der Blick des Bankangestellten hinter dem mittleren
Schalter wandert von Doktor Weber zu den Eingangstüren, dann wieder
zurück zu Doktor Weber, folgt ihm bis zur Gerätschaft zum Ausdrucken
der Kontoauszüge. Doktor Weber holt erneut seine Geldbörse aus der
Hosentasche, entnimmt ihr seine Bankomatkarte, steckt sie in die dafür
vorgesehene Öffnung an der linken Seite der Gerätschaft. Während
Doktor Weber seine Kontoauszüge drucken lässt, schweift der Blick des
bebrillten Bankangestellten ab, und zwar wieder auf den Bereich hinter
der Theke, wo er weiterhin anscheinend Unterlagen ordnet. Die Bank-
angestellte am zweiten Schalter von rechts hebt unterdessen ihren Blick,
wendet ihn von den Fingernägeln ab, sieht sich nach ihrem Kollegen um,
flüstert ihm etwas zu, woraufhin dieser, ohne von seinen zu ordnenden
Unterlagen aufzublicken, nickt und sie in einen hinter den Bankschaltern
gelegenen Raum verschwindet. Die Gerätschaft hat das Ausdrucken
der Kontoauszüge nun beendet, das mechanische Druckergeräusch ver-
stummt, Doktor Weber entnimmt seine Bankomatkarte aus der dafür
vorgesehenen Öffnung an der linken Seite der Gerätschaft, behält sie in
der linken Hand, begutachtet jede der drei ausgedruckten Seiten genau,
steckt sie dann samt seiner Bankomatkarte zurück in die Geldbörse,
klappt diese zu, steckt sie in die rechte Gesäßtasche, zieht den Reißver-
schluss seiner Winterjacke wieder bis obenhin zu, lässt den Unterlagen
schlichtenden Bankangestellten, der nun erst auf- und ihm nachblickt,
zurück und verlässt schließlich das Bankgebäude durch die elektronisch-
automatisch öffnenden Glastüren.*

*das Bankfoyer betretender, auf dem Weg zum Bankomaten den Reiß-
verschluss seiner Winterjacke öffnender, sich zum ersten Bankomaten
begebender, in seine rechte, hintere Hosentasche greifender, dieser seine
Geldbörse entnehmender, in ein, zwei Handgriffen die schwere Leder-
geldbörse auseinanderklappender, mit der rechten Hand die Bankomat-
karte herausziehender, die Geldbörse in seiner linken Hand behaltender,
mit der rechten Hand die Karte in die für sie vorgesehene Öffnung an
der rechten Seite des Bankomaten steckender, seinen Kontostand begut-*

achtender, Geld abhebender, dem Bankomaten zuerst seine Bankomat-
karte, dann sein Geld entnehmender, die Geldbörse in seiner linken Hand
wieder aufklappender, zuerst die Karte in das dafür vorgesehene Fach,
dann die drei grünen Scheine in das hintere Fach der Börse steckender, die
Geldbörse wieder in seine rückwärtige Hosentasche gleiten lassender, sich
zur Gerätschaft zum Ausdrucken der Kontoauszüge begebender, erneut
seine Geldbörse aus der Hosentasche ziehender, ihr seine Bankomatkarte
entnehmender, sie in die dafür vorgesehene Öffnung an der linken Seite
der Gerätschaft steckender, sich seine Kontoauszüge drucken lassender,
seine Bankomatkarte aus der dafür vorgesehenen Öffnung an der linken
Seite der Gerätschaft entnehmender, sie in der linken Hand behaltender,
jede der drei schwarz-weiß ausgedruckten Seiten genau begutachtender,
sie dann samt seiner Bankomatkarte zurück in die Geldbörse steckender,
diese zuklappender, sie in die rechte Gesäßtasche steckender, den Reiß-
verschluss seiner Winterjacke wieder bis obenhin zuziehender
Doktor Weber

Hinein. Hinein. Der Bankomat in der Wärme des Bankfoyers,
der Bankomat in der Mitte der Wärme des Bankfoyers, nichts
los, keine Menschenseele in der Sparkassenfiliale. Merkwürdig,
um diese Uhrzeit höchst merkwürdig. Die Jacke aufgemacht.
Zuerst die Knöpfe: *Düp, düdüp, düp,* dann der Reißverschluss:
sssip. Der Bankomat, der mich erwartet. *Herzlich willkommen* am
Startbildschirm des Bankomaten. *Herzlich willkommen.* Geld ab-
heben als Routine, Geld abheben als sicherheitsspende Routine,
die mich wieder stärkt, physisch sowie psychisch stärkt, meine all-
gemeine Konstitution wieder auf Vordermann bringt. Der Geld-
automat schluckt meine Bankomatkarte. Wie immer. Alles wie
immer an einem Tag wie diesem, an einem Tag, der so oft nicht
wiederkehren wird, an einem Tag, der für mich eine Möglich-
keit bietet, wie sie wahrscheinlich kein anderer, bis tief in die
all-ewige Ewigkeit hinein, kein anderer Tag für mich – ja für
Millionen Menschen – je wieder zu bieten imstande sein wird.
Die Bankomatkarte aus der Geldbörse in die Bankomatkarten-
öffnung an der rechten Seite des Bankomaten gesteckt. Das Herz
schlägt, das Herz pumpt, schneller, immer schneller schlägt das

Herz, pumpt das Herz, umso mehr ich mich darauf fokussiere, auf das Schlagen, das kräftige Pumpen meines Herzens fokussiere, desto heftiger, desto schneller schlägt mein Herz, pumpt mein Herz im stetig enger werdenden Brustkorb. Schweiß steht noch keiner auf der Stirn. Wenn ich jetzt darüber nachdenke, vielleicht ein Schweißtropfen auf der rechten Schläfe. Ich wische ihn nicht weg, lenke stattdessen meine Aufmerksamkeit auf den Bildschirm des Bankomaten vor mir.

Kontostand.
Bargeld.
Quickladung.

Kontostand. Der oberste, silberne Auswahlknopf auf der rechten Seite neben dem Bildschirm. Mein Kontostand: Dreitausendeinhundert Euro, also sind die tausendfünfhundert Euro bereits abgebucht, also ist diese Angelegenheit so weit erledigt. Gut. Zurück.

Kontostand.
Bargeld.
Quickladung.

Bargeld. Der zweite, silberne Auswahlknopf von unten, auf der rechten Seite neben dem Bildschirm. PIN. Auswendig. Sechs, fünf, zwei, drei. Bargeld. Sanduhr. Die rieselnde, die spannungserzeugende, die sich drehende Sanduhr, dann das weiße Rechteck in der Bildschirmmitte, das mich dazu auffordert, es durch Drücken der Zahlentasten auf der Tastatur unter dem Bankomatbildschirm mit einer Summe zu füllen, die ich von meinem Konto abheben möchte, darum herum, am linken, am rechten Bildschirmrand, vorgegebene Summen, die einem das Nachdenken über den abzuhebenden Betrag erleichtern sollen. Nein. Dreihundert Euro. Dreihundert Euro. Das reicht. Also: dreihundert Euro. Drei. Null. Null. Dreihundert Euro. Okay. Wieder die Sanduhr. Die Sanduhr, die rieselnde, spannungserzeugende, die sich drehende. Das Gefühl, das mulmige, das mulmige Gefühl im Magen, das mulmige Gefühl der Erwartung. Was, wenn die von mir soeben eingetippten dreihundert Euro doch nicht von meinem Konto abgehoben werden können, aus irgendwelchen Gründen einfach nicht von meinem Konto abgehoben werden können, also nicht in wenigen Augenblicken im Geldschlitz des Bankomaten erscheinen, mir demnach später nicht zur Verfügung stehen, was, wenn mein Konto tatsächlich geplatzt ist, was, wenn auf meinem Konto die dreitausendeinhundert Euro gar nicht mehr liegen? Ängste aus meiner Anfangszeit. Ja. Ängste aus meiner Turnuszeit. Ja. Ängste des Beginns meines Erwachsenenlebens. Ja. Ängste von damals. Die Sanduhr verschwindet, das Grummeln tief im Inneren des Geldautomaten beginnt, die Bankomatkarte wird freigegeben, die Maschine zählt die Scheine, ordnet sie, schiebt sie gleichzeitig mit dem abrupten Verstummen des Grummelns aus den tiefsten Tiefen des Automaten, durch den Geldscheinschlitz schräg links über der Tastatur, schräg links unter der linken Bankomatbildschirmkante. Ein letztes, ein abschließendes, letztes Mal das zählende, das überprüfende Grummeln aus den Bankomateingeweiden, dann wird die freigegebene Bankomatkarte entnommen, zurück in meine Geldbörse gesteckt, welche ich sogleich ganz öffne, um auch die drei grünen Scheine ohne Umstände hineinstecken zu können. Die Geldbörse verschwindet wieder in der rechten, hinteren Gesäßtasche, füllt diese aus, drückt gegen meine rechte Pobacke. Also dann, alles gut, also … Die Kontoauszüge drucken! Richtig. Wie blöd, unfassbar.

Also zu dem großen, breiten, grauen Automaten. … So. Jetzt erneut die Geldbörse aus der Gesäßtasche befreien, unter dem dazugehörenden, leicht unwohlsamen Gefühl der nun nackten Unvollkommenheit, der unglaublichen Leichtigkeit meiner Jeanshose, der nun von mir empfundenen ungeschützten Nacktheit meines Hinterteils. Die Geldbörse aufgeklappt, die Bankomatkarte herausgezogen, die Geldbörse erneut in meine rechte, hintere Hosentasche gesteckt, sie somit aufs Angenehmste ausgefüllt, die Bankomatkarte in die dafür vorgesehene Öffnung gesteckt. So. So. Die Sanduhr, die sich drehende, rieselnde, die spannungserzeugende Sanduhr. Die Sanduhr. Hoffentlich hat der Hofstetter die tausendfünfhundert Euro bereits von meinem Konto abgebucht, ich wüsste nicht, hätte nicht den geringsten Ansatz einer Ahnung, wohin diese tausendfünfhundert Euro sonst verschwunden sein sollten. Meinem jetzigen Kontostand zufolge müssen sie unbedingt abgebucht worden sein, denn in Luft werden sie sich aller Wahrscheinlichkeit nach nicht aufgelöst haben. Immerhin habe ich nichts bestellt, dessen bin ich mir sicher, mit hundertprozentiger Sicherheit glaube ich behaupten zu können, ich habe mir im Laufe dieses Monats nichts aus dem Internet bestellt, das letzte Mal vor ungefähr zwei Monaten, das letzte Mal, das waren zwei Bücher sowie die Fahrradlampe, die ich mir damals bestellt habe, und das war im Oktober, im Oktober habe ich mir diese Utensilien bestellt, für die dann etwa das Achtfache des tatsächlich zu zahlenden Betrages von meinem Konto abgebucht wurde, was allerdings bereits so weit erledigt ist, nahe daran, aus meinem Gedächtnis vollkommen herausgelöscht zu sein. Der Automat beginnt zu drucken, relativ laut. Blick auf den Bildschirm. Der Hofstetter mit seinen tausendfünfhundert Euro, dabei habe ich ihn gefragt, wie viel man schwarz machen könne. Nichts, hat er gesagt, gar nichts. Da könne man nichts schwarz machen, in so einem Fall zahle sich das auch gar nicht aus. Rohrbruch, alles unter Wasser, das gesamte Haus als Schwimmbecken, drei Tage, die ich mir nicht mehr zurückwünsche. An der Studie schreiben, arbeiten, mich mit Patientenwünschen, mit Patientenextrawünschen herumschlagen, mich mit Patientendummheiten, mit Patientenschwachsinnigkeiten herumschlagen, voll und ganz in Gedanken an meine Studie vertieft, heimfahren, dann die Sauerei zu Hause, im häuslichen Keller, dann das Auspumpen der Sauerei im häuslichen Keller, dann – weniger schlimm, aber nicht wenig schlimm – die gesamte darauf folgende Woche, das Renovieren der nassen Stellen im Mauerwerk, im Fußboden, ebenfalls von der Firma Hofstetter, vom alten Hofstetter höchstpersönlich. Eindeutig erinnere ich mich aber nur an den Hofstetter beim Auspumpen des unfreiwillig, ganz und gar ungewollt zum Schwimmbecken avancierten, häuslichen Kellers.

Der Hofstetter mit seinen tausendfünfhundert Euro. Fertig gedruckt. Die Bankomatkarte. Die Belege. Blick auf die Belege. In Ordnung. In Ordnung. ... In Ordnung. Der Hofstetter hat seine tausendfünfhundert Euro bereits abgebucht, also demnach erhalten. Gut so. Die Bankomatkarte in das hintere Fach der Geldbörse gesteckt, die Kontoauszüge in das vordere Fach der Geldbörse geschlichtet. Die Geldbörse zurück in die rechte Gesäßtasche, die Gesäßtasche ausgefüllt. Gut. Jacke zu. Reißverschluss zu, bis oben hin. So. Diktafon. Was bloß tun, ohne mein Diktafon? Das Diktafon, das später zu seinem glorreichen Einsatz kommen wird, in der rechten Jackenseitentasche, wichtig, wirklich wichtig, für mich das absolut Wichtigste. Das Diktafon in der rechten Jackenseitentasche. Das Wichtigste.

vor sich hinstarrender, etwas schlichtender, dem Doktor Weber nachblickender Bankangestellter mit zurückgegeltem Haar sowie einer sich wunderbar an sein Gesicht anpassenden, silbern umrandeten, rechteckigen Brille

Wenn man mich ansieht: ein adretter, junger Herr, hübsch, zweifellos, auf eine sehr männliche Art und Weise hübsch, aber ebenso vertrauenswürdig, mindestens im selben Maße seriös wie optisch ansprechend; ein junger, adretter Herr mit einer überhaupt nicht grundlos ihn umgebenden, selbstbewussten Aura; ein junger, adretter Herr mit freundlichen, blaugrauen Augen, mit einem freundlichen, so gar nicht übertrieben gekünstelten Lächeln auf den Lippen, mit dem ehrlichsten Lächeln auf den sinnlichsten Lippen; zweifellos ein außergewöhnlicher, junger, ziemlich adretter Herr. Wenn man mich beobachtet: ein junger, adretter Herr, der ganz genau weiß, was er tut, bei jeder Bewegung, bei jedem Handgriff, den er ausführt, ganz genau weiß, was er tut, was er zu tun hat, sein wissender, durch die Sparkassenfiliale wandernder Blick ist von einer eigentlich ausschließlich führungspersonenspezifischen Festigkeit, die natürlich jedem eine gewisse Sicherheit vermittelt, nicht nur reine Selbstsicherheit, nein, bestimmt auch eine bis zu einem gewissen Grade geborgenheitsspendende

Kundensicherheit, das ist wichtig, das ist von fundamentaler Bedeutung für jeden, im Kundendienst tätigen Bankangestellten. Eben jene Eigenschaft scheint bei diesem jungen, adretten, selbstsicheren Herrn allerdings besonders stark ausgeprägt zu sein. Man vermutet auf jeden Fall eine ganz genauso außerordentlich außergewöhnliche wie mysteriös aufregende Persönlichkeit hinter seinem seriös-gepflegten Äußeren. Selbst wenn er seinen Blick einmal senken sollte – er senkt seinen Blick – also plötzlich gar nicht mehr so offen wirken dürfte (jeder andere Bankangestellte wirkt mit gesenktem Blick etwas weniger offen, etwas weniger freundlich, nicht mehr ganz so aufgeschlossen kundennah), so strahlt er trotzdem noch dieselbe Offenheit, dieselbe Freundlichkeit, dieselbe aufgeschlossene Kundennähe aus wie zuvor mit seinem durch das Bankfoyer schweifenden Blick. Das liegt an seiner Aura, mit Sicherheit liegt das an seiner Aura, an nichts anderem als an seiner Aura. Der Bankangestellte, der junge, der adrette, der seriöse, der selbstsichere Bankangestellte scheint sich zu konzentrieren, sein Blick durch die sicher nicht billige Designerbrille scheint sich zu fokussieren, sich auf etwas hinter der Schaltertheke Befindliches zu konzentrieren. Dabei handelt es sich bestimmt um etwas Wichtiges, etwas Wichtiges, ganz selbstverständlich um etwas Wichtiges, worauf sich dieser Bankangestellte dermaßen konzentriert. Worauf sollte er sich denn sonst konzentrieren, als auf etwas Wichtiges, etwas tatsächlich außergewöhnlich Wichtiges? Nun beginnt er, etwas zu ordnen, etwas zu schlichten, anscheinend etwas zu einem Stapel aufeinanderzuschlichten. Wahrscheinlich handelt es sich dabei um wertvolle Skripten, um besondere Unterlagen von enormer Wichtigkeit, die der junge, adrette, seriöse, selbstsichere Bankangestellte, ohne eine Miene zu verziehen, mit gekonnter Gelassenheit hinter der Schaltertheke auf einen Stapel schlichtet. Er schlichtet und schlichtet, schlichtet und schlichtet, weiß genau, was er tut, weiß aufs Genaueste, was er tut. Man möchte ihn nicht stören, traut sich nicht, ihn von seiner Arbeit in irgendeiner Form abzulenken, ihn anzusprechen, abzuhalten von seiner so ausgesprochen wichtigen, höchstwahrscheinlich unglaublich komplizierten, nur durch den unschätzbaren Vorteil jahrelanger Erfahrung überhaupt ausführbaren Tätigkeit. Maschinell, ja maschinellst, auf maschinelle Art tätigt er die notwendigen Handgriffe, ordnet jede dieser ausgesprochen wichtigen Unterlagen richtig, wahrscheinlich sogar kategorisch-systematisch richtig ein, beziehungsweise kategorisch-systematisch richtig zu. Der junge, adrette, seriöse, selbstsichere Herr, der als Bankangestellter im Kundendienst in dieser Filiale in dieser Stadt arbeitet, weiß genau, was er tut, ganz genau; dieser junge, adrette, seriöse, selbstsichere Bankangestellte ist privat, also außer Dienst, also außerhalb dieses Foyers, außerhalb dieses Gebäudes sicherlich ebenso charmant wie intelligent, scheint sehr gebildet zu sein, mit einem extraordinären Allgemeinwissen, mit welchem er in jeder Gesellschaft überrascht, durch diese Überraschung immer wieder, in allen nur vorstellbaren Gesellschaften, in den unterschiedlichsten Gesellschaftsschichten überzeugt, eine jede Gesellschaft zuerst immer überrascht, dann aber in jedem Falle überzeugt, durch diese Überzeugung, durch diese überraschende Überzeugung ausnahmslos jede Gesellschaft unterhält. Eine solche interessante, dadurch spannende, aufregende Persönlichkeit bietet selbstverständlich Reize, Anreize, unzählige Anreize sie unbedingt kennenzulernen, sie persönlich näher kennenzulernen. Mit hoher, ja mit der höchsten Wahrscheinlichkeit scheint die Person dieses jungen, adretten, seriösen, selbstsicheren Bankangestellten von dem größtmöglichen Interesse für eine jede junge, gebildete Dame zu sein. Eine solche junge, gebildete Frau könnte man sich, natürlich nur solange sie dem jungen, adretten, seriösen, selbstsicheren Bankangestellten in ihrem optischen Erscheinungsbild um nichts nachsteht, sehr gut an der Seite des jungen, adretten, seriösen, selbstsicheren Bankangestellten vorstellen. Er schlichtet und schlichtet, schlichtet und schlichtet, ordnet anscheinend lose Zettel, hält nun aber inne. Eine der Seiten betrachtet der junge, adrette, seriöse, selbstsichere Bankangestellte genauer. Irgendetwas scheint mit dieser Seite nicht zu stimmen. Tatsächlich handelt es sich dabei nur um ein leeres Blatt Papier. Aber wenn man mich beobachtet: ein junger, adretter, seriöser, selbstsicherer Bankangestellter, der soeben ausgesprochen wichtige Unterlagen prüft. Hier scheint allerdings etwas nicht in Ordnung zu sein. Mit dem rechten Zeigefinger über die leere Seite gefahren. Jetzt verharrt er irgendwo im unteren Drittel der Seite, mit konzentriertem, starrendem Blick auf das unbeschriebene Weiß.

Wenn man mich beobachtet: Der konzentrierte, junge, adrette, seriöse, selbstsichere Bankangestellte überlegt, was er von diesem Blatt zu halten hat. Ich lege also das leere Blatt Papier zur Seite, ordne weiter alte, wahllos beschmierte oder mit aus gewissen Zeitungsteilen abgeschriebenen Sudokus beschriftete A4-Seiten auf einen Stapel.

Wenn man mich beobachtet: Der junge, adrette, seriöse, selbstsichere Bankangestellte legt das anscheinend fehlerbehaftete Blatt zur Seite, ordnet die übrigen Seiten weiter auf einen Stapel zu seiner Linken. Wenn man mich beobachtet. Wenn man mich beobachtet.

Angenommen, jemand beobachtet mich: Konzentriert blickt er auf den Stapel vor seinen Augen, stellt wichtige, äußerst wichtige Überlegungen an. Babsi, von links flüsternd: *Auch einen Kaffee?* Weshalb flüstert sie? Kaffee, na selbstverständlich! Kurzes, aber deutliches Nicken. Natürlich möchte ich auch einen Kaffee. Aus dem Augenwinkel verschwindet Babsi von ihrem Schalter.

Wenn man mich beobachtet: Der junge, adrette, seriöse, selbstsichere Bankangestellte widmet sich wieder zur Gänze seinen, nun fertig gestapelten, fertig kategorisch-systematisch geschlichteten Unterlagen, geht sie nochmals durch, betrachtet sie auszugsweise, schlichtet sie wieder perfekt übereinander, darauf bedacht, dass keine Ecken überstehen, wendet seinen Blick erneut zurück, also etwas weiter nach rechts, unterhalb der Schaltertheke, auf die drei außerordentlich wichtigen, sich für die Filiale wahrscheinlich von ganz außergewöhnlicher Wichtigkeit erweisenden Seiten, betrachtet sie, überlegt. Ein Kunde verlässt die Filiale.

einen konservativen, grauen Rock und eine konservative, weiße Bluse
tragende, ihre roten Fingernägel inspizierende, von diesen aufblickende,
den sich neben ihr befindenden Bankangestellten etwas fragende, darauf-
hin in einem Raum hinter dem Schalter verschwindende Bankangestellte
Babsi

Da ich gestern nicht mehr dazugekommen bin, die Nagelbetten
meiner Finger zu bearbeiten, zu überarbeiten, zu verschönern,
muss ich mir also heute Abend die Zeit dafür nehmen, schließ-
lich müssen sie irgendwann bearbeitet, überarbeitet, verschönert
werden, eigentlich baldigst, so bald wie möglich bearbeitet,
überarbeitet, verschönert werden. Zuerst werde ich die über-
schüssige, die abgestorbene Haut an die Nagelränder zurück-
schieben, die frischen Nägel darunter freilegen, dann die über-
schüssige, die bereits abgestorbene Haut abschneiden. Wenn
die Zeit dafür da ist, wenn Mario bis dahin noch nicht heim-
gekommen ist. Da die frisch nachgewachsenen Nägel natürlich
nicht rot sind, noch nicht rot sind, noch nicht rot lackiert sind,
müssen natürlich alle Nägel neu lackiert werden, gänzlich neu
lackiert werden, rot lackiert werden. Die Nägel kürzen? Tat-
sächlich die Nägel schneiden. Alle Nägel schneiden? Nein. Jetzt
haben sie genau die richtige Länge, das wäre kontraproduktiv.
Vielleicht am Mittwoch, ja am Mittwoch sind sie wahrscheinlich
bereits von einer dringend nach Kürzung verlangenden, schnitt-
gerechten Länge, dann werde ich sie kürzen, alle Nägel schneiden.
Am Mittwoch, am Abend des kommenden Mittwochs werden
meine Nägel von mir wieder gekürzt, wieder geschnitten, am
darauf folgenden Wochenende, höchstwahrscheinlich samstags,
wäre ein Besuch im Nagelstudio, den ich zuvor allerdings mit
Monika absprechen muss – alleine unterziehe ich mich keiner
Maniküre – ideal. Die roten Nägel der rechten Hand. Die roten
Fingernägel meiner rechten Hand, die fünf roten Fingernägel
der rechten Hand mögen vielleicht aus der Ferne akzeptabel
bis schön aussehen, aus der Nähe allerdings wirken sie äußerst
desolat. Generalüberholung, eine Generalüberholung scheint hier
angebracht, von allerhöchster Bedeutung für mich, für mein all-

gemeines Erscheinungsbild als solches von der größten, denkbaren Bedeutung. Für heute, für die nächsten sechs Stunden, in etwa für die nächsten sechs Stunden müssen meine Hände, meine Finger, die Nägel am Ende dieser, meiner Finger hinter dem Zaun gehalten werden, versteckt werden, alles andere als ins Rampenlicht gerückt werden. Es gilt also das Motto: Weniger ist mehr. Das Motto des Tages, hoffentlich nur des heutigen. Nein, gewiss nur des heutigen, denn heute Abend schon werde ich die überschüssige Haut, die überschüssige, abgestorbene Haut der Nagelbetten zurückschieben, gegebenenfalls abschneiden, dann alle Fingernägel neu lackieren, rot, meine Fingernägel bearbeiten, überarbeiten, verschönern. Die roten Nägel meiner rechten Hand, sie schreien förmlich nach Bearbeitung, Überarbeitung, Verbesserung, ja generell nach Verschönerung. Durch die doch relativ dicke, rote Lackschicht hindurch erkenne ich deutlich die Maserung meiner Fingernägel, wie mit dem Lineal gezogene Linien führen kleine Erhebungen, Erhebungen, keine Kerben, keine Vertiefungen, sondern Erhebungen von den Nagelbetten bis an die Nagelspitzen. Am deutlichsten zu erkennen sind diese Erhebungen an meinem rechten Mittelfinger. Diese Erhebungen, die eindeutig Erhebungen, keinesfalls Einbuchtungen sind, sind die feinsten, daher nur aus nächster Nähe überhaupt zu erkennen, schon aus etwa einem halben Meter Entfernung wären diese Erhebungen für das menschliche Auge wohl kaum mehr wahrnehmbar, auch aufgrund des roten Nagellacks; dieser blättert nirgends ab, scheint also so weit in Ordnung, auf jedem Finger scheint die rote Farbe, die rote Nagellackfarbe noch vollkommen intakt, außer an den Fingern, an denen bereits aus den Nagelbetten das frische Horngewebe nachgewachsen ist. Ja, neu lackieren. Am Mittwoch die Fingernägel neu lackieren. Nochmals, ein allerletztes Mal der kontrollierende Blick auf jeden einzelnen Finger der rechten Hand. Daumen, rot. In Ordnung. Zeigefinger, rot. In Ordnung. Mittelfinger ebenfalls in Ordnung. Ringfinger, rot. In … Nein. Den Unterarm gedreht, sodass sich meine rechte Hand um hundertachtzig Grad mit dreht, ich dadurch einen besseren Blick auf meine rechte Ringfinger-

kuppe bekomme, einen Blick von vorn auf meinen Ringfinger-
nagel. Einen Blick auf den Fingernagel, der genau in der Mitte
eingerissen ist, in der Mitte meines rechten Ringfingernagels
befindet sich also eine eingerissene Ecke. Das muss vor äußerst
kurzer Zeit, vor vielleicht nicht mehr als einer Minute passiert
sein, aber da befand ich mich ja bereits hier, stand auch schon
hinter dem Schalter. Ich kann mir nicht vorstellen, wobei ich
mir diesen Riss zugezogen haben soll, während welcher Tätig-
keit ich meinen rechten Ringfingernagel derartig, ja dermaßen
beschädigen hätte können. Merkwürdig, ausgesprochen merk-
würdig. Die Hand wieder gedreht, in Ausgangsposition gebracht,
die Finger meiner rechten Hand wieder vor meinen Augen aus-
gebreitet. Der kleine Finger, rot. In Ordnung. Den rechten Arm
herabgesenkt. Sollte ich tatsächlich schon heute Abend, wenn
Mario noch nicht zu Hause ist, den Fingernagel meines rechten
Ringfingers kürzen, ihn dadurch bearbeiten, überarbeiten, ver-
schönern, heute, heute, wo soeben alle Fingernägel die geradezu
perfekte Länge aufweisen? Ich müsste alle Fingernägel kürzen,
zumindest alle Fingernägel meiner rechten Hand. Ich werde es
mir später genauer überlegen, am Abend, falls Mario noch nicht
zu Hause ist, wenn die Fingernägel meiner rechten Hand gekürzt
sind, dann werde ich mir sowohl die rechte Hand mit ihren ge-
kürzten Fingernägeln als auch die linke Hand mit den langen,
perfekten, ungekürzten Fingernägeln nebeneinander, im direkten
Vergleich vor die Augen halten, um dann zu entscheiden, ob
etwa alle Fingernägel auf ein und dieselbe Länge gebracht werden
müssen, gekürzt werden müssen oder ob ich es alleine bei der
Kürzung der Fingernägel der Finger meiner rechten Hand be-
lassen kann. Nun den linken Arm etwas angehoben, den linken
Unterarm samt Hand leicht gebeugt, die Finger in den Handteller
geknickt, alles bereit für die Inspizierung der Fingernägel meiner
linken Hand. Rot. Rot. Rot. Die roten Fingernägel befinden
sich allesamt, durch die Bank in einem weitaus besseren Zustand
als die roten oder eigentlich gar nicht mehr so roten Fingernägel
meiner rechten Hand. Zwar sind die Fingernägel bereits ebenfalls
unlackiert nachgewachsen, ansonsten scheinen sie so weit allerdings

in recht akzeptabler Form zu sein, ein durchwegs stimmiges Gesamtbild abzugeben. Also erneut im Detail betrachtet, einer nach dem anderen. Daumen, rot. In Ordnung. Zeigefinger, rot samt dünnem, unlackiertem, ans Nagelbett grenzendem Strich durch den frisch nachgewachsenen Nagel. Ansonsten alles in Ordnung. Mittelfinger, rot. In Ordnung. Ringfinger, rot, seitlich leicht, doch kaum merkbar abgeblättert. Ansonsten in Ordnung. Kleiner Finger, rot. In Ordnung. Ein letzter Blick, ein allerletzter prüfender Blick auf die Finger meiner linken Hand, auf die roten Fingernägel der Finger meiner linken Hand. Alles, tatsächlich alles in Ordnung. Gut. Nun der linke Arm wieder gesenkt. Meine sonstige Konzentration hat sich bislang am heutigen Tag noch nicht zur Gänze eingestellt, dabei haben wir es bereits halb zehn, halb zehn und doch verschwimmt die morgendliche Arbeitswelt noch ab und zu vor meinen Augen. Ja, schon wieder ein verschwommenes Bankfoyer vor meinem linken Auge. Nur sehr langsam, äußerst langsam, ja gemächlich verschwindet der unscharfe Fleck vor meinem linken Auge. Kaffee. Kaffee. Ja, Kaffee wäre nun angebracht, eigentlich von allergrößter Notwendigkeit. Kaffee. Ja, Kaffee. Walter muss selbstverständlich auch gefragt werden, ob er einen möchte, schließlich lässt er mich in Kaffeefragen auch nie außen vor. Leise: *Auch einen Kaffee?* Wirklich leise. Zu leise? Hat er mich überhaupt gehört, meine nett gemeinte Frage überhaupt verstanden? Anscheinend schon. Er nickt, zwar leicht, zwar kaum wahrnehmbar, aber er nickt. Umdrehen, ab in das kleine, immer frisch riechende Hinterzimmer. Der Herr Direktor legt soeben seinen Mantel ab, wird aber gleich in Sybilles Zimmer gehen, um mit ihr zu plaudern. – *Guten Morgen!* Auch etwas zu leise geraten. Der Herr Direktor, ohne aufzusehen, ohne zu mir herüberzusehen: *Guten Morgen!*

Weiter zur Kaffeemaschine.

2

Der Schneefall wird stärker. Doktor Weber schreitet mit abwesendem Blick durch die automatisch öffnenden Glastüren der Bankfiliale, geht nach links die Beton-Rollstuhlrampe herab, wobei er einen hellblonden, hochgewachsenen Herren mit einem weinroten, um den Hals geschlungenen Schal, in einem langen, schwarzen Mantel überholt. Vor der Glasauslage des sich gegenüber der Bankfiliale befindenden Reisebüros steht immer noch der alte Herr im langen, braunen Wintermantel mit Brille, samt schütterweißem Haar, jedoch ohne die alte Dame im grauen Pelzmantel sowie ihrer pechschwarz von Schneeflocken glänzenden Pelzmütze. Immer noch starrt er in die mit Billigpreis-Angeboten gepflasterte Auslage. Zielstrebig passiert Doktor Weber nun die Kreuzung zwischen der kleinen Gasse, aus der er zuvor gekommen war, mit der Fußgängerzone, die er jetzt in Richtung Hauptplatz beschreitet. Am Ende der Fußgängerzone, relativ genau am Übergang zwischen Fußgängerzone und Hauptplatz, steht ein schwarzer, etwa dreißigjähriger Mann in einer dick ausgepolsterten Jacke, einer grün-gelb-roten Strickmütze, einer dicken, schwarzen Skaterhose, der in der linken Hand ein ganzes Bündel Zeitschriften hält, in der rechten ein einzelnes Exemplar, das er Doktor Weber, während dieser an ihm vorübergeht, mit einem Lächeln auf den Lippen anpreist. Ein schnauzbärtiger, braunhaariger Mann in einer neongrünen Jacke kommt Doktor Weber entgegen, geht an ihm vorbei, bis er mit dem Zeitschriftenverkäufer gleichauf ist, sieht diesem für einen kurzen Augenblick direkt in die Augen, verzieht daraufhin grimassenhaft seine Lippen, spuckt dem schwarzen Zeitungsverkäufer direkt vor die Füße, geht ein Stück weiter, dreht sich schwungvoll um, um dem schwarzen Zeitungsverkäufer noch einen letzten, hasserfüllten Blick zuzuwerfen, geht selbstsicheren, weit ausholenden Schrittes weiter. Der schwarze Zeitungsverkäufer ignoriert den Schnauzbärtigen ebenso wie er die gesamte vorangegangene Szene ignoriert, weiterhin das einzelne Exemplar, der zu verkaufenden Zeit-

schrift in seiner rechten Hand, für die ganze nähere Fußgängerzonen-
umgebung gut sichtbar, hochhält. Doktor Weber hat sich diese Situation
mit einem Blick über seine Schulter angesehen, zur Kenntnis genommen,
schaut nun wieder geradeaus, geht weiter. Schließlich biegt Doktor Weber
auf den Hauptplatz ein, auf dem in der Mitte eine große, pompös an-
mutende, graue Marienstatue prangt. Zielstrebig geht er nach rechts, be-
wegt sich nun auf das östliche Hauptplatzende zu. Eine Dame um die
fünfzig mit violettem, schulterlangem Haar, in eine dicke Winterjacke ge-
hüllt mit lederbehandschuhten Händen kreuzt dabei seinen Weg, in die-
selbe Richtung strebend geht ein junger Mann in einer alten, abgetragenen
Jacke direkt hinter Doktor Weber vorbei. Immer wieder dreht sich die alte
Dame mit den violetten, schulterlangen Haaren um, wirkt dabei gehetzt.
Eine heftige Windböe treibt wilde Schneewehen quer über den Haupt-
platz. Doktor Weber beschleunigt seine Schritte. Etwa auf halbem Weg
zum östlichen Hauptplatzende befinden sich rechter Hand zwei steinerne
Sitzbänke, die schneebedeckt im Schneegestöber nicht gerade zum Platz-
nehmen einladen. Trotzdem sitzt auf der rechten, steinernen Sitzbank
eine junge Frau mit braunen Haaren, die den großen, weißen Schnee-
flocken erbarmungslos ausgesetzt sind. Dicke Handschuhe sowie eine
dicke moosgrüne, militärisch anmutende Jacke mit Kapuze, die innen mit
weißem Pelz gefüttert ist, halten diese junge, etwa zwanzigjährige Frau
anscheinend ausreichend warm. Regungslos sitzt sie mit abwesendem Ge-
sichtsausdruck, der auch einen soeben eingetretenen Kältetod implizieren
könnte, auf der steinernen Bank. Doktor Weber geht weiter. Eine Dame
um die dreißig in einem langen, grauen Mantel biegt auf Stöckelschuhen
nun aus einer Seitengasse auf den Hauptplatz ein, scheint demselben
Ziel wie Doktor Weber entgegenzustreben. In einem Fünfundvierzig-
gradwinkel kommen sich Doktor Weber sowie die zwar sehr fein, aber
trotzdem warm gekleidete, etwa dreißigjährige Dame näher. Es hat den
Anschein, als wolle sich die Dame gleich in das Café in der Mitte der
Häuserfassade am östlichen Hauptplatzende begeben. Nun kommt sie
vor dem Café an, öffnet die Kaffeehaustür und verschwindet in eben-
diesem. Die Tür fällt zu. Doktor Weber kommt ebenfalls vor dem Café
an. Auch er öffnet nun die Tür, tritt ein.

mit abwesendem Blick durch die automatisch öffnenden Glastüren der
Bankfiliale schreitender, nach links, die Beton-Rollstuhlrampe herab
gehender, einen Mann überholender, zielstrebig die Kreuzung zwischen
der kleinen Gasse, aus der er zuvor gekommen war, mit der Fußgänger-
zone, die er jetzt in Richtung Hauptplatz beschreitet, passierender, an
einem schwarzen Zeitschriftenverkäufer, der ihm eine seiner Zeitschriften
anpreist, vorübergehender, als ein Mann dem Schwarzen vor die Füße
spuckt, über die Schulter blickender, weiter über den Hauptplatz auf
ein Kaffeehaus zugehender, nachdem eine Frau die Kaffeehaustür vor
seinen Augen zufallen lässt, diese wieder öffnender, sich in das Kaffee-
haus begebender
Doktor Weber

Das Diktafon in der Jackentasche. Gut. Perfekt. Zufriedenheit
macht sich breit, verursacht dieses angenehme Gefühl im Unter-
bauch, Zufriedenheit erleichtert das Gehen, macht das Gehen,
mein Gehen eher zu einem Fliegen, meinem Fliegen, macht es
zu einer wahren Freude, selbst bei diesen Wetterbedingungen,
bei diesem Schneefall. Der ganze Körper scheint um zwanzig
Kilogramm leichter, gleichzeitig stark, trotz seiner anormalen
Leichtigkeit von einer geradezu unheimlichen Stärke, einer un-
heimlichen Massivität zu sein. Die Beton-Rollstuhlrampe he-
rab, das gibt Schwung, erleichtert das Gehen durch die Schnee-
flocken, durch den bodenbedeckenden Pulverschnee enorm. Nur
nicht rutschen, nicht ausrutschen. Dem Hauptplatz entgegen, dem
Hauptplatz durch den Schnee entgegen, durch die Kälte, durch
die eisigen Flocken, durch die gefrorene Luft, dem Hauptplatz
entgegen. Der Arme steht bei diesem Wetter, in diesem Schnee-
gestöber in der menschenleeren Fußgängerzone, muss bei diesem
Schneegestöber in der menschenleeren Fußgängerzone stehen,
preist seine zu verkaufenden Zeitschriften an, muss seine Zeit-
schriften anpreisen, hat aber trotzdem ein Lächeln auf den Lippen,
ein Lächeln im ganzen Gesicht. Er macht es aus reiner Über-
zeugung, nicht nur um Geld zu verdienen, sondern wirklich, ja
wahrscheinlich sogar tatsächlich aus der reinsten Überzeugung
heraus, vielleicht weil er etwas erreichen will, etwas auf dieser

Welt bewegen will, in unaufhaltsame Bewegung versetzen will. Bloß was? Gleich am Hauptplatz, dann nach rechts, wie immer, schräg über den Platz bis ganz hinten, dann hinein in das altehrwürdige Gemäuer, hinein in dieses alte, ausgesprochen stilvoll gedanken-, ja geistanregende Café. Gleich am Hauptplatz. Nur nicht rutschen, nicht ausrutschen. Ein Mann, der mich an jemanden erinnert, stark an jemanden erinnert, an jemanden, den ich kenne, an einen Bekannten, der Mann mit dem Schnauzbart, der mir entgegenkommt, mich an jemanden erinnert. An jemanden, den ich kenne erinnert er mich, an einen Bekannten, an ... vielleicht an ... ja, an ... an Alfred? An Alfred erinnert mich dieser schnauzbarttragende Mann, an Alfred, den ich schon seit zwanzig Jahren nicht mehr gesehen habe. An Alfred! Natürlich, an Alfred! Ist er es? Sollte es sich bei diesem speziellen Schnauzbartträger tatsächlich um Alfred handeln? Zielstrebigen Schrittes geht er auf den Zeitschriftenverkäufer zu, wird dabei von meinem Blick verfolgt, vielleicht möchte er dem Zeitschriftenverkäufer eine Zeitschrift abkaufen, vielleicht kennt er ihn, möchte ihn begrüßen, mein Blick folgt ihm. Soll ich ihn ansprechen oder sollte ich ihm lieber den Namen Alfred einfach entgegenwerfen, warten, wie er darauf reagiert? Wäre das denn angebracht? Hass. Wut. Die Hasstat. Die Wuttat. Die Tat aus purem Hass. Die Tat aus reiner Wut. Aus Hass spuckt er dem schwarzen Zeitschriftenverkäufer vor die Füße. Ein Nazi. Aus Wut spuckt er dem schwarzen Zeitschriftenverkäufer direkt vor die Füße. Vor die Füße. Spuckt ihn nicht an, spuckt ihm nicht etwa ins Gesicht, spuckt ihm vor die Füße, spuckt in den Schnee auf dem Boden vor seinen Füßen, geht weiter, geht seines Weges, entfernt sich vom schwarzen Zeitschriftenverkäufer, der vollkommen ruhig bleibt, zwar nicht mehr breit grinsend, nicht mehr über das ganze Gesicht strahlend, der dennoch ruhig stehen bleibt, weiterhin ein Exemplar seiner zu verkaufenden Zeitschriften hochhält, etwaige Passanten zum Kauf animieren wollend, sie anpreist. Im Weggehen dreht sich Alfred noch einmal schwungvoll-hasserfüllt um. Noch einmal dreht sich der schnauzbärtige Nazi im Weggehen schwungvoll-hasserfüllt um, seine Umwelt nimmt Alfred gar nicht mehr wahr, nimmt bloß noch den Zeitschriftenverkäufer wahr, dreht sich wieder um, eilt schnell, eilt festen Schrittes davon. Zwei Sekunden. Zwei Sekunden, länger hat der Zwischenfall nicht gedauert, trotzdem … Der Hauptplatz im Schneesturm, wie ausgestorben, auch kein Freitagsmarkt, auch kein Freitagsbauernmarkt, keine Holzstände, aus denen heraus die Bauern ihre Produkte verkaufen. Es hätte auch keinen Sinn bei diesem Wetter, da sich ja kaum ein Mensch in die Innenstadt verirrt, außerdem werden bei diesem Wetter die Bauern krank, beinahe alle Bauern krank, ausnahmslos alle Kleinbauern krank, dieses Wetter, dieses Schneewetter rafft alle Kleinbauern dahin. Die Kleinbauern arbeiten, befinden sich dabei draußen, arbeiten den ganzen Tag draußen im Schnee, in der Kälte, im Frost, bei Eis und Wind, werden folglich kränklich, krank, kränker, tödlich krank, dann sterbenskrank, schlussendlich steht dann immer unausweichlich der Tod, der Tod des Kleinbauern, der Tod aller Kleinbauern ins Haus. In der kürzesten Zeit vor ihrem tatsächlichen Tode, meist innerhalb einer Zeitspanne von ungefähr drei Wochen vor ihrem unwiderruflichen Tode, sehen die kleinbäuerlichen Menschen – die andauernd nur ans Geldverdienen denken können schließlich ein, dass es angebracht wäre, einen praktischen Arzt aufzusuchen, sich von einem praktischen Arzt, einem glatzköpfigen, dicken, sympathischen, kleinen praktischen Arzt aus der nächsten Ortschaft untersuchen zu lassen. Dieser praktische Arzt, dieser glatzköpfige, dicke, sympathische, kleine Arzt verschreibt den Kleinbauern, also allen todkranken Kleinbauern, daraufhin, nach einer rudimentären Untersuchung ihres Gesundheitszustandes, ein Medikament, selbstredend ein Generikum, eines dieser sich noch in der Testphase befindenden Billigmedikamente, verschreibt den Kleinbauern dieses Medikament, dieses Generikum keinesfalls aus Nettigkeit den kleinbäuerlichen Patienten gegenüber, keinesfalls weil der glatzköpfige, dicke, sympathische, kleine praktische Arzt ihnen unnötige Mehrkosten ersparen möchte, er verschreibt ihnen diese Billigmedikamente, diese Ersatzmedikamente, einzig und allein weil er muss, ihm gar nichts anderes übrig bleibt als diese Ersatzmedikamente zu verschreiben, die mittlerweile nicht einmal mehr billiger als andere, hochwertige Medikamente im Verkauf, sondern einfach billiger in der Herstellung sind. Der sogenannte Landarzt, der praktische Arzt, der meist glatzköpfige, dicke, sympathische, kleine praktische Arzt verschreibt seinen Patienten Generika bloß aus einem einzigen Grund, ja aus diesem Grunde allein: Die Krankenkasse schreibt ihm die Generikaverschreibungen prozentuell genau vor, als Quote, prozentuell genau vor. Die Kälte schneidet ein, schneidet in die Haut, zerschneidet die Haut, strapaziert die Nerven, überstrapaziert die Nerven unter meiner Haut, dauerstimuliert die Nerven unter meiner Haut, legt sich wie ein Teppich aus Schmerzen über all meine Extremitäten, über meine Hände, meine Finger, meine Nase, langsam aber sicher auch über meine Füße. Der Schnee trägt das Seinige dazu bei, macht die kalte Hauptplatzsituation um keinen Deut besser. Nicht mehr weit, gleich bin ich da, gleich im Café, etwas mehr als drei Viertel des zurückzulegenden Weges liegen bereits hinter mir. Eine Dame betritt das Café, lässt die Tür hinter sich allerdings wieder ins Schloss fallen, hält sie mir nicht auf. Blick zu Boden, geradeaus kann man ihn bei diesem Wetter, bei dieser Kälte, bei diesem Schneefall nicht mehr richten, unmöglich. Tür auf. Hinein.

hellblond, hochgewachsener, in Richtung Hauptplatz gehender Herr mit weinrotem, um den Hals geschlungenem Schal, in langem, schwarzen Mantel

Du du düpdüp, du du du düpdüp, du düpdüp, dududu do. Da da da dimdim, dadadada. Du du düpdüp, du du du düpdüp, du düpdüp, dududu do. Da da da dimdim, dadadada. Grauer Beton. Schwarze Punkte. Schwarze Teerpunkte. Kaugummi. Weiße Kaugummiflecken. Du du düpdüp, du du du düpdüp, du düpdüp, dududu do. Da da da dimdim, dadadada. Geriffelter Beton. Vertikal. Eine Naht. Horizontal. Eine Naht zwischen zwei verschiedenfarbigen Betonplatten. Du du düpdüp, du du du düpdüp, du düpdüp, dududu do. Da da da dimdim, dadadada. Du du düpdüp, du du du düpdüp, du düpdüp, dududu do. Da da

da dimdim, dadadada. Schwarzer Fleck im Augenwinkel. Eine
Gestalt. Schnellen Schrittes. Eine Gestalt, die mich in Form eines
schwarzen Flecks im Augenwinkel schnellen Schrittes überholt.
Du du düpdüp, du du du düpdüp, du düpdüp, dududu do. Da
da da dimdim, dadadada. Ein Herr. Gar nicht so groß. In Eile.
Schnell. Ein gar nicht so großer Herr geht eilig, geht schnell, geht
in Richtung Hauptplatz an mir vorüber. Vielleicht hat er es gar
nicht so eilig, vielleicht geht er immer so schnell, vielleicht handelt
es sich bei ihm um einen Schnellgeher. Du du düpdüp, du du du
düpdüp, du düpdüp, dududu do. Da da da dimdim, dadadada. Du
du düpdüp, du du du düpdüp, du düpdüp, dududu do. Da da da
dimdim, dadadada. Schneeflocken. Auf meiner Stirn. Schneeflocken
schmelzen auf meiner Stirn. Schneeflocken. Auf meinen Haaren.
Schneeflocken fallen auf meine Haare, bleiben auf ihnen liegen,
schmelzen zwischen meinen Haaren dahin. Schneeflocken. Kalt.
Die Außenseiten meiner Unterarme. Gänsehaut. Die Kälte, die von
den Außenseiten meiner Unterarme ausstrahlt, erzeugt am ganzen
Körper Gänsehaut. Du du düpdüp, du du du düpdüp, du düpdüp,
dududu do. Da da da dimdim, dadadada. Du du düpdüp, du du
du düpdüp, du düpdüp, dududu do. Da da da dimdim, dadadada.
Ausgeschaltet. Dunkel. Über meinem Kopf. Über meinem Kopf,
über der Fußgängerzone, hängt die ausgeschaltete, dunkle Weih-
nachtsbeleuchtung in Form von Sternen, einzelnen Punkten, in
Form von Girlanden. Die ausgeschaltete Weihnachtsbeleuchtung
über meinem Kopf. Die ausgeschaltete Weihnachtsbeleuchtung
über allen Köpfen. Die ausgeschaltete städtische Weihnachtsbe-
leuchtung über der städtischen Fußgängerzone. Hängend. Sterne,
Punkte, Girlanden, allesamt städtisch ausgeschaltet, dunkel, trost-
los über meinem Kopf, über der Fußgängerzone baumelnd. Du
du düpdüp, du du du düpdüp, du düpdüp, dududu do. Da da da
dimdim, dadadada. Hauptplatz? Nein. Zigaretten. Seitengasse.
Links. Sollte ich mich etwa sogleich auf den Hauptplatz begeben,
sogleich den Hauptplatz überqueren, sogleich der Kälte entfliehen?
Nein. Ich habe bei Weitem mehr als nur ausreichend Zeit. Man
soll auch nie zu früh kommen. Zuerst noch Zigaretten kaufen,
zuerst noch in die warme Stammtrafik. Also in die Seitengasse,

also links, scharf links. Beton. Beton unter leichter Schneedecke. Fassaden. Häuserfassaden. In der Kälte. Hinter Schneeflocken. Öffentliche Toilette. Wahrscheinlich verschlossen. Kälte im Gesicht. Die Nase als gefühlloser Klumpen. Eisklumpen. Mitten im Gesicht. Die Ohren. Links gefühllos. Praktisch nicht vorhanden. Rechts schmerzend, stechend. Kurz vorm Abfallen? Kurz vorm Abbrechen? Jeder Luftzug durch die Nase eine Qual. Die kalte Luft, die durch meine Nase in mich dringt, in meinen Körper eindringt, vor allem in meinen Kopf eindringt, durch meine Nase in meinen Kopf eindringt, in mein Gehirn eindringt, mein Gehirn zu erfrieren droht. Die Augen werden trocken, werden trockener. Die Augenlider lassen bloß noch zwei Schlitze zum Durchsehen frei, die kleinsten Schlitze. Haube. Keine Haube auf meinem Kopf. Schnee. Schnee auf meinem Kopf, auf meinen Haaren, zwischen meinen Haaren. Gefrorene Haare. Haare aus Eis. Du du düpdüp, du du du düpdüp, du düpdüp, dududu do. Da da da dimdim, dadadada. Du du düpdüp, du du du düpdüp, du düpdüp, dududu do. Da da da dimdim, dadadada. Warm. Die Wärme der Trafik. Die Wärme der Trafik, die auf mich wartet. Die Wärme. Die Wärme, die den Schnee auf meinen Haaren, den Schnee zwischen meinen Haaren, schmelzen wird. Die Wärme in der Stammtrafik. Die Wärme. Die Wärme, die meine Haare abtauen wird. Die Wärme, die meine gefrorenen Haare enteisen wird. Die Trafikantin. Die Trafikantin meiner Stammtrafik, die wie immer durch das bei meinem Eintreten durch die Trafiktür erschallende Klingeln, wie durch jenes Klingeln soeben aufgeweckt, wie aufgeschreckt aus ihrer kleinen Kammer, ihrer kleinen Privatstube hinter dem Verkaufsraum geprescht kommen wird, um mir meine Zigaretten, meine üblichen Zigaretten, meine rote Stammzigarettenpackung zu verkaufen. Auf dem Weg. Auf dem Weg. Schneeflocken. Schneeflockenchaos. Beton. Vom Schnee bestäubter Beton unter meinen Füßen. Kälte in meinem Gesicht, um mein Gesicht, vor meinem Gesicht, über meinem Gesicht. Schneeflocken über mir, Schneeflocken vor mir, Schneeflocken links von mir, Schneeflocken rechts von mir, Schneeflocken hinter mir, Schneeflocken rings um mich herum. Schneeflocken. Ein

Schritt, zwei, drei, vier, fünf Schritte nach links und ich befände mich in einem großen, beheizten Kleidungsgeschäft. Beheizt. Durch die Eingangstür hindurch, in den Hitzeschwall hinein. Umweg. Umweg. Schlichtweg Umweg. Unsinn. Umwegige Zeitvergeudung. Zeitverschwendung. Verschwendung meiner Zeit. Verschwendung meines Lebens. Samstag. Getrunken. Betrunken. Getorkelt. Am Samstag die nächste Quergasse betrunken entlanggetorkelt. Keine Jacke. Kein Schnee. Ich brauchte keine Jacke, hatte also keine Jacke an, es lag auch noch kein Schnee, es sah auch nicht nach Schnee aus, nicht einmal ansatzweise. Temperatur. Über null. Am Samstag herrschten noch Temperaturen über null Grad. Letzten Samstag. Ja, letzten Samstag. Letztes Wochenende. Dieser Samstag, nächster Samstag, morgen! Dieses Wochenende … Du du düpdüp, du du du düpdüp, du düpdüp, dududu do. Da da da dimdim, dadadada. Du du düpdüp, du du du düpdüp, du düpdüp, dududu do. Da da da dimdim, dadadada.

winterbemäntelter, brillentragender, schütter-weißhaariger, alter, vor der Reisebüroauslage stehender Mann
Hannes

Einfach fest zustechen, mit dem Messer fest zustechen, fest durch die Haut, durch das Fleisch, durch den Knochen, am besten in den Rücken, in den buckligen stechen. Ein, zwei Sekunden, bloß ein, zwei Sekunden werden dabei ausschlaggebend sein, diese ausschlaggebenden ein, zwei Sekunden werden voller Zweifel, voller zwanghafter Überwindung sein, werden mit Abstand die wichtigsten ein, zwei Sekunden meines gesamten Lebens sein, falls ich schließlich tatsächlich zusteche, mit all meiner mir zur Verfügung stehenden Kraft einmal wirklich zusteche. Zur Sicherheit sollte ich natürlich öfter zustechen, dreimal, viermal, fünfmal, vielleicht sogar ein sechstes Mal zustechen, um sicherzugehen, nur um ganz sicherzugehen. Sonst wartet das Zuchthaus, wartet bereits das Zuchthaus auf mich, wartet, benötigt für dieses Warten dann nicht einmal mehr den Ansatz der geringsten Ausdauer, denn wenn dieser Mord kein perfekt ablaufender wird, werde ich bestimmt ins Zuchthaus kommen, mit Gewissheit ins Zuchthaus kommen. Sissi wird mich nicht mehr ansehen können, wird den Stich in den Rücken oder zumindest den versuchten Stich in den Rücken persönlich nehmen, höchstpersönlich nehmen, nach solch einem hinterhältigen Mordversuch wird sie mich hassen, mich nicht unbegründet hassen, mir nicht mehr, ja nie mehr den Kopf graulen, mir nicht mehr in die Augen sehen, mir nie wieder Specklinsen kochen, nie wieder. Er müsste auf Anhieb funktionieren, der Mord, auf Anhieb müsste sie tot sein, der Messerstich müsste sofort tödlich wirken, müsste perfekt sitzen, sie im richtigen, im einzig richtigen Augenblick an der richtigen, an der einzig richtigen Stelle treffen, nur an welcher? Von hinten, so viel steht fest, von hinten muss sie erstochen werden, denn ihr schmerzverzerrtes Gesicht, ihr zur Grimasse verzogenes Gesicht wäre für mich ein nicht zu ertragender Anblick. Einfach in den Rücken stechen, aber dann zur Sicherheit gleich zwei-, drei-, vier-, fünf- vielleicht sogar sechsmal. Bei der Rückenstichvariante wäre diese Vorgehensweise von der allerdringlichsten Notwendigkeit, um tatsächlich auf Nummer sicher gehen zu können. Oder aber doch von vorne, halb von hinten, halb von vorne zustechen, das wäre eine weitere Möglichkeit, ohne Zweifel die angenehmste, die für mich angebrachteste Variante, mit der rechten, das Messer haltenden, Hand um ihren alten, runzeligen Hals herum, das Messer an ihre Kehle bringen, dann ihren Hals fest von links nach rechts durchschneiden, auf diese Weise müsste ich dann mit hoher Wahrscheinlichkeit die Carotis, möglicherweise auch ihre Luftröhre durchschneiden können, soweit also eine sichere Angelegenheit. Aber was, wenn ich sie nicht töte, was, wenn ich Sissi weiterleben lasse, ihr durch mein Nichthandeln, durch mein Nichtmorden, durch mein Sie-nicht-Töten ihr ein unbekümmertes Weiterleben ermögliche? Sie wäre mir keinesfalls dankbar, wüsste schließlich nicht, dass sie ihr stumpfsinniges Weiterleben, ihr Überleben einzig und allein meinem Nichthandeln, meinem Nichtmorden, meinem Sie-nicht-Töten verdankt, nichts, aber auch gar nichts würde sich ändern, alles bliebe beim Alten, alles bliebe, wie es bisher war, alles ginge weiter seiner langweilig-normalen, ermüdenden Wege, sie würde langsam aber sicher älter, älter, dann noch älter werden, ich würde schließlich, würde endlich ebenfalls älter, älter, dann noch älter werden, beide würden wir gemeinsam älter, älter, noch und noch älter werden, bis einer von uns stürbe, dann der andere stürbe, bis wir beide tot wären, das ewige Älter-, Älter-, das ewige Noch-Älterwerden würde sich bis zu unserem Tode erstrecken. Verändern würde sich nichts, auch nicht langsam verändern, gar nichts, absolut nichts würde sich jemals verändern, keiner würde handeln, keiner etwas tun, etwas unternehmen, um diesem ewig gleichen Älter-, Älter und Noch-Älterwerden Einhalt zu gebieten. Es führt nun mal kein Weg daran vorbei: Man muss sich doch ununterbrochen Endpunkte setzen, persönliche Endpunkte setzen, eigene Endpunkte, die einem die Möglichkeit bieten bis zu diesen durchzuhalten, die auf dem immer unausweichlich geradlinigen Weg in die immer unbekannte, nebelhaft verschleierte Zukunft, ab und an entweder Abzweigungen darstellen oder aber Rastplätze auf der einbahnig eingleisigen Todesstraße, die wir unser Leben nennen. In meinem Fall muss es sich dabei natürlich nicht zwangsläufig um Mord handeln, um den Mord an meiner Ehefrau, um den Mord an Sissi, denn genauso gut könnte ich mich auch für den allgemein als normal angesehenen Weg, für den üblichen sich lange schmerzhaft hinziehenden Weg der Trennung entscheiden, der Scheidung nach achtundzwanzig Jahren des Zusammenlebens. Jedoch handelte es sich dabei dann um die sich länger schmerzhaft hinziehende Art der Trennung, zusätzlich um die einfache, ja am einfachsten rückgängig zu machende Art der Trennung, dabei wäre soeben das das eigentlich Verstörende, das eigentlich Angst einflößende, das eigentlich unwiderruflich Zerstörende. Den Rest meines Lebens gäbe es da immer noch eine Option, da gäbe es immer noch die Sissi-Option, die Option zu Sissi zurückzukehren, zurückzugehen in die heimelige Geborgenheit einer siebenundzwanzig Jahre durchgehend mein Leben bestimmenden Ehe. Diese Gefahr bestünde zweifellos, diese Gefahr macht ein Weiterleben samt einer Trennung von Sissi für mich so gut wie unvorstellbar. Also: keine Alternative. Es wird kalt. Es wird kälter. Mit meinen behandschuhten Händen kann ich den aus meiner Nase rinnenden Rotz, den Rotz, der soeben langsam aber unaufhaltsam an meiner Nasenspitze zu gefrieren droht, nicht wegwischen, leider nicht beseitigen. Der kalte, der gefrierende, der gefrorene, stechend kalte Stoff der Hose lässt meine Unterschenkel gefühllos, gefühlloser werden, dann plötzlich von Zeit zu Zeit wieder, wie von Abertausend Nadeln gestochen, zerstochen, wie von Hunderten scharfen Messern geritzt und aufgeschlitzt, schmerzen. Top Angebot: Malediven, sieben Tage, achthundert Euro, Hin- und Rückflug inkludiert. Sissi auf der Toilette, auf der Angestelltentoilette im Reisebüro, schon seit gefühlten zehn Minuten, jede weitere Sekunde fühlt sich aufgrund der Kälte, aufgrund der vielen kleinen, eisigen Schneeflocken wie eine weitere halbe Stunde an. Sissi auf der Toilette. Dort braucht sie immer lang, egal ob es sich um ein großes oder um ein kleines Geschäft ihrerseits handelt, unter sieben Minuten war Sissi noch aus keiner Toilette zurück. Der kalte Stoff, der kalte Stoff der schon leicht steifen, leicht gefrorenen Hose an meinen Oberschenkeln lässt mich zittern. Der kalte Stoff.

dem Doktor Weber eine seiner Zeitschriften anpreisender, schwarzer, etwa dreißigjähriger Zeitschriftenverkäufer in dick ausgepolsterter Jacke mit grün-gelb-roter Strickmütze in dicker, schwarzer Skaterhose, dem von einem Mann mit Schnauzbart vor die Füße gespuckt wird, der sich davon allerdings nicht weiter beeindruckt zeigt

Bis elf. Bis elf Uhr in der Kälte stehen. Bis elf. Lächeln! Bis elf Uhr hier in der Kälte stehen bleiben. Halb so schlimm. Vielleicht kommt Caro vorbei. Dann ein kurzer Small Talk, damit wäre alles noch erträglicher, kurz über dies und jenes tratschend mit hoher Wahrscheinlichkeit sogar erfreulich. Vorfreude auf Caro, auf ein mögliches Zusammentreffen mit Caro, die Vorfreude, die mein Herz tanzen lässt. Das Lächeln breiter, breiter, ja noch breiter. Der Schneefall dichter. Geistesabwesend aber nicht unfreundlich wirkt der in Richtung Hauptplatz gehende Mann. Ihm ein kleines

Zwinkern geschenkt. Er kauft nicht, schüttelt dennoch nicht den Kopf. Bereits zwei Exemplare der wöchentlich erscheinenden Zeitschriftenausgabe sind verkauft, von mir verkauft, weitere werden folgen, sollte Caro tatsächlich noch vorbeischauen wird zumindest noch ein Exemplar unserer wöchentlich erscheinenden Zeitschrift von meiner Wenigkeit verkauft werden. Die Kälte stört nur äußerlich, innerlich stärkt die Freude, innerlich wärmt die Vorfreude, die Vorfreude auf etwas zu Geschehendes, wobei es gleich bleibt, worum es sich dabei handelt, irgendetwas wird geschehen, wird mit Sicherheit passieren, vielleicht etwas bauchmuskelanspannend Lustiges, vielleicht auch etwas Tränen treibend Trauriges, vielleicht etwas alles-zum-Positiven-wendend Gutes oder vielleicht auch etwas alles-zum-Negativen-wendend Schlechtes. Diese Freude, diese immerwährende Vorfreude wandert langsam, sich seitlich die Bauchmuskeln hochziehend vom Zwerchfell direkt in meinen Brustkorb, findet dort allerdings keinen Platz, presst, drückt, versucht irgendwie irgendwo meinem Körper zu entschlüpfen, tritt dann über die Anspannung meiner Wangenmuskulatur und dem dadurch entstehenden Lächeln zutage, fließt durch mein Lächeln aus meinem Körper, in die kalte schneeige Winterluft. Der Mann geht weiter, sieht mich nicht an, wirkt trotzdem freundlich, geht auf mein Zwinkern nicht näher ein, wirkt trotzdem freundlich. Nicht nur vor den Schneeflocken schützt die Haube, sondern auch vor der Kälte, aber nicht nur vor den Schneeflocken, nicht nur vor der Kälte schützt meine Lieblingshaube, die theoretisch schon einen eigenen Namen haben könnte, da sie für mich etwas sozusagen Seelenähnliches besitzt, da sie tagtäglich ihre ureigenen Eigenheiten zur Schau stellt, sich beispielsweise nicht immer freiwillig meinem Schädel anpassen möchte, sich von Zeit zu Zeit sogar dagegen sträubt, sondern sie schützt mich auch vor den Menschen, vor anderen Menschen, gibt mir Selbstvertrauen, macht mich nicht nur zwei Meter größer, sondern auch um das Hundertfache stärker. Von der rechten Seite, also vom Hauptplatz kommend, tritt ein Mann, eine Gestalt mit braunen Haaren in neongrüner Jacke an mich heran. Näher, näher, er kommt näher, mit Hass in den Augen tritt er an mich heran, mit Hass in den Augen spuckt er mir vor die Füße, der Nazi, der Schnauzbartnazi, der mit Sicherheit FPÖ wählt, die FPÖ mit absoluter Gewissheit wählt, dessen Leben sich wahrscheinlich rund um die Uhr, Tag für Tag, Tag und Jahr ausschließlich um die nationalsozialistischste, faschistischste, dadurch auch populistischste aller Parteien dreht. Ein Schnauzbartnazi, ein Nazi in einer Welt, die nicht für Nazis gemacht ist, in einer Welt, die zwar von Nazis, jedoch mittlerweile nicht mehr für Nazis gemacht ist, schon gar nicht für Schnauzbartnazis. Ein armer Mensch, der ärmste Mensch, der Schnauzbartnazimensch, der sich soeben im Weggehen begriffen erneut umdreht, mir direkt in die Augen blickt, mich anstarrt, dessen Hass in den Augen mein Herz für zwei kurze Sekunden aussetzen lässt. Ein armer Mensch, der ärmste Mensch. Der arme Schnauzbartnazi dreht sich um, geht weg, stapft davon. Niemand hat sein Vor-meine-Füße-Spucken mit angesehen, er hat sich ausgespuckt, all seinen angesammelten Hass, seinen fleißig von der FPÖ bewirtschafteten Hass vor mir abgeladen. Am Abend kommt Jimbo zu mir, um Bier zu trinken, um sich mit mir zu unterhalten, um über alte Zeiten zu sprechen, um vielleicht wieder einen kleinen Auftritt zu fixieren, zu besprechen, welche Lieder dort gespielt werden sollen. Folglich muss ich mir möglicherweise gleich die Tabs aus dem Internet suchen, auf jeden Fall werde ich heute noch auf meiner Gitarre spielen, länger als eine Viertelstunde, so viel steht fest, zumindest vier Lieder werde ich heute noch spielen, allerhöchstens zwei davon aus meinem bisherigen Repertoire, die Saiten werden wieder angeschlagen werden, Töne werden erklingen, die Luft in den vier weißen Wänden meiner Wohnung dadurch in wohlklingende Vibrationen versetzt. Danach wird noch ein Bier geöffnet werden, wird ein letztes Bier vor dem Einschlafen kalt, nass meine Kehle befeuchten, meinem gesamten Rachen neues Leben einhauchen. Dann schlafen, Augen schließen, schlafen. Morgen muss Hannes angerufen werden, morgen muss Hannes mitgeteilt werden, dass ihm beim Druck meines Zeitschriftenbeitrages zwei gravierende Fehler unterlaufen sind, zwei Fehler, die keinesfalls gering zu bewerten sind, tatsächlich zwei Sinn verfälschend stumpfsinnige

Fehler beim Abdruck meines Zeitschriftenbeitrages in der dies-
wöchigen Zeitschriftenausgabe – wahrscheinlich dem Verleger,
wem sonst? – unterlaufen sind. Der Verleger muss jeden einzel-
nen Bericht absegnen, bevor die Zeitschrift überhaupt in Druck
gehen kann, also ist er die höchste Instanz, also letzten Endes auch
er allein für jeden, in der Zeitschrift auftauchenden Fehler ver-
antwortlich. In der noch zu redigierenden Fassung meines Zeit-
schriftenbeitrages waren diese beiden Fehler mit Sicherheit noch
nicht vorhanden. Der Verleger. Die Schuld des Verlegers. Die
alleinige Schuld des Verlegers. Ebendiese Verlegerschuld werde
ich ansprechen. Schultzes Schuld werde ich morgen, im Zuge
meines Telefonats mit Hannes, ansprechen. „Determation" statt
„Determination", „versetzen" statt „verhetzen". Solche Fehler
dürfen nicht vorkommen, nicht in einem großen, im allerbesten
Zeitungsverlag, aber auch nicht oder schon gar nicht in einem
kleinen Amateur-Zeitschriftenverlag, am allerwenigsten bei einer
wöchentlich erscheinenden Amateur-Zeitschrift wie der unsrigen,
denn gerade bei einer wöchentlich erscheinenden Zeitschrift,
so wird vom Leser angenommen, wäre reichlich Zeit für das
Redigieren, für das Korrigieren eines jeden Artikels vorhanden.
In diesem Fall handelt es sich um pure Unprofessionalität, um
eine Unprofessionalität, die der Zeitschrift, dem Namen der Zeit-
schrift, dem Verlag, dem Namen des Verlages, also dem gesamten
Verein, dem Namen des Vereins, letzten Endes den Autoren,
ja den Amateur-Journalisten, nicht zuletzt dem Namen dieser
Autoren, den Namen dieser Amateur-Journalisten im höchsten
Maße Schaden zufügen kann.

braunhaariger, schnauzbärtiger, neongrüne Jacke tragender, dem schwarzen
Zeitungsverkäufer vor die Füße spuckender, weitergehender, sich dann
noch mal umdrehender, dem schwarzen Zeitungsverkäufer einen letzten
hasserfüllten Blick zuwerfender, sich daraufhin entfernender Herr

…, dann aber nur, wenn sie mich tatsächlich anruft, tatsäch-
lich zurückruft, solange muss ich durchhalten. In der Mitte
der Gasse, in der Mitte der Fußgängerzonengasse steht schon

wieder der Zeitschriftenverkäufer, dieser Neger-Zeitschriften-verkäufer, dieser dumm-äugige, aller Wahrscheinlichkeit nach auch dumm-denkende, tiefschwarz dumme Neger, der in der Fußgängerzone sogar unter diesen widrigen Wetterbedingungen nicht einen einzigen Passanten in Ruhe lässt, ausschließlich darauf bedacht, seine im höchsten Maße minderwertige Zeitschrift unter die Leute zu bringen, so viele Exemplare wie nur möglich zu verkaufen, um sich etwas zu seinem Arbeitslosengeld dazuzuverdienen. Hunderte, vielleicht sogar Tausende dieser mental zurückgebliebenen, debil-alternativen, meist Unter-Vierzigjährigen kaufen ihm, jedes Mal, wenn sie an diesem Neger vorbeigehen, ein Exemplar seiner Neger-Zeitschrift ab, manchmal auch zweimal ein Exemplar derselben Ausgabe, diese so unglaublich liberalen Unter-Vierzigjährigen kaufen diese Neger-Zeitschrift doch nur aus einem einzigen Grund, aus einem Grund allein, bloß um sich besser vorzukommen, sich als etwas Besseres zu fühlen. Bei diesen Unter-Vierzigjährigen handelt es sich stets um genau denselben Menschenschlag wie bei den Schwarzen, bei den dummen, bei den scheinheilig grinsenden Negern, die nach außen hin immer eine übertriebene, affektierte Gelassenheit an den Tag legen, in ihrem Inneren allerdings die hinterhältigsten, niederträchtigsten, dreckigsten, die dümmsten Menschen, die dümmste Menschenart, die unterste, die allerunterste Menschenrasse bilden. Der Neger verhöhnt mich durchgehend, eigentlich immer wenn er in dieser Fußgängerzone stehend, anscheinend egal, bei welchem Wetter, seine Billigzeitschriften verkauft, verhöhnt er im Grunde genommen unsere ganze Gesellschaft, die abendländische Gesellschaft als Ganzes, den geistig hoch entwickelten, weißen Menschen mit seiner schwarzen, rein körperlichen Vollkommenheit. Mit seinem ganz und gar weißzähnigen Lächeln, in dem ganz und gar schwarzen Gesicht im Schnee in der Fußgängerzone stehend, verdreckt er allein durch seine Anwesenheit seine gesamte Umgebung, verdreckt die Fußgängerzone, die Innenstadt, die Stadt, ja dieses Land, vor allem jedoch verdreckt er mein Gehirn, mein Denken mit seiner zurückgebliebenen, schwarzen Minderwertigkeit. Jetzt steht er alleine, alleine in der Fußgängerzone, schneeumweht in der Fußgängerzone, hat nur seine minderwertigen Zeitschriften an denen er sich, sie mit seinen schwarzen Negerhänden fest umklammernd, festhält, ohne Kundschaft, ohne hirnlose Menschen, die ihm etwa zunicken, ihm trotzdem keine Zeitschrift abkaufen, oder ihm gar entgegen- beziehungsweise auf sein Lächeln zurücklächeln, ihm aber trotzdem keine Zeitschrift abkaufen, steht er, ganz allein in der Fußgängerzone auf mich wartend, ein Duell erwartend, zähnefletschend, Hand am Halfter, da. Selbst der Wind lässt nun nach, es wird still, vollkommen still in der Fußgängerzone, der Neger alleine, nur noch der Neger und ich. Die Feuchtigkeit, die meine Wangeninnenseite benetzt, zusammenfließen lassen, die Spucke unter meiner Zunge dazu, in meinem Mund, auf meiner Zunge miteinander vermengen … Ausspucken. Vor die ungustiös-pervers anmutenden Scheißnegerfüße. Er jedoch rührt sich nicht, geht nicht auf mich los, scheint trotz seines Grinsens apathisch. Weitergehen. Schnell, aber selbstbewusst, im höchsten Bewusstsein meiner persönlichen Stärke, meiner ureigenen Überlegenheit diesem Neger, dieser gesamten unzivilisierten Negerrasse gegenüber. Er unternimmt nichts, läuft mir nicht hinterher, greift mich nicht hinterrücks an, die Schneeflocken schmelzen auf meiner Stirn dahin, schmelzen auf meinen Haaren, schmelzen auf meinem Nacken, als dampfe mein Körper vor Wut, vor Kälte, gehe ich weiter, unbeirrt gehe ich weiter, entferne mich vom Neger, vom eigentlichen Duellierplatz, da der Neger keinerlei Anstalten unternimmt sich zur Wehr zu setzen. Diese schwache, barbarische, hinterhältige Rasse! Er muss doch jeden Moment losgestürzt kommen, losgestürzt muss er doch augenblicklich kommen, um mich von hinten zu attackieren. Weitergehen, schnellen, festen Schrittes weitergehen. Jetzt. Jetzt. Jetzt. … Jetzt … Unbegreiflich! Umgedreht. Den Kopf gewendet. Der Neger befindet sich tatsächlich immer noch an haargenau derselben Position, am selben Fleck, an dem er bereits zuvor gestanden war, an seinem eigenen Neger-Zeitschriften-Verkäuferplatz am Beginn der Fußgängerzone, in der Mitte der Gasse. So gut wie möglich versuche ich den Neger durch die Schneeflocken, durch den Schneesturm hindurch zu fixieren, in den Mittelpunkt meines Gesichtsfeldes zu rücken. In den Mittelpunkt! Der Neger muss in den Mittelpunkt. In den Mittelpunkt, in den Mittelpunkt. Da! Du Scheißneger! Da! Genau im Mittelpunkt. Du bist einen Dreck wert, du lebst auf meine Kosten, meine Steuern halten dich am Leben, durch meine tagtägliche Arbeit, durch meine ehrliche, harte Arbeit, die ich jeden einzelnen Tag verrichte, finanziere ich dich, sponsere deine Familie, deine Negerfrau mit dem Affengesicht, deine vier kleinen bestialisch abartig stinkenden, Brechreiz erregenden Negerkinder. Du bist unterbelichtet, minderbemittelt, gespielt fröhlich, gespielt freundlich, vor allem aber stets so gespielt verdammt gelassen, nur zum Zeitschriftenverkäufer taugst du, zum Taxifahrer, zum Müllmann, zum Straßenkehrer, allerhöchstens zum Kellner taugst du mit deinem Erbsennegergehirn. Nichts bist du wert, nie wirst du etwas wert sein. Keine Sekunde länger kann ich zurückblicken, durch die unzählig vielen weißen Schneeflocken in Form von unzählig vielen, kleinen, weißen Punkten, weißen Bildfehlern hindurch den Neger fixieren. Ich bin stärker. Ich bin dem Neger überlegen. Er ist schwach. Er ist mir in jeder Hinsicht unterlegen. Alleine bleibt er im Schneegestöber zurück. Ich gehe weiter, weiß durchaus über meinen Sieg Bescheid, weiß um meine Stärke, meine Überlegenheit, seine Schwäche, seine Unterlegenheit sehr wohl Bescheid. Es ist klar, dass sich auch mein Kontrahent, der Neger meines Sieges, meiner Stärke, meiner Überlegenheit, seiner Schwäche, seiner erbärmlichen Unterlegenheit bewusst ist, ja sollte das nicht der Fall sein, sich meines Sieges, meiner Stärke, meiner Überlegenheit, seiner Schwäche, seiner Unterlegenheit mit Sicherheit noch bewusst werden wird. Allerspätestens in seiner wohlig warmen Wohnung, die von mir, besser gesagt vom Staat, der sich an meinem hart verdienten Geld bedient – ich habe damit nichts zu tun, möchte damit auch nichts zu tun haben – finanziert wird, wird ihm seine Niederlage, seine Schwäche, seine Minderwertigkeit, seine Unterlegenheit im vollen Ausmaße zu Bewusstsein kommen.

um die fünfzigjährige, violett-haarige, in eine dicke Winterjacke gehüllte,
sich immer wieder gehetzt umblickende Dame mit behandschuhten Händen

Der Schnee knirscht. Schritte hinter mir. In exakt derselben
Frequenz, in der ich meine Beine, meine Füße hebe, in exakt der-
selben Frequenz, in der ich meine Füße wieder auf den schnee-
bedeckten, rutschigen Boden setze, hebt die Person hinter mir
ihre Beine, ihre Füße, setzt ihre Füße auf den schneebedeckten,
rutschigen Boden hinter mir; werde ich langsamer, senke ich
meine Heb-, meine Setzfrequenz herab, so wird die, sich direkt
hinter mir befindende Person ebenfalls langsamer, senkt ihre Heb-,
ihre Setzfrequenz ebenfalls herab, werde ich hingegen schneller,
wird die sich hinter mir, direkt hinter mir befindende Person in
eben jenem Ausmaß, in dem ich schneller werde, ja sei es nur
um ein Zehntel eines Stundenkilometers, ebenfalls schneller.
Kurz meinen Kopf, somit meinen Blick nach hinten gewendet,
intuitiv die Lage hinter mir sondiert, intuitiv die sich hinter mir
befindende Person wahrgenommen. Rot. Ein Mann in Rot. Haare
braun, vielleicht auch brünett, vielleicht auch Schwarz. Ein mich
zielstrebig verfolgender, junger, roter Mann. Rot. Rot. Warum
rot? Weshalb in Rot gekleidet? Warum diese Signalfarbe? Erneut
meinen Kopf, somit meinen Blick nach hinten gewendet. Eine
rote Jacke, es handelt sich bloß um eine rote Jacke, die der junge
Mann trägt, denn bei der sich hinter mir befindenden Person
handelt es sich um einen ausgesprochen jungen Mann, um einen
sehr jung wirkenden, eine alte abgetragen-rote Jacke tragenden
Burschen, der ganz offensichtlich, beziehungsweise für mich aufs
Offensichtlichste, versucht mich so unauffällig wie nur irgend
möglich zu beschatten. Ganz genau lässt es sich selbstverständ-
lich gar nicht feststellen, seit wann genau mir dieser junge, rote
Bursche an den Fersen hängt. Möglicherweise hat er sich bereits
direkt nach dem Verlassen meiner Wohnung an mich angehängt,
mich bis zur Fußgängerzone, allen Regeln der Verfolgungskunst
gehorchend, so weit perfekt verfolgt, wurde dann jedoch über-
mütig, wurde dann vielleicht unaufmerksam, hat sich erst in der
Fußgängerzone zu nah an mich herangewagt, so nah, dass es für

mich, die im Verfolgtwerden durchaus Erfahrung aufzuweisen hat, das Allererste ist, anzunehmen, von diesem jungen, roten Burschen observiert zu werden. Man kann natürlich nur von Berechnung sprechen, von der kältesten, von der allergenauesten Berechnung, denn dass sie nun einen gar so jungen Burschen einsetzen, einen gar so jungen Burschen auf mich ansetzen, zeugt von wahrem Know-how in der Observierungskunst, von purem Kalkül. Wer würde denn schon annehmen, dass ein so jung, so naiv, so unschuldig wirkender Bursche beauftragt wurde, einen zu verfolgen, zu bespitzeln? Rot als das neue Schwarz, denn Schwarz mit Hut steht ganz und gar nicht mehr für Unscheinbarkeit, ganz im Gegenteil, seit die Filmindustrie sich dieser Observierungsaufmachung in ihren Kriminalfilmen bedient hat – das muss in den Sechzigern, ja spätestens so richtig am Anfang oder in der Mitte der Siebzigerjahre begonnen haben – bis dahin wurden die adretten, schwarz gekleideten Herren mit Hut eingesetzt mich zu verfolgen, nach der Klischeewerdung dieser Verfolgungskluft allerdings trugen meine Verfolger dann ausschließlich ganz normale Freizeitbekleidung, meist auch recht abgetragene, ganz ähnlich dem jungen Burschen in seiner roten Jacke, wenn ich mich recht erinnere, nur nicht ganz so abgetragene. Meinen Kopf nach hinten gewendet, somit meinen Blick nach hinten gewendet. Tatsächlich scheint er ausgesprochen jung für einen solchen Job, tatsächlich wirkt der junge Bursche, mein junger Verfolger, unsicher. Schnee weht mir ins Gesicht, eiskalte Schneeflocken, die sich anfühlen, wie kleine, kalte Kieselsteine, schlagen mir ins Gesicht, irritieren mich. Blick nach vorn, Blick zu Boden. Wahrscheinlich braucht er in seinem doch so jungen Alter Geld, denkt gar nicht darüber nach, was er tut, denkt nicht einmal im Entferntesten darüber nach, dass er ein ganzes Menschenleben durch sein Handeln, durch sein Mich-Verfolgen vernichten, zerstören, unwiederbringlich auslöschen kann oder zumindest der Auslöser meines Unterganges, des Unterganges meiner gesamten Existenz sein könnte. Möglicherweise hat ihn sogar eine auf den ersten Blick seriöse Firma angeheuert, eine dieser höchst seriösen Firmen, die dem jungen Burschen sogar eine einwöchige Ausbildung zur Sicherheitsfachkraft ermöglichen, bevor sie ihn einstellen, aber das heißt auch, dass meine Verfolger – ob staatlich oder nicht, das muss noch geklärt werden – keinerlei Kosten, keine Mühen scheuen, mir tatsächlich die Besten der Allerbesten auf den Hals hetzen. Meinen Kopf nach hinten gewendet, somit meinen Blick nach hinten gewendet. Der, die alte rote Jacke tragende, Bursche hat einen kleinen schwarzen Knopf im linken Ohr, einen Kopfhörer, dessen Kabel sich unter seiner Jacke bis zu seiner linken Hosentasche herunterschlängelt, an der mit einem Klips das schwarze Walkie-Talkie befestigt ist, nach eingehender Betrachtung fällt nun auch das am Kragen der abgetragenen roten Jacke befestigte Sprechgerät, ein kleines, rechteckiges Mikrofon auf, durch das der junge Bursche anscheinend in ständigem Kontakt mit seinen Auftraggebern steht, die ihm sicherlich ganz genaue Anweisungen meine Verfolgung betreffend über Funk mitteilen. Kopf samt Blick nach vorn gerichtet, zu Boden gerichtet. Also sehe ich meine These bestätigt. Bei dem jungen Mann handelt es sich tatsächlich um einen von denen, ja dieser junge Bursche in seiner auffällig unauffälligen roten, abgetragenen Jacke ist tatsächlich ein Neuling, unerfahren auf dem Gebiet der diskreten Beschattung. Der naive, junge Bursche ist sich offenbar noch nicht einmal bewusst, dass man sein Funkgerät so versteckt wie nur irgend möglich zu tragen hat.

junger Mann in alter, roter, abgetragener Jacke

Daniel wird bereits warten, der Aufnahmeleiter wird bereits unruhig geworden sein, durch diese Unruhe aufs Höchste erregt auf mich warten, Daniel, unser Aufnahmeleiter, mein direkter Vorgesetzter, die einzige, unhinterfragbare, über mich bestimmende Instanz steht zurzeit wahrscheinlich untätig am Set am Drehort in der nächstgelegenen Dreihundertseelengemeinde herum, wartet auf die Zigaretten für die Schauspieler, auf die kleine, silberne Ersatzknopfbatterie für die Kamera. Wo ist die nächste Trafik? Wo ist das nächste Elektronikfachgeschäft? Der starke, der ständig stärker werdende Schneesturm macht das Sehen, das Erkennen

der nächsten Trafik, das Erkennen des nächsten Elektronikfach-
geschäftes nicht einfacher, macht es nicht zuletzt aufgrund der
Kälte nicht einfacher, die er mit sich bringt, die meinen Augäpfeln
schmerzt, welche ich deshalb durch meine halb zugekniffenen
Augenlider zu schützen suche, die allerdings nur einen äußerst
schmalen Schlitz zum Sehen freilassen, einen eigentlich zu schmalen
Schlitz um überhaupt etwas erkennen zu können freilassen, ja
auch die großen, undurchsichtig-weißen Schneeflocken selbst, die
mein Sehen des Weiteren beeinträchtigen, machen das Erkennen
der nächsten Trafik, das Erkennen des nächsten Elektronikfach-
handels beinahe unmöglich. Die Dame mit den violetten Haaren
überquert den Hauptplatz, überquert ebenfalls den Hauptplatz,
strebt der nächsten Fußgängerzone entgegen, die infrastrukturell
recht gut bestückt sein dürfte, schon aus der Ferne, auch durch die
dicken Schneeflocken hindurch, wirkt diese Fußgängerzone eher
wie eine Einkaufsstraße, wirkt auf eine Art auch belebter als die-
jenige, die ich soeben durchquert habe. Ja, dort finde ich meine
Trafik, meine; dort finde ich mein Elektrofachgeschäft, meines.
Dort werde ich die, von den Schauspielern verlangten, Zigaretten,
dort werde ich die, vom Kameramann benötigte, Batterie be-
sorgen, in der mir direkt gegenüberliegenden Fußgängerzone
werde ich endlich eine Trafik, werde ich auch ein Elektrofach-
geschäft finden, werde dort die, von den Schauspielern verlangten,
Zigaretten, die, vom Kameramann benötigte, Batterie besorgen.
Durch den Schnee, durch die Eiseskälte in die Fußgängerzone.
Zweifellos wäre höchste Eile mittlerweile angebracht, denn am
Set zählt jede helfende Hand, jeder wird gebraucht, selbst ich bin
eigentlich unabdingbar, vor allem für die sogenannten niederen
Arbeiten, die aber im Grunde genommen immer, ja überall die
allerwichtigsten aller Arbeiten sind, vor allem an Filmsets die
Grundlage eines äußerst wertvollen Produktes bilden. Ein schöner,
beinahe schon kunstvoll gepflasterter Boden. Hier am Haupt-
platz dieser Stadt. Bloß ein wenig vernachlässigt. Zu meiner
Rechten die hohe Säule, bei der es sich wahrscheinlich um eine
dieser Pestsäulen, wie sie hier in der Umgebung häufig zu sehen
sind, handelt. Durch das Schneegestöber die Pestsäule. Was sich

allerdings dahinter befindet, hinter jener Säule, die nach dem Siege über diese scheußlich schwarze Volkskrankheit aufgestellt wurde, als Erinnerung an die von der Pest Hingerafften errichtet wurde, als gottesfürchtige Dankesgeste nach der von der Pest ausgelösten bürgerlichen Unruhe erbaut wurde, wie dieser Hauptplatz hinter der in jeder Hinsicht bedeutungsschwangeren Säule aussieht, entzieht sich aufgrund des schweren Schneegestöbers meiner Kenntnis, ist auch nicht unter der allergrößten Augenalso Sehanstrengung auszumachen. In der Fremde allein. Allein in der Fremde. Die absolute Fremdheit beginnt sich breitzumachen, beginnt sich in meinem ganzen Körper auszudehnen, angefangen in meinem Brustkorb, ausgehend aus der Region direkt unterhalb meiner Lungen, sich bis in die kleinen Zehen beider meiner Füße, sich bis in die allerletzte Haarspitze hinein ausbreitend, beginnt meinen Körper, ja meinen Geist schließlich als Ganzes zu absorbieren. Hier gehöre ich nicht hin. Schon die Hausmauern der den Hauptplatz umgebenden kalten Steinhäuser scheinen mich abzustoßen, abzuweisen, mich auszuschließen aus der Einheit, die sie, das heißt die den Hauptplatz begrenzenden Gebäude, also überhaupt diesen Hauptplatz erst schaffenden Gebäude, mit allen anderen Gebäuden dieser Stadt, ja mit allen, in dem Gebiete dieser Stadt lebenden, in dieser Stadt einheimischen, Organismen bilden. Hier gehöre ich nicht hin. Hier will ich nicht hin. Nie wäre ich hierhergekommen, nie hätte ich auch nur einen Fuß in diese kalte, sich andauernd in Abwehrhaltung befindende Stadt gesetzt, wären da nicht die Aufgaben, die mir vertrauensvoll auferlegt, die mir von Daniel vertrauensvoll aufgetragen wurden, die Aufgabe für die Schauspieler Zigaretten zu besorgen, die Aufgabe für den nicht unsympathischen, etwas festeren, halbglatzigen, brillen- und vollbarttragenden Kameramann eine kleine, silberne Knopfbatterie, von welcher sich auch eine nicht mehr verwendbare Ausfertigung in meiner rechten Hosentasche befindet, um im Elektronikfachgeschäft durch Vergleichen schneller die passende ausfindig machen zu können, zu kaufen. Alles, was in meiner Macht steht, werde ich unternehmen, so schnell wie es mir nur irgend möglich ist werde ich die Zigaretten kaufen, werde die kleine silberne Knopfbatterie besorgen, werde so verantwortungsvoll, werde so schnell handeln, wie es mir nur möglich ist, werde meinen, mir vom Aufnahmeleiter unter dem höchsten Vertrauen erteilten, Auftrag nach bestem Wissen, nach allerbestem Gewissen ausführen. Auf mich kann man sich verlassen, ich bin vertrauenswürdig, durch und durch bin ich vertrauenswürdig, in der richtigen Situation selbstständig, in anderen Situationen ebenso situationsbezogen auf die richtige Weise unselbstständig, durch und durch verhalte ich mich also im Zweifelsfall immer Noch einmal zur Sicherheit nachfragend, nicht nur bin ich der perfekte Gehilfe eines jeden Aufnahmeleiters, sondern in jeder Beziehung auch der beste Partner eines jeden Aufnahmeleiters. Ein großes, das größte, ein wahrhaft bemerkenswertes Schicksal wartet auf mich, ich spüre es. Ja, Ruhm erwartet mich, Ruhm, endloser Erfolg. Die vor mir durch den Schnee stapfende violett-haarige Dame dreht sich zu mir um, dreht sich nicht zum ersten Mal mich betrachtend zu mir um. Der kleine schwarze, der kleine unangenehme Kopfhörer befindet sich immer noch in meinem Ohr, in meiner Hosentasche das Walkie-Talkie, obwohl mir hier in dieser Stadt natürlich keines von beidem das Geringste nützt, weil ich auf Kanal zwei hier selbstverständlich keinen Empfang mehr habe. Wie mag das wohl aussehen? Wie mag ich wohl wirken? Was mag die violetthaarige alte Dame bloß von mir denken? Ich als Verfolger unschuldiger alter Damen. Und trotz allem muss man die Wahrscheinlichkeit der Erfüllung seiner Wünsche immer wieder aufs Neue überprüfen.

dicke Handschuhe, sowie eine dicke moosgrün-militärisch anmutende Jacke samt innen mit weißem Pelz gefütterter Kapuze tragende, braunhaarige, etwa zwanzigjährige, auf einer der beiden Steinbänke sitzende Frau

Die Schnelligkeit war das Verheerende, die Schnelligkeit, mit der alles vonstattengegangen war. Hätten sich die Ereignisse, hätte sich die Krankheit über einen längeren Zeitraum hingezogen, hätte sich das Leiden meiner Mutter über eine Zeitspanne von

mindestens einem halben Jahr erstreckt, hätte man sich daran ge-
wöhnen können, hätte ich mich damit abfinden können, hätte ich
ein baldiges Ende vermutlich sogar herbeigesehnt. Wie soll man
sich jetzt, da alles in Windeseile vonstattenging, jetzt, so kurz
danach, nach diesen gefühlten zwei, maximal drei Tagen, bei
denen es sich tatsächlich um ziemlich genau dreieinhalb Monate
gehandelt hat, in denen der Verfall, dann schließlich der totale
Zerfall meiner Mutter stattgefunden hat, so kurz nach diesen sich
überstürzenden Ereignissen, nach all diesen auf passive Weise bei-
nahe schon aktiv von mir miterlebten, ja miterlittenen Stadien
des menschlichen Verfalls, der Krankheit, dem darauf folgenden
Tode meiner Mutter, so kurz danach sich schon mit ebendiesen
Geschehnissen abfinden? Vorgestern war sie noch da, vorgestern
saß sie noch in ihrem Stuhl in ihrem Wohnzimmer, zeitunglesend
saß sie in ihrem Stuhl, in dem sie schon seit dreißig Jahren jeden
Tag gesessen war, Sudoku lösend begrüßte sie mich vorgestern
in ihrem Stuhl in ihrem Wohnzimmer sitzend, unterhielt sich
mit mir, teilte mir den neuesten Dorfklatsch mit, brachte mich
in dieser Hinsicht auf den neuesten Stand, bewirtete mich dazu
mit Apfelsaft samt dazugehörendem, noch warmen Nussstrudel
nach alter Familienrezeptur. Sie ist weg. Jetzt ist sie weg, ver-
schwunden, kommt nicht mehr zurück, nie mehr. Das Haus steht
nun leer. Das verlassene Haus. Papa kommt in zwei Tagen aus
Berlin zurück, um dem Haus zumindest vorübergehend wieder
etwas Leben einzuhauchen, dem leeren Haus, dem Haus, in dem
noch immer der Geruch, dieser spezielle Geruch, der Mamageruch
vorherrscht, denn alles riecht nach Mama, auch wenn Mama
jetzt nicht mehr hier ist, um mich trösten zu können in Zeiten
des Kummers, um mich anzuspornen in Zeiten der Laschheit,
bloß der Geruch, der Geruch alleine befindet sich nun in dem
menschenleeren Haus, das mein Elternhaus darstellt, in dem ich
aufgewachsen bin, in dem ich mit fünf Jahren die Stiege, die in
den ersten Stock, zu den Schlafzimmern führt, die genau sieben-
undzwanzig Stufen zählt, herabgestürzt bin, wobei ich mir eine
kleine Narbe, eine kleine, kaum bemerkbare Hauterhellung auf
meiner linken oberen Stirnhälfte zuzog, jedes Mal, jedes einzelne

Mal, wenn ich das Haus betrete, schon wenn ich nur einen Fuß in das angeräumte, angefüllte, aber gar nicht überfüllte Vorzimmer des Hauses meiner Mutter, meines Elternhauses setze, erzählt mir der Geruch, der Mamageruch der mit einigen anderen Gerüchen vermengt den etwas dumpf-morschen aber dennoch fruchtig-frischen Hausgeruch in seiner Ganzheit ergibt, Geschichten, vor-wiegend Geschichten meiner Kindheit, meiner Jugend, also der wichtigsten, entwicklungsreichsten Zeit meines Lebens. Wenn ich jetzt allerdings an ebendiesen Geruch denke, ihn beinahe schon in seiner alles ausfüllenden, alles niederdrückenden Form in der Nase habe, erinnert er mich mittlerweile vor allem nur noch an meine Mutter, an ihre Krankheit, an ihren so schnellen Tod, an ihre Abwesenheit, an das kommende Begräbnis, an meine Mutter, an meine Mutter. Wer sagt nunmehr: „Aber fahr vor-sichtig! Meld dich wieder einmal! Richt dem Lukas liebe Grüße aus! Vergiss nicht, du hast Klausur am Donnerstag!" Wer? Wer, wenn nicht meine Mutter, meine Mutter, meine Mutter, meine Mutter? Mama. Mama. Mama. Vermutlich eines der wenigen Worte, wenn nicht gar das einzige Wort, welches ich nie wieder aussprechen, nie wieder oder nur noch äußerst selten benutzen werde. Mama. Das Buch werde ich nun nicht mehr zu Ende lesen, kann ich gar nicht mehr zu Ende lesen, nicht mehr weiterlesen, denn es hat seine ganze Kraft, seinen Körper verloren, das Buch mit all seinen Aussagen wirkt nun schal, wie in der Luft baumelnd hängen gelassen, eigentlich unverständlich, eigentlich dumm, ja geradezu pervers so zu denken, so zu fühlen, denn es wurde mir nicht von meiner Mutter empfohlen, nicht weiterempfohlen, sie hat dieses Buch vermutlich gar nicht gekannt, hatte wahr-scheinlich nicht einmal die geringste Ahnung von der Existenz dieses Romans, bei dem es sich nicht um eines jener von meiner Mutter an mich weiterempfohlenen Bücher handelt. Trotzdem oder gerade deshalb oder auch nicht, vielleicht allerdings schon, möglicherweise auch ausschließlich aufgrund des Todes meiner Mutter, Mamas Todes, kann dieses Buch nicht weitergelesen werden, kann keine einzige der Zeilen dieses Romans von mir weitergelesen werden, wie sonst üblich verschlungen werden, von mir aufgenommen werden, er ist schlichtweg mit meiner Mutter gestorben, weil er mit meiner Mutter zusammenhing, obwohl er so gut wie nichts mit ihr zu tun hatte. Bloß die Zeit hatte er mit ihr gemein, die Zeit des Beginns der Krankheit, in der er von mir zu lesen begonnen worden war, die Zeit danach, während der ich in ihm die ersehnte Ablenkung fand, während der er die willkommenste Abwechslung zum grauen Schmerz-haft-Realen, das mich tagtäglich umgab, bot, schlussendlich den Zeitpunkt Mamas Todes, zu welchem auch er schließlich das Zeit-liche segnete. Das schlechte Gewissen spielt dabei sicherlich eine Rolle, spielt seinen überhaupt nicht unwichtigen Part in diesem außergewöhnlichen Schauspiel, das sich zurzeit mein Leben nennt. Würde ich weiter dieses Buch, weiter diesen Roman lesen, mich mit Weltanschauungen, mit Themen, Thesen, mit Aussagen, mit Geschichten abmühen, wo bliebe da die Trauer, wo bliebe da meine Mutter? Sie bliebe auf der Strecke. Respektlos würde ich sie behandeln, würde ich weiterhin diesen Roman im grauen Umschlag in meinen Kopf, in meine Gedanken eindringen lassen, ja die Gefahr, dass er schließlich mein gesamtes Denken für sich einnimmt, meine Mutter dadurch verdrängt, bestünde durch-aus. Ich traue mich nicht mehr auf Facebook. Ich möchte nicht, dass mir jemand – sei es einer, seien es mehrere – auf Facebook kondoliert, nicht als die trauernde, zu Tode betrübte Michaela möchte ich auftreten, möchte ich angesehen werden, sondern als die lächelnde, als die frohe, stets gut gelaunte, sich ihres Lebens freuende Michi möchte ich von den mich umgebenden Personen, aber auch von der Internetcommunity wahrgenommen werden.

um die dreißigjährige, blonde, einen langen, grauen Mantel, dazu Stöckel-schuhe tragende, ins Kaffeehaus gehende Dame

Heutzutage gibt es keine Philosophen mehr, bloß Professoren der Philosophie. Thoreau hat recht. Mit Bestimmtheit lässt sich sagen, auf unserer Welt existieren beinahe nur noch Menschen, die sich mit bereits Vorgegebenem, mit bereits gedachten Ge-danken, mit bereits aufgegriffenen, ja teilweise bereits angewandten,

dann allerdings in jedem Falle bereits zur Unkenntlichkeit ver-
stümmelten Ideen befassen, sich mit dem Vorgegebenen, sich mit
gedachten, mit immer wieder überdachten Gedanken, mit zu Tode
gebrauchten Ideen auseinandersetzen, dadurch also unmöglich
etwas Neues schaffen können, stehen bleiben, stecken bleiben. Von
solchen Menschen, solchen Personen, ja Persönlichkeiten – diese
müssen gar nicht zwangsläufig Professoren heißen – zeigt sich die
Welt übervoll. Zwei mögliche Gründe lassen sich für jenen Sach-
verhalt denken: Entweder sind die Menschen, da vor allem die
denkenden Menschen, dümmer, ja uninspirierter als diejenigen
früherer Generationen oder aber es fehlt schlichtweg an neuen
Ideen, an noch ungedachten Gedanken, möglicherweise gibt es gar
nichts Noch-nicht-Vorgegebenes mehr. Dann handelt es sich bei
der unsrigen Generation um eine ausgesprochen traurige, ja um
die traurigste, um die allerärmste aller Generationen in jeglicher
Hinsicht. Wenn es kein neues Gedanken- kein neues Geistes-
gut zu erschließen gibt, wenn keine neuen Ideale, keine neuen
Schemata entdeckt, folglich auch nicht erobert werden können,
dann handelt es sich dabei bereits aufs Offensichtlichste um das
übergroße rot-weiße Stoppschild für die Weiterentwicklung,
generell für eine jede mentale Evolution, sprich, dem mensch-
lichen Geistesentwicklungsmuskel bleibt nichts anderes übrig als
vollends zu verkümmern. Allerdings kann es sich dabei auch um
die absolute Bestätigung handeln, um die positivste aller denkbaren
Rückmeldungen, die sich die Schöpfer, die Anhänger sowie die
Vertreter der über die Jahrhunderte, ja über Jahrtausende hinweg
entwickelten, vollends etablierten Gedankengüter nur erhoffen
können. Sollte sich diese Annahme als tatsächlich richtig heraus-
stellen, wäre dies also das unüberwindbare Ende, so würde unsere
Generation das Ende allen Geistes darstellen. Grau. Kalt. Grau-
kalt. Thoreau, orange-warm. Selbst wenn bloß ein Mensch un-
gerechtfertigterweise inhaftiert wird, so ist das Gefängnis der an-
gemessene Ort für einen jeden gerechten Menschen. Ein Prinzip,
das zweifellos ein richtiges, wenn nicht gar das einzig richtige,
das einzig wahre Prinzip auf dieser Welt voller riesiger Haufen
unzähliger sinnloser, stupider, stinkender, unwahrer Prinzipien,

vor allem aber voller verfaulender Haufen, sich selbst längst als falsch erwiesener, ihrer Unrichtigkeit schon lange überführter, sogenannter „großer" Ideale. Würde jeder Einzelne, ein jeder von uns, jeder Mensch auf diesem Planeten, der selbstverständlich einen Teil dieser in den Wurzeln ihrer Prinzipien verkommenen Gesellschaft darstellt, nach diesem so unerbittlich wahren, von Thoreau aufgestellten Ideal handeln, so gäbe es diese unsere Gesellschaft gar nicht, keine einzige Gesellschaft wäre sodann existenzberechtigt, denn gerade auf diesem Prinzip der Ungerechtigkeit fußt ein jedes aus Individuen bestehende Konglomerat, das sich selbst – auf doch ziemlich hochtrabende Weise – als Gesellschaft bezeichnet, nämlich auf jener Ungerechtigkeit, durch die gerade die Gerechten, oft auch Unschuldigen, ohne hinzusehen weggesperrt werden, ohne dass auch nur der allerkleinste Blick riskiert wird bevor sie im dunkelsten aller Kerker landen, dann verstummen, dann verschimmeln, denn tatsächlich gefährlich werden können der Regierung, der Führung einer jeden Gesellschaft, also der Gesellschaft selbst, bloß die Gerechten, das heißt die Menschen, die nach einer höheren Gerechtigkeit, also nach keiner vorgegebenen Gerechtigkeit, also entgegen den von den Regierungen, von den Führungsetagen der unterschiedlichen Gemeinschaften vorgegebenen Gesetze handeln. In einem Staat, dessen Regierung sich dazu gezwungen sieht, seine Bürger, aus denen er ja letztendlich besteht, zu bevormunden, also sie ihrer Freiheit zu berauben, kommen selbstverständlich jene Menschen, die sich ihrer Freiheit in keinem Fall berauben lassen, ins Zuchthaus, wenn nun also alle Menschen einen wachen Sinn für Gerechtigkeit besäßen, würden sie Thoreaus Vorstellung entsprechend, diesen Personen freiwillig in jedes Zuchthaus folgen, was unweigerlich dazu führen würde, dass sich der Staat, die Gesellschaft, dass sich in jedem Fall eine jede geführte, regierte Gesellschaft umgehend auflösen würde. Zum Glück gibt es nicht viele gerechte Menschen und auch nicht viele denkende. Thoreaus Ideal grenzt an Anarchie. Thoreau behauptet weiter, jene Regierung sei die beste, die am wenigsten regiere, er geht sogar so weit zu behaupten, die Regierung sei die beste, die überhaupt nicht regiert. Vielleicht in einer utopisch-perfekten Welt, aber tatsächlich sind Menschen einfach zu schwach, um eigenständig überleben zu können, sich selbst als das Höchste anzuerkennen, zu schwach um vollends frei zu sein, man kann die Menschen daher leider nicht sich selbst überlassen. Schnee. Eine Wand aus Schnee. Fassaden aus Schnee. Boden aus Schnee. Schnee-Beton. Betonplatten aus Schnee. Wärme innerhalb meiner Handschuhe. Die Handflächen werden feuchter. Der Sekundenzeiger bewegt sich, wandert weiter, immer weiter wandert der Sekundenzeiger über das Ziffernblatt, bewegt durch sein stetes Wandern stetig den Minutenzeiger, bis dieser sich schließlich auf der nächsten vollen Minute befindet. Irgendwann bleibt sie allerdings stehen, bleibt wie jede Uhr irgendwann ein für alle Mal stehen, irgendwann bleibt also der Sekunden-, der Minuten-, der Stundenzeiger ein für alle Mal stehen, alle diese Zeiger werden sich irgendwann einfach nicht mehr weiterbewegen, nicht der sportlich-schlanke, flinke, lange Sekundenzeiger, nicht der in jeder Hinsicht mediokre, leicht apathische, aber immer unerbittlich fort-, ja im Kreis weiterschreitende Minutenzeiger, nicht der im höchsten erdenklichen Maße abhängige, von allem, von jedem abhängige, ausgesprochen träge, trotzdem über alles, über jeden bestimmende Stundenzeiger, irgendwann bleiben sie alle stehen, zeigen den Rest aller Tage bloß noch eine einzige Uhrzeit, die Uhrzeit ihres Todes an. Schon am Ende der Jugend, am Anfang eines jeden Erwachsenenlebens, steht alles andere überragend immer das Stehenbleiben, ausschließlich das Stehenbleiben, wie das unausweichliche Stehenbleiben einer jeden Uhr, sei es nun das Stehenbleiben einer Armbanduhr, sei es das Stehenbleiben einer Stand-, Wand- oder Kirchenuhr, bis ans Ende aller Tage steht dann die Uhr des Lebens, schon am Übergang von der Jugend zum Erwachsenenleben bleibt die menschliche Uhr ein für alle Mal stehen, so steht eigentlich schon am Übergang von der Jugend zum Erwachsenenleben der Tod. Mit starkem Druck die schwere Tür geöffnet. Der Kontrast des Inneren, des warmen Inneren zum kalten Draußen.

3

Doktor Weber betritt den Vorraum des Cafés, lässt die drei Stufen, die das gesamte Kaffeehaus um einen halben Meter unter Straßen- beziehungsweise Hauptplatzniveau setzen, hinter sich, macht einen Schritt nach links, öffnet die Glastür, schiebt mit der rechten Hand den schweren, roten Samtvorhang beiseite, tritt daraufhin in den Hauptraum des gemütlichen, überhaupt nicht verstaubten, Fünfzigerjahre-Look behafteten Cafés. Doktor Weber strebt die linke Ecke des Nichtraucherbereichs, an der zylinderförmigen, mannshohen Kuchen- sowie Tortenvitrine vorbei, an. Dabei passiert er eine holzig-braun umrandete, blümchengrün überzogene Sitzbank, vor der drei Marmortische mit gusseisernen Beinen sowie drei sich vor diesen Tischen befindende, schwarze Stühle stehen, wobei allerdings nur der letzte dieser Marmortische von zwei Gästen besetzt ist, von denen einer (blondes, schulterlanges Haar tragendes Mädchen mit schwarzem Piercing neben der rechten Augenbraue sowie einem auffallenden Stupsnäschen in der Mitte ihres Gesichts) auf der blümchengrün-gepolsterten Bank, die Hände auf den Schoß unter der weißen, leicht braun marmorierten Marmortischplatte versteckt, sitzt, der andere Gast (kurzes, schwarzes Haar tragendes Mädchen, wie ihr Gegenüber etwa um die fünfundzwanzig Jahre alt mit zwei schwarzen Lippenpiercings sowie unglaublich kalt-stechenden, grünen Augen) direkt gegenüber auf dem schwarzen Stuhl, die Hände auf der Marmorplatte verschränkt. Doktor Weber geht also weiter, bedenkt den linker Hand allein an einem sich direkt vor dem Fenster befindenden Zweiertisch sitzenden, etwas festeren, kahlköpfigen, alten Pfarrer (erkennbar an seinem schwarzen Hemd mit dem weißen Kragenauslass) mit einem freundlichen Lächeln samt dazugehörendem, schnell dazu ausgeführtem Nicken. Der Pfarrer nickt freundlich zurück. Am Nebentisch, direkt vor dem nächsten auf den schneeumwehten, so gut wie menschenleeren Hauptplatz blickenden Fenster, sitzen zwei junge Männer, deren Alter irgendwo um die zwanzig Jahre *zu sein scheint, der eine mit dicker Hornbrille, Dreitagebart, der andere mit schwarzen Locken sowie sich darunter befindendem Mondgesicht, die sich soeben angeregt unterhalten. Vor dem schwarz gelockten Jugendlichen breiten sich die Reste eines soeben verspeisten Frühstücks aus, von dem bloß noch eine halbe Buttersemmel übrig geblieben ist. Doktor Weber lässt die beiden sich hitzig unterhaltenden, jungen Männer an ihrem Tisch hinter sich, begibt sich zu einem gemütlichen, kleinen Ecktisch, nimmt an diesem, dabei den gesamten Raum im Auge behaltend, mit dem Rücken zur Wand Platz. Erst im Sitzen nimmt er die Jacke ab, legt sie rechts neben sich auf die, wie die anderen Bänke, blümchengrün überzogene Bank, legt seine rechte Hand, nach etwas sich in der Außentasche Befindendem, tastend darauf, dann sieht er sich um.*

einem anderen Mädchen an einem der Marmortische gegenübersitzendes, blondes, schulterlanges Haar tragendes Mädchen um die fünfundzwanzig mit schwarzem Piercing neben der rechten Augenbraue sowie auffallendem Stupsnäschen in der Mitte ihres Gesichts

Routine. Alles Routine. Alles wie immer. Ein wenig unausgeschlafen, unausgeschlafen aber nicht müde, meine Augen fallen noch nicht zu. Trocken, trocken sind sie trotzdem, das linke Auge mehr als das rechte, das linke Auge, mein linkes Auge muss zweifellos, muss unbedingt befeuchtet werden, auf irgendeine Art, auf irgendeine Weise befeuchtet werden, sonst trocknet es womöglich aus, sonst sehe ich womöglich gar nichts mehr, sehe Tanja nie wieder. Beim nächsten Blinzeln. Beim nächsten Lidschlag. Jetzt meine Augen für einen kurzen Moment, also etwa eine halbe Sekunde länger als üblich geschlossen halten. Es tut ungemein gut. Nun fühle ich mich frischer, fühle mich erfrischt. Es wird nicht lange andauern, dieses gar so erfrischte Gefühl wird nicht mehr lange anhalten, wird in den kommenden zwei Minuten, vielleicht sogar schon früher, spurlos verschwunden, wird schon im nächsten Augenblick verflogen sein, sich erst wieder beim nächsten etwas längeren, bedächtigeren Blinzeln wieder für die kürzeste Zeit einstellen. Zum Verzweifeln! Schon scheinen meine Augen, insbesondere mein linkes, wieder von diesem trockenen, schmirgelpapier-rauen Schorf überzogen zu sein, der das Offenhalten meiner Augen, insbesondere des rechten, dadurch auch das Wahrnehmen meiner Umgebung schmerzlich, ja beinahe unmöglich macht. Alleine durch bloße Anstrengung, durch absolute Zurückhaltung schreie ich weder den Schmerz noch die permanent unterdrückte Müdigkeit aus mir heraus, in das Kaffeehaus hinein. Ich bin nicht müde, bin gar nicht müde, womöglich minimal aber nicht im Mindesten erwähnenswert müde, trotzdem sind die Augenlider zentnerschwer. Vielleicht bin ich gelangweilt. Vielleicht langweilt mich die Routine. Die Routine. Dasselbe Café. Derselbe Kellner. Derselbe bestellte Kaffee (Melange). Derselbe, dieselbe, dasselbe. Derselbe, dieselbe, dasselbe. Derselbe, dieselbe, dasselbe. Derselbe Geruch. Dieselbe Person. Dasselbe Gefühl. Derselbe, dieselbe, dasselbe. Derselbe, dieselbe, dasselbe.

einem anderen Mädchen an einem der Marmortische gegenübersitzendes, kurzes, schwarzes Haar tragendes Mädchen um die fünfundzwanzig mit zwei schwarzen Lippenpiercings sowie unglaublich kalt-stechenden, grünen Augen
Tanja

Das Ende der Vorbereitung. Oder etwa nicht? Das Ende der Vorbereitung, eigentlich aller Vorbereitungen, der bereits wochenlang andauernden Vorbereitungen, der so außergewöhnlich anstrengenden, langwierigen Vorbereitungen, der seit Wochen unaufhörlich an meinem Körper, an meinem Geist, meinem Verstand nagenden Vorbereitungen, die mittlerweile mein gesamtes Leben gefressen haben, sich nun daran machen dieses zu verdauen. Der Anfang des Gesprächs. Oder etwa nicht? Nun ist es so weit. Der Anfang des Gesprächs steht an, steht vor der Tür, klopft, klopft unüberhörbar an. Klopft, klopft, klopft an. Der Anfang des Gesprächs, das das Ende meiner langwierigen Vorbereitungen darstellt, erfüllt sodann den gesamten Raum, verdrängt ihn schließlich vollkommen, verdrängt alles, verdrängt jeden, lässt am Ende nur noch Lena über, zieht dadurch also all meine Konzentration, meine Konzentration in ihrer Gesamtheit auf sie, auf Lena. Licht aus! Scheinwerfer an! Scheinwerfer auf Lena! Lena, die mir ihre ungeteilte Aufmerksamkeit schenkt, die mir aufs Äußerste, aufs Bedingungsloseste ihre Aufmerksamkeit schenkt. Ein Leben wird sich heute mit Sicherheit ändern, wird sich hier ändern, wird sich jetzt, beziehungsweise in den kommenden Minuten ändern, mindestens ein Leben. Ich möchte gar nicht der Anstoß sein, dafür möchte ich nicht der Anstoß sein, möchte nicht einmal einen Anstoß geben, weiß nicht, was ich will. Ein Mann in einer schwarzen, schneenassen Jacke passiert meinen Tisch, passiert unseren, unseren Tisch, das ist das Problem. Wahrscheinlich handelt es sich bei diesem Mann in der schwarzen, schneenassen Jacke um einen Anwalt, einen dieser Anwälte. Bei dem Mann in der schwarzen, schneenassen Jacke handelt es sich mit absoluter Gewissheit um einen dieser schmierigen, unmenschlich geldversessenen Anwälte.

allein an einem sich direkt vor dem Fenster befindenden Zweiertisch sitzender, etwas festerer, kahlköpfiger, alter Pfarrer im schwarzen Hemd mit weißem Kragenauslass

Das obwohl Freitag ist. Freitag. Eine kleine Andacht. Wie anstrengend eine einzige kleine Messe samt Andacht sein kann, wie so eine einzige kleine Andacht an meinen alten, müden Knochen nagen kann, ja schon beinahe damit droht diese komplett zu durchbeißen. Der Cappuccino. Immerhin ein frischer, heißer Cappuccino mit cremig-weißer, kühler Schlagobershaube, die Schlagoberskrone ist selbstverständlich imstande meine Pein zu lindern, meine vom Stehen bei der morgendlichen Messe, vom Reden, vom Beten bei der Messe entstandene, meine vom Stehen bei der morgendlichen Andacht, vom Reden, von all dem Beten im Rahmen der morgendlichen Andacht entstandene Pein zu lindern. Übertrieben! Übertreibung. Alles bloß übertriebene Übertreibung. Es gibt keine Pein. Es gibt keine Pein im Vergleich zur Pein Christi, zu der für uns alle erlittene Pein Jesu. Hierbei handelt es sich gewiss nicht um Pein. Das Stehen, das Reden, das

Beten kann man sowohl bei der Messe als auch bei der morgendlichen Andacht ganz einfach überstehen, im Gegensatz zu den Qualen, die Jesus vor seinem Tode erleiden musste, also kann man das Stehen, das Reden, ja auch das Beten nicht als Pein bezeichnen. Gott bewahre! Gott behüte! *–behindert* ... Ein Wort vom Nebentisch, ein von einem jungen Mann ausgesprochenes Wort vom Nebentisch. Nie möchte ich physisch oder psychisch behindert sein, nimmer möchte ich physisch oder psychisch behindert sein. Schließlich wüsste, gegeben des Falls ich wäre tatsächlich behindert, niemand, welch außerordentliche Persönlichkeit ich einmal war, man würde mich nicht mehr als Seelsorger, als Hirte, als Mensch wahrnehmen, sondern bloß noch als Objekt, man würde mir außerdem nicht mehr den nötigen, den angebrachten Respekt erweisen. Das wäre unendlich schade. Vielleicht könnte man sich aufgrund der von mir gelesenen Bücher, der von mir gesehenen Filme, der von mir besuchten Theaterstücke, der von mir gehörten Musik immer noch ein recht genaues Bild meines Charakters, meiner Einzigartigkeit, meines Genies machen. Durch bloßen Zufall bin ich das geworden, was ich heute bin, durch Zufall bin ich der geworden, der ich bin. Hätte mir Rudi damals nicht diese Marienstatue gezeigt, mit dem Finger auf diese massivmarmorne Marienstatue gezeigt, damals als wir beide noch junge Burschen, die jüngsten Burschen, die unerfahrensten, einfältigsten jungen Burschen waren, wäre ich nie so begeistert, so fasziniert von Religionen, im Speziellen nicht so begeistert, so fasziniert von dieser einen Religion gewesen, wäre ich nie in den Bann dieser einen Religion gezogen worden. Mit dem Glauben kam die Sicherheit, die Sicherheit des Glaubens, die Sicherheit, die mir mein Glaube schenkte, in die mein Glaube mich einhüllte, die Sicherheit, die er einer Glaskuppel gleich über mich stülpte, die Sicherheit, die aus bloßem Zufall Vorhersehung machte, die aus Zufall Schicksal machte. Der Herr Doktor Weber. Er nickt, er lächelt. Sogleich zurückgelächelt.

mit dem Rücken zum Fenster sitzender, junger Mann mit dicker Horn-
brille, Dreitagebart, grauem Kapuzenpullover, um die zwanzig

(...) um die Begriffsverwirrung ein für alle Mal zu klären. Irgendwann
müssen's ja aus der Welt geräumt werden. Das einzige Problem bei der
ganzen Sache is ja im Grunde genommen nur der Staat, in dem wir
leben. Weil der Staat sich ja immer mehr und mehr auf diese sinnlosen
Neologismen versteift. Wo soll denn das hinführen? Von „behindert" zu
„körperlich beeinträchtigt", vom „Indianer" zum „amerikanischen Urein-
wohner", vom „Neger" zum „Schwarzen" oder „Schwarzafrikaner", alles
Begriffe, die die Betroffenen, oder den Großteil der betroffenen Gruppen
nicht im Geringsten stören. Von der „Freundin" zur „Lebensabschnitts-
partnerin" – pervers! – Wahrscheinlich in allerletzter Instanz zu einer
bürokratisch-amtlichen Sprache, zu einer von Grund auf verstümmelten
Sprache, zu einer sterilen Sprache und das is dann die ultimative Sprache,
die versucht allen alles recht zu machen, aber die es genau dadurch ja
niemandem auch nur ansatzweise recht machen kann! So. Phillip
nutzt die Pause aus: *Was meinst jetzt mit der sterilen Sprache?* Fad.
Langweilig. *Na ja ...* Fad, fad, nicht stark, überhaupt nicht stark,
schwach, ja schwach, nein, ohne Ausdruck, ja! *... eine ausdrucks-*
lose Sprache, eine Sprache der die Musik, der die Muskeln fehlen, die
nichts mehr bewegen kann, weil sie nichts mehr heißt, weil die Sprache
nichts mehr bedeutet, wenn sie zu einer politisch korrekten Formel ver-
kommt. Sobald Sprache keine Emotion mehr auslöst und Emotionen löst
diese Beamtensprache mit Sicherheit bei niemandem mehr aus, dann,
ja dann handelt es sich meiner Meinung nach um eine sterile Sprache.
Ja, ganz genau. Was hält Phillip davon? Was hält er von dieser
These, von dieser vollkommen lückenlosen These, vollkommen
lückenlosen Darstellung dieses allgemeinen Problems, die ich
ihm nun erfolgreich vorgesetzt, aufgetischt habe. Ich hoffe sie
mundet. Sein Blick ruht auf seiner Buttersemmel, er überlegt.
Er hebt seinen Blick, sieht mich an, beginnt: *Was berechtigt uns*
zu sagen, welche Sprache wirklich die richtige ist und welche nicht? Ich
glaub ja, dass jede Sprache ihre Berechtigung hat und wer sie verwenden
will, der soll sie halt verwenden.

junger Mann mit schwarzen Locken sowie einem sich direkt darunter
befindenden Mondgesicht, vor dem sich die Überreste seines Frühstücks
ausbreiten
Phillip

Alles Utopie! Nie, nimmer wird es funktionieren, die Welt wird
nie so aussehen, wie sie aussehen sollte, nie so aussehen, wie Lukas
sie sich vorstellt, wie Lukas – ja in Ansätzen vielleicht auch ich –
sie mitunter gerne hätten. *(…) is ja im Grunde genommen nur der*
Staat, in dem wir leben. Der Staat … Der Staat. Der Staat! Alles
immer, alles ausschließlich auf den Staat zurückzuführen, alle
Probleme immer auf den Staat zurückzuführen, die Augen stets
vor den grundlegenden sozialen Problemen, in denen alle anderen
Probleme doch wurzeln, verschlossen zu halten, das ist falsch, ist
populistisch, dumm, weltfremd. *(…) Wo soll denn das hinführen?* Ja,
das wäre interessant, ist tatsächlich höchst interessant. *Wahrscheinlich*
in allerletzter Instanz zu einer bürokratisch-amtlichen Sprache, zu einer
von Grund auf verstümmelten Sprache, zu einer sterilen Sprache, das is
dann die ultimative Sprache, die versucht allen alles recht zu machen …
Alles Gequatsche, alles Pseudo-Quatsch, keine einzige tatsäch-
liche Überzeugung, bloß gut kaschiertes, unmotiviertes Gerede.
Trotzdem spannend, trotzdem auf gewisse Weise spielerisch ver-
führend. *(…) niemandem auch nur ansatzweise recht machen kann.* Die
perfekte Stelle, um einzuhaken. – *Was meinst' jetzt mit der sterilen*
Sprache? Er muss überlegen. Das bedeutet eindeutig, dass meine
so keck eingestreute Frage – die eigentlich ziemlich unüberlegte
Frage – etwas bewirkt, möglicherweise bereits ein Umdenken
bewirkt hat, bei Lukas ein In-neuen-Bahnen-Denken ermög-
licht, das uns vielleicht irgendwohin kommen lässt, uns vielleicht
einer Lösung näher kommen lässt, vielleicht eine neue Erkennt-
nis vor uns in hellen Lettern erstrahlen lässt, also habe ich mit
meiner Frage etwas bewirkt. Gut. Weiter. *(…) eine ausdruckslose*
Sprache, eine Sprache, der die Muskeln fehlen, die nichts mehr bewirken
kann, weil sie nichts mehr heißt, weil die Sprache nichts mehr bedeutet,
wenn sie zu einer politisch korrekten Formel verkommt … Stimmt.
Aber hier muss ihm an irgendeiner Stelle ein Fehler unterlaufen

sein, womöglich ein kaum bemerkbarer aber trotzdem sinnent-
stellender, mich aufs Äußerste unruhig machender Fehler, der
sich irgendwo zwischen den Zeilen, irgendwo tief im Subtext
versteckt. Aja! ... Red fertig! ... Mach schon! ... Gut. – *Was be-
rechtigt uns zu sagen, welche Sprache die richtige ist und welche nicht?
Ich glaub ja, dass jede Sprache ihre Berechtigung hat und wer sie ver-
wenden will, der soll sie halt verwenden.*

*den Vorraum des Cafés betretender, die drei Stufen, die das gesamte
Kaffeehaus um einen halben Meter unter Straßen- beziehungsweise
Hauptplatzniveau setzen, hinter sich lassender, einen Schritt nach links
machender, die Glastür öffnender, mit der rechten Hand den schweren,
roten Samtvorhang beiseiteschiebender, daraufhin in den Hauptraum
des gemütlichen, überhaupt nicht verstaubten, Fünfzigerjahre-Look be-
hafteten Cafés eintretender, die linke Ecke des Nichtraucherbereichs, an
der zylinderförmigen, mannshohen Kuchen- sowie Tortenvitrine vorbei,
anstrebender, dabei eine holzig-braun umrandete, blümchengrün über-
zogene Sitzbank, vor der drei Marmortische mit gusseisernen Beinen
sowie drei sich vor diesen Tischen befindende, schwarze Stühle stehen,
passierender, den linker Hand allein an einem sich direkt vor dem Fenster
befindenden Zweiertisch sitzenden, etwas festeren, kahlköpfigen, alten
Pfarrer mit einem freundlichen Lächeln samt dazugehörendem, schnell
dazu ausgeführtem Nicken bedenkender, sich zu einem gemütlich kleinen
Ecktisch begebender, dabei den gesamten Raum im Auge behaltender, mit
dem Rücken zur Wand Platz nehmender, erst im Sitzen die Jacke ab-
nehmender, sie rechts neben sich auf die, wie die anderen Bänke, blüm-
chengrün überzogene Bank legender, seine rechte Hand, nach etwas sich in
der Außentasche Befindendem, tastend darauf legender, sich umsehender
Doktor Weber*

Die plötzliche Wärme löst das plötzliche Prickeln in meinen
Backen aus. Die plötzliche Wärme löst ebenfalls das grässlich
schmerzende Stechen in meinen Händen, in meinen Fingern
aus. Die plötzliche Anwesenheit der Wärme, die mir nichts, dir
nichts, die am Hauptplatz herrschende Eiseskälte ablöst, diese
Eiseskälte vertreibt, lässt auf meinem ganzen Körper Gänsehaut

entstehen. Die Stufen. Die Tür. Die Glastür, die ich öffne. Der rote Samtvorhang, hinter dem sich der Hauptraum des Cafés verbirgt. Die beiden schweren, roten Samtvorhänge, der rechte, den ich beiseiteschiebe, um durchgehen zu können, eintreten zu können. Der Hauptraum des Cafés. Blick nach rechts. Leer. Blick links vorbei an der Tortenvitrine. Zwei Mädchen an einem Tisch. Pfarrer Ohlsdorfer an einem Nischentisch alleine. Nebenan zwei junge Männer an einem Nischentisch einander gegenübersitzend. Die Dame, die vor mir das Café betreten hat, ist spurlos verschwunden, wird sich auf die Toilette begeben haben. Mein Ecktisch an der linken hinteren Seite des Hauptraumes, des strikt als Nichtraucherbereich geführten Abschnittes dieses Kaffeehauses zeigt sich noch unbesetzt, ist frei. Zielstrebig darauf zu. Selbstsicher. Ein Nicken in Richtung Ohlsdorfer. Das Lächeln nicht vergessen! Lächeln. Er nickt, er lächelt zurück. Ein netter alter Herr. Mein Tisch. Ich setze mich, kann die Wärme nun genießen, kann sie nun erst so richtig auf mich einwirken lassen. Raus aus der Jacke. Aus den Ärmeln, aus den Ärmeln. Die Jacke behutsam rechts neben meinem Sitzplatz auf der Bank platziert. Das Diktafon. Ist das Diktafon noch da, noch in meiner Jackentasche? Hin gegriffen. Das technische, das digitale, rechteckige Gerät durch den Stoff meiner Jacke hindurch, in der Jackentasche ertastet. Rechteckig. Wäre es verschwunden gewesen oder nicht mehr in einem Stück, ich wäre aufgeschmissen gewesen, die ganze Vorarbeit wäre vergeblich, die Hoffnungen unzähliger Menschen wären unwiderruflich mit einem Schlag zerstört gewesen. Das Diktafon befindet sich immer noch in der Jackentasche, in der rechten. Das Diktafon. Zwei junge Männer sitzen einander gegenüber, diskutieren, debattieren angeregt. Am Tisch danebeen sitzt Ohlsdorfer, immer noch, immer noch Ohlsdorfer allein an einem Tisch. Ihnen gegenüber, auf der Tortenvitrinen-Seite sitzen zwei junge Damen, eine davon mit hübschem Stupsnäschen, das ich leider nur im Profil wahrnehmen kann. Wo ist der Kellner? In einer halben Stunde muss ich in der Krankenkasse sein.

Zwischen den beiden jungen Damen entsteht nun langsam ein Gespräch, ein leises Gespräch, ein Gespräch mit wenig Worten, ein Gespräch ohne Gesten, wie versteinert sitzen die beiden jungen Frauen einander gegenüber, bewegen nur ab und zu ihre Lippen, bis sich die blonde, stupsnasige Frau mit dem Piercing neben der rechten Augenbraue nach hinten lehnt, nach einem Kellner Ausschau hält. Mit dieser Bewegung schneidet sie der kurzes, schwarzes Haar tragenden, jungen Dame das Wort ab. Diese wendet daraufhin ihren Blick mit schmollendem Gesichtsausdruck ab und der marmornen Tischplatte zu. Währenddessen sitzt der kahlköpfige Pfarrer weiterhin alleine an seinem Tisch, Blick ins Nichts. Zur selben Zeit hält der schwarz gelockte, junge Mann einen wortreichen Monolog, den er mit großen Gesten unter viel Gefuchtel seiner beiden Hände unterstützt. Der ihm gegenübersitzende junge Mann mit der dicken Hornbrille auf der Nase möchte anscheinend Bemerkungen sowie persönliche Ansichten seinerseits oder Stellungnahmen zu dem soeben von seinem Freund Behaupteten einstreuen, sich auf irgendeine Art, auf irgendeine Weise zu dem Monolog äußern, untersagt sich dies jedoch stets in der letztmöglichen Sekunde, direkt nach dem Luftholen, was ihn vor die Problematik stellt, wohin er denn die viele eingeatmete Luft hinauslassen, beziehungsweise wie er all die Luft, die ihm das Bilden eines Satzes, einer Äußerung, einer wie auch immer gearteten Stellungnahme hätte ermöglichen sollen, unbemerkt herauslassen kann. Er entscheidet sich dafür, sie mit fest verschlossenen Lippen durch seine beiden Nasenlöcher gen Boden zu blasen, was aber ein verräterisches Heben sowie ein auf jedes Heben folgendes Senken seines Brustkorbes zutage treten lässt. Doktor Weber behält die beiden jungen Männer, die beiden jungen Frauen sowie den Pfarrer Ohlsdorfer im Auge und dabei eine ausdruckslose Mimik. Da biegt der braunhaarige, schlanke, spitznasige Kellner im blauen Hemd, in grauer Hose mit, sich in der linken hinteren Hosentasche befindendem, Rechnungsblock samt Kugelschreiber aus einem, aus der rechten Ecke des Hauptraumes abzweigenden, Nebenraum in den Nichtraucherhauptraum des Kaffeehauses ein, geht mit, zu einer um ein wenig Geduld bittenden Geste, erhobener Hand, an dem ihm zunickenden Doktor Weber vorbei, direkt zu den beiden jungen Damen, zieht die gesamte Konzentration der blonden Dame auf sich, die bei ihm nach gründlichem Überlegen sowie einem kurzen Blick in die Karte ihre Bestellung aufgibt, worauf-

*hin die schwarzhaarige, junge Dame ohne Umschweife klar, deutlich nur
eine einzige Sache bestellt. Das Mobiltelefon des kahlköpfigen Pfarrers
klingelt im Retrostil, er hebt ab, beginnt mit jemandem am anderen Ende
der Leitung zu sprechen. Der Kellner lächelt, der Kellner nickt, begibt
sich nun zu Doktor Webers Tisch, weiß schon im Vorhinein, was dieser
bestellen möchte, nennt dies nur zur Sicherheit noch einmal laut, wartet
auf einen eventuellen Einwand, lächelt, nickt, bestätigt, fragt etwas nach,
notiert nun die Bestellungen auf seinem Rechnungsblock, geht anschließend
wieder in Richtung Nebenraum, in welchem er dann verschwindet. Unter-
dessen nimmt das Gespräch der beiden jungen Damen eine etwas lebhaftere
Form an, der Pfarrer legt wieder auf, steckt das Mobiltelefon zurück in
seine Hosentasche, bleibt weiterhin alleine an seinem Tisch sitzen, bei
den beiden jungen Männern ergreift der die dicke Hornbrille sowie den
Dreitagebart tragende Mann wieder das Wort, Doktor Weber sieht dem
Kellner noch kurz nach, beobachtet sodann weiterhin die drei, sich in
seinem Blickfeld befindenden, Tische.*

*blondes, schulterlanges Haar tragendes Mädchen mit schwarzem Piercing
neben der rechten Augenbraue sowie auffallendem Stupsnäschen in der
Mitte des Gesichts
Lena*

Dasselbe. Tanja überlegt. Seit wir das Kaffeehaus betreten haben,
überlegt sie, möchte etwas sagen, möchte etwas loswerden, irgend-
etwas loswerden, eigentlich überlegt sie schon viel länger, über-
legt bereits seit Tagen, vielleicht sogar seit Wochen. Ihre Augen,
Tanjas grüne Augen erzählen mir, dass sie mir etwas erzählen
möchte, kurz davor steht, mir etwas zu sagen. Möchte sie mir
etwas beichten, möglicherweise etwas gestehen? Dabei könnte
es sich um alles handeln, um alles. Oder ich bilde mir alles, genau
dieses Alles tatsächlich einfach nur ein. Vermutlich projiziere ich
all meine Unsicherheiten, den Weg in meine Zukunft anbelangend,
all meine bereits gefällten Entscheidungen betreffend, auf Tanja,
auf meine Freundin, auf wen denn sonst? Auf wen sollte man
seine höchsteigenen Unsicherheiten, Ungewissheiten, Probleme,
seine Fehler sonst projizieren, externalisieren, wenn nicht auf die

Lebensgefährtin, wenn nicht auf seine zweite Hälfte, auf seinen anderen Teil, welchen man ja dann von außen, mit einigem Abstand begutachten, sozusagen analysieren kann? Auf jeden Fall würde es sich dabei um die einfachste aller Lösungen, vor allem der Lösungen der komplexesten eigenen Probleme handeln. Aber wer weiß denn schon, wie sein eigenes Unterbewusstsein agiert? Vielleicht liegt es wirklich nur an ihr, vielleicht haben Tanjas Eigenarten, die unterschiedlichen Anwandlungen ihres Charakters, vor allem ihr Verhalten in den letzten Tagen betreffend, mit mir nicht das Geringste zu tun, lassen meine Person vielleicht sogar vollkommen außen vor. Einzig ihr Problem steht im Vordergrund, nichts anderes als ihr Problem, das sich möglicherweise auf mich bezieht, aber mit mir nichts zu tun hat, alles dreht sich ausschließlich um Tanja, somit alles um ihr Problem. Ich muss warten – mir bleibt gar nichts anderes übrig – ich muss warten bis Tanja damit herausrückt, bis sie mir erzählt, worum sich alles bei ihr zu drehen scheint, bis sie mir den alles zu verschlingen scheinenden, alles in sich aufsaugenden Mittelpunkt, wenn nicht ihres derzeitigen Lebens, so doch zumindest der zurzeit sie beschäftigenden Probleme vor Augen führt. – *Wahrscheinlich hast es eh schon gmerkt …* Sie spricht nicht weiter, unterbricht sich selbst, überlegt, sie will nicht weitersprechen, will mich zu Wort kommen lassen. – *Was gmerkt?* Sie wartet. Ihr Blick sprüht vor Überraschung, Überraschung darüber, dass ich nicht selbstständig ihre Gedankengänge analysiert, verarbeitet, letztlich verstanden habe. Auf eine egoistische Weise setzt sie ihre Erwartungen so hoch an, dass sie nie eingelöst werden können. – *Na, dass ich in den letzten Wochen anders war, zu dir anders war …* In den letzten Wochen? In den letzten Wochen? … – *Nein, is ma nicht aufgfallen.* In den letzten Wochen? Anders? In den letzten Tagen, in den letzten Stunden möglicherweise, aber sicherlich nicht in oder während der letzten Wochen. Sie hat viel nachgedacht, ja, aber anders? – *… Nein … Warum anders?* Das ist das Ende. Nach dem heutigen Kaffeehausbesuch, nach dem heutigen Tag werde ich Tanja nie wieder zu Gesicht bekommen. *Na ja, ich weiß nicht. Es passt irgendwie nicht mehr so … Ich mein, ich fühl mich nicht mehr wirk-*

lich wohl. Weißt? Nicht mehr wirklich wohl? Sie fühlt sich nicht mehr wirklich wohl? Handelt es sich bei dieser Aussage etwa um eine reine Ausrede, um eine Ausrede, die bloß dazu dienen soll mich zu beruhigen, um eine Ausrede, die eine etwaige Affäre, das etwaige Auftreten einer anderen Frau in Tanjas Leben, gar vertuschen oder verschleiern soll? Sie wird mir weggenommen. Tanja wird mir entrissen, von irgendeiner dahergelaufenen anderen entrissen. Möglicherweise sagt sie auch einfach die Wahrheit. – *Ich mein ...* Was meint sie? Was meint sie denn? Was meint sie nur? Weshalb? Warum? Nein. Ich bin nicht ... Nein. Nein. Das kann nicht sein. Ich glaube nicht, dass ... Ich glaube einfach nicht ... Nein. Wann kommt der Kellner? Hätte Tanja nicht warten können bis mein Frühstück oder zumindest mein Kaffee vor mir auf dem Tisch steht? Jeden Moment müsste der Kellner auftauchen, der Kellner um irgendeine Ecke biegen, der Kellner kommen, um meine Bestellung aufzunehmen, der Kellner kommen, um Tanjas Bestellung aufzunehmen. Vermutlich wird sie sich bloß ein Getränk bestellen, wird wie immer bloß ein einziges Getränk bestellen, bei dem sie dann wie immer auch eine Stunde oder länger sitzen kann, oder sie verlässt, gleich nach der Darlegung ihrer Ansichten, ihrer Probleme, ihrer Absichten, nach der Darlegung ihrer, in den letzten Tagen, in den letzten Wochen erarbeiteten Lösungsvorschläge, mich zurücklassend das Kaffeehaus. Weshalb tut sie mir das an? Tanja muss mich hassen, muss mich zutiefst hassen, um überhaupt in der Lage zu sein, mir das antun zu können, mir solch eine eiskalte Trennung antun zu können, mein Leben auf derartige Weise zu verändern. Der Kellner. Der Kellner biegt um die Ecke. Der Kellner ignoriert, ausschließlich auf mich konzentriert, auf Tanja und mich konzentriert, auf unseren Tisch zustrebend, den mittelalterlichen Mann in der linken hinteren Ecke vollkommen, kommt auf mich zu, kommt auf Tanja und mich zu, um unsere Bestellungen aufzunehmen. Er kommt auf mich zu. Er kommt auf uns zu. Er kommt auf unseren Tisch, den Tisch, an dem wir beide sitzen, zu. Der Kellner steht vor mir, steht vor uns, steht vor unserem Tisch, dem Tisch, an dem wir beide sitzen. – *Bitte, was hätt ma denn gern?* Was hätt ma denn gern. Ja, was? *Äh …* Etwas zu trinken. Etwas Warmes zu trinken hätte ich gern, aber vielleicht auch ein kleines Häppchen zu essen. Möchte ich etwas essen? Wäre es tatsächlich ratsam, mir jetzt etwas zu essen zu bestellen, falls das Gespräch mit Tanja mich weiterhin unaufhaltsam in dieses verschlingendschwarze Loch reißt? *Einen Moment.* Zur Karte gegriffen, aufgeschlagen. Aja! Hausfrühstück. Zwei Eier im Glas, Buttersemmel, frischen Orangenjuice, eine Kanne Kaffee. Zwei Eier sind aber zu viel. Nach einer Buttersemmel verspüre ich nicht das geringste Verlangen. – *Ein Hausfrühstück, bitte.* – *Bitte gerne.* Stopp. – *Und könnt ma statt der Buttersemmel bitte ein Croissant machen? – Selbstverständlich. Gerne.* Der Kellner notiert nichts auf seinem Block. Ob das auch immer so gut funktioniert? – *Das Croissant dann trotzdem mit Butter?* Butter als pures Fett, Butter als unnötiges Fett, das bedeutet unnötige Kalorien, also guten Gewissens nicht vertretbar. – *Nein danke. Und könnt ma auch nur ein Ei machen? Das wär ganz nett.* – *Bitte. Sicher. Gerne.* Erledigt. Die Bestellung aufgegeben, erfolgreich hinter mich gebracht. Das Frühstück also schon so gut wie unterwegs. Tanja überlegt nicht, überlegt keine Sekunde, braucht auch nicht zu überlegen. – *Eine Melange bitte und ein großes Glas Leitungswasser dazu.* – *Bitte gerne. Zum Essen woll ma nix? – Nein danke. – Gerne.* Er wirkt zerstreut, der Kellner. Der Kellner wirkt sogar sehr zerstreut, aber dennoch ausgesprochen sympathisch, beinahe liebenswert. Jetzt lässt er mich aber im Stich, eiskalt im Stich, begibt sich zu dem Herrn am linken hinteren Ecktisch, der bereits zuvor bei ihm bestellen wollte, es offenbar sehr eilig hat, irgendwo hin muss, wahrscheinlich zu einem Klienten. Dieser, allein aufgrund seines Blickes bereits, zutiefst abstoßend auf mich wirkende Anwalt. Der Kellner lässt mich allein, allein mit der mir mittlerweile Furcht einflößenden Tanja an unserem Tisch allein zurück. Tanja fängt meinen Blick auf, fängt mich ein, hält mich gefangen, beißt zu: *Ich glaub, es wär gscheiter, wenn ma die ganze Sache mal ein bissl auf sich beruhen lassen. Weißt was ich mein?* Das geht zu schnell, viel zu schnell. – *Was?! … Ich mein, was? – Dass ma vielleicht amal a Pause machen oder dass ma's vielleicht amal mit einer offenen Beziehung probieren …*

Das reicht! Wozu? Warum bloß? Sie scheint sich allerdings selbst nicht sicher, nicht hundertprozentig sicher zu sein, sonst würde sie auf keinen Fall eine offene Beziehung andenken, eine offene Beziehung um uns zu retten, um unsere Beziehung zu retten. Ich muss sie nur überzeugen, sie muss bloß davon überzeugt werden, dass sie sich hier auf einer, in eine Sackgasse mündenden, Einbahn befindet. – *Wie kommst jetzt auf das? Ich mein ... das is ja deppert. Was willst denn an unserer Beziehung ändern? Wozu willst überhaupt irgendwas ändern, jetzt wo endlich alles so gut lauft? Und eine offene Beziehung is ja sowieso das Sinnloseste und Dümmste, was man sich überhaupt antun kann. Ich ...* Das war etwas zu heftig, vor allem in Bezug auf den doch sehr zurückhaltenden Verlauf des ersten Gesprächsabschnittes. Nun könnte ich mir eine gemeinsame Zukunft, die gemeinsame Zukunft mit Tanja, endgültig zu einer Unmöglichkeit gemacht haben. Ich muss das Gespräch abkühlen, ein klein wenig abkühlen: *Das ... Ich versteh's einfach grad nicht.* Gut so.

einem anderen Mädchen an einem der Marmortische gegenübersitzendes, kurzes, schwarzes Haar tragendes Mädchen um die fünfundzwanzig mit zwei schwarzen Lippenpiercings sowie unglaublich kalt-stechenden, grünen Augen
Tanja

Wie fängt man an? Wie fängt man am besten an, auf die beste Art ein Gespräch an, dessen Ausgang vermutlich ein Menschenleben zumindest vorübergehend zerstören kann? Ich töte sie nicht, bereite ihrem Leben dennoch ein jähes Ende, ich zerstöre nicht ihre Person, ihren Charakter, dennoch wird sie nach dem Führen des von mir geplanten, immer wieder, immer wieder im Geiste durchgespielten Gesprächs, eine andere sein, eine vollkommen neue Person. Die Person, die Lena zurzeit darstellt, wird in den nächsten Minuten, in den folgenden Minuten von mir zerstört werden, ich werde sie also töten, am Ende dieses so genau geplanten, dann hoffentlich auch auf die geplante, perfekt durchdachte Weise ausgeführten Gesprächs wird Lenas Leiche, Lenas leblose Charakterleiche reglos vor mir auf dem Kaffeehausboden liegen. Wie fängt man an? Wie? Ich will mich nicht als Antagonistin aufspielen, möchte nicht als der Bösewicht dastehen. – *Wahrscheinlich hast es eh schon gmerkt … – Was gmerkt?* Zu schnell. Die Frage kam eindeutig zu schnell, viel zu schnell. Also: *Na, dass ich in den letzten Wochen anders war, zu dir anders war.* In den letzten Wochen ist selbstverständlich übertrieben ausgedrückt, sogar im höchsten Maße übertrieben, wenn auch nicht maßlos übertrieben ausgedrückt. Was sie sagt, was Lena da fragt stinkt, was Lena mich fragt stinkt nach purer, stinkt nach lupenreiner Naivität. – *Nein, is ma nicht aufgfallen. Nein … warum anders?* Sie stellt sich dumm, ich weiß, dass sie sich dumm stellt, denn üblicherweise ist sie alles andere als dumm, nicht einmal annähernd so naiv, wie sie sich momentan gibt. Ich kenne sie als klammernden Menschen, kenne sie allerdings ebenfalls als reflektierenden Menschen, trotzdem auch als ihr unliebe Fakten leugnenden Menschen. Der Großteil ihres Charakters zeigte sich mir meist als reflektierend differenziert, wie ich es Michi bereits erklärt habe, langsam aber sicher jedoch scheint bei Lena das Klammern, das Leugnen, die Naivität die Oberhand zu gewinnen, was aber nicht das Geringste damit zu tun hat, dass ich sie verlassen werde, soeben den Weg beschreite, der zu einer unwiderruflichen Trennung meinerseits von Lena führen wird. Obwohl, vielleicht spielt ihr Klammern, das über den Lauf der Zeit, während des Verlaufs unserer Beziehung immer stärker, dann noch stärker wurde, bis dieses Klammern schließlich, bis es endlich zu einem ungestümen Festhalten avancierte, einem Festhalten unter Einsatz all ihrer Kräfte, selbst unter Einsatz ihrer zu kurzen Fingernägel, eine gar nicht so unbeträchtliche Rolle. Die Decke. Die Decke war der Anfang. Den Beginn stellte die große, die lange, die überdimensionale Decke, die für Doppelbetten am allerbesten geeignete Doppelbettdecke dar. Ganz aufgeregt kam Lena an jenem Tag zu mir, um freudestrahlend, die Lippen, die wunderschönen Lippen offen, sodass die Zähne zwischen ihnen hervorblitzten, die absolut fleckenlos weißen Zähne dazwischen hervorblitzen konnten, die Lippen vom linken bis zum rechten Mundwinkel zu einem Halbkreis formend, mir mit beinahe sich überschlagender Stimme zu berichten, sie habe heute eine große, eine übergroße Decke, eine sogenannte Doppelbettdecke gekauft. In dem Moment, von da an, von genau diesem Augenblick an wusste ich, dass eine Pause, eine Beziehungspause, auf jeden Fall zumindest eine vorübergehende Trennung vonnöten war, trotzdem sagte ich nichts, sprach nicht den geringsten Einwand gegen die Doppelbettdecke aus, denn nicht um alles in der Welt wollte ich Lena verletzen, durch irgendeine Äußerung oder irgendeine unbedacht voreilige Tat Lena verletzen, ich sagte also nichts, fügte mich ihren Vorstellungen, ihren Erwartungen, schlief von da an mit Lena unter einer einzigen überdimensional großen Decke, gab also dadurch von da an meinen allerletzten intimen, privaten Bereich, nämlich den Bereich unter einer eigenen schutzbietenden, wärmebietenden, geborgenheitsbietenden Decke, die einen notfalls abgrenzt, von allem anderen abgrenzt, in die man sich fest einhüllen kann, um von der Umwelt vollkommen abgeschottet zu sein, Lena zuliebe auf. Die Wahrheit. Nur die Wahrheit zählt. – *Na ja, ich weiß nicht. Es passt irgendwie nicht mehr so.* Einen persönlichen Eindruck, ich benötige einen persönlichen Eindruck als Argument, als Waffe, die die Auswirkungen meiner bisher eingesetzten verbalen Waffen bis zu einem gewissen Grade aufhebt, deren Wirkung letztendlich abschwächt, denn mein persönliches Erleben, meine persönliche Wirklichkeit kann Lena nicht widerlegen. – *Ich mein, ich fühl mich nicht mehr wirklich wohl. Weißt? Ich mein ...* Der Kellner kommt, um mich zu unterbrechen, schneidet mir das Wort ab, die Luft ab, unterbricht mein emotionales Entkleiden, lässt mich Lena halb nackt gegenübersitzend zurück. – *Bitte, was hätt ma denn gern?* Eine Melange, ein Glas Wasser. Ich überlasse Lena den Vortritt, denn ich weiß, sie wird für ihre Bestellung wie immer länger brauchen, lange brauchen, wird sich nicht entscheiden können, meiner Erfahrung nach noch zusätzlich etliche Extrawünsche äußern. Sie muss ja auf ihre Figur achten, denkt, sie müsse auf ihre Figur achten. Ich werde eine Melange sowie ein großes Glas Leitungswasser bestellen, um nach dem Trinken meines Kaffees keine obligatorischen Anzeichen von Mundgeruch zu zeigen. Ich muss perfekt sein. Eine perfekte Erscheinung, glorifiziert in Lenas Erinnerung, in ihrer Erinnerung an den heutigen Tag, will eine Spur in Lenas Leben hinterlassen, auch wenn das höchst egoistisch, wenn nicht sogar unmoralisch scheint. Lena hat überraschenderweise bereits ihre heute gar nicht so lange Extrawunschliste abgearbeitet, woraufhin der Kellner seinen fragenden Blick nun mir zuwendet. Zeit zu bestellen. – *Eine Melange bitte und ein großes Glas Leitungswasser dazu. – Bitte gerne. Zum Essen woll ma nix? – Nein danke. – Gerne.* Ebenso ruhig wie sachlich muss ich Lena meine Ansichten sowie meine Absichten näherbringen, auf eine Weise, gegen die sie weitgehend machtlos ist, ihr meine Ansichten, meine Absichten erläutern. – *Ich glaub es wär gscheiter, wenn ma die ganze Sache mal ein bissl auf sich beruhen lassen. Weißt was ich mein? – Was?! … Ich mein, was?* Eine heftige Reaktion, deren Aggressivität mir umgehend in die Knochen fährt. Ruhig, ja rational, auf rationale Weise muss ich ihr nun, um sie zu beschwichtigen, meinen Vorschlag erneut unterbreiten. – *Dass ma vielleicht amal a Pause machen oder dass ma's vielleicht amal mit einer offenen Beziehung probieren …* Selbstverständlich würde eine offene Beziehung nicht funktionieren, kann auch gar nicht funktionieren, nie funktionieren, die Bezeichnung, der Begriff allerdings gibt Sicherheit, setzt in seiner allgemein anerkannten Liberalität keinen allzu abrupten Schlussstrich unter eine Beziehung. – *Wie kommst jetzt auf das? Ich mein … das is ja deppert. Was willst denn an unserer Beziehung ändern? Wozu willst überhaupt irgendwas ändern, jetzt wo endlich alles so gut lauft?* Sie wird emotional, wird irrational nicht nur in ihrer Argumentation, sondern auch in ihrem Denken, Lena wird unberechenbar, macht mich nervös. – *Und eine offene Beziehung is ja sowieso das Sinnloseste und Dümmste, was man sich überhaupt antun kann. Ich …* Da hat sie recht. Da hat sie durchaus recht, mich entlarvt, mich meines Abschwächungsversuches, der von mir zuvor vorgebrachten, zu harten Argumente überführt. – *Das … Ich versteh's einfach nicht.* Ja. Ich verstehe es auch nicht, aber ich fühle, kann diese Gefühle nun mal nicht in Worte fassen. Entblößt, nackt sitze ich vor Lena, kann mich nicht rechtfertigen, nicht im Mindesten, weiß auch nicht, wie ich es Lena am besten beibringen soll, wie ich es ihr am schonendsten

begreiflich machen soll, dass ein Fortführen unserer absolut fest-
gefahrenen Beziehung keinesfalls zukunftsversprechend, in keinster
Form zukunftsträchtig sein kann. Sie kann mich nicht verstehen,
ich möchte, dass sie mich versteht. Wie, nur wie? Ich spreche
gegen eine Wand, spreche gegen einen Balken, gegen den Balken
vor Lenas Stirn, der sowohl ihr Denken als auch ihren Blick ein-
schränkt, ungemein einschränkt. Ich kenne ihr Denken, kenne
Lenas Denken, Lenas Gedankenvorgänge, Lenas Gedankengänge,
Gedankengänge sowie Gedankenvorgänge, die in erweiterter
Form schließlich Lenas gesamtes Denken bilden. Ich verstehe sie,
kann mich ihr aber nicht verständlich machen. Das Es-ihr-ver-
ständlich-Machen stellt für mich das allergrößte Hindernis dar,
lässt mich verzweifeln. In meinem Körper entsteht Hitze, tief in
meinem Körper entsteht ein schrecklicher Hitzewall, der um jeden
Preis versucht nach außen zu dringen, der langsam meinen Körper
emporwandert, um aus diesem letztlich auszutreten, dabei handelt
es sich um meine Hitze, meine ureigene Hitze, die, wie ich sie
kenne, versuchen wird ihren Weg über meine Backen nach außen
zu finden, was mich stört, was mich im höchsten aller erdenk-
lichen Maße schaudern lässt. In dieser Situation das Gesicht zu
verlieren wäre ein Albtraum.

als sein Mobiltelefon läutet in seine Hosentasche greifender, das Mobil-
telefon herausnehmender, abhebender, telefonierender, dann wieder auf-
legender, das Mobiltelefon einsteckender, allein an einem sich direkt vor
dem Fenster befindenden Zweiertisch sitzender, etwas festerer, kahl-
köpfiger, alter Pfarrer im schwarzen Hemd mit weißem Kragenauslass
Ohlsdorfer

Hunderte, Tausende mögliche Wege wären mir offengestanden,
unzählige Wege, die ich beschreiten hätte können, es gibt Tausende
unterschiedliche Richtungen, die ich hätte einschlagen können.
Warum hat er mich ausgewählt, ausgerechnet mich erwählt, eine
solch außergewöhnlich große Verantwortung auf meine mittler-
weile von Alterswegen nicht mehr ganz so starken Schultern zu
laden, warum mich? Meine Gemeinde braucht mich, ist auf mich

angewiesen, vollkommen von mir abhängig, jedes einzelne der Gemeindemitglieder sucht in extremen Situationen, in Extremsituationen meinen Rat, lässt sich seelisch von mir umsorgen, ich bin froh, mich um einen jeden von ihnen kümmern zu können. Wenn mich die alte Frau Haller beispielsweise wieder einmal um einen Ratschlag ihre komplizierte Beziehung, besser ausgedrückt, ihre komplizierte Sexbeziehung zu ihrem Nachbarn, Herrn Heinisch betreffend, einzuholen, so empfinde ich es als das höchste Glücksgefühl ihr in dieser Angelegenheit zur Seite stehen zu können, für mich ist dies das eindeutige Zeichen, dass ich für diese Profession auserwählt wurde, dass ich mein Schicksal lebe, mein mir vorgegebenes Schicksal pflichtbewusst erfülle. Für mich allerdings ist bloß er da, den ich jederzeit um Rat bitten kann, bloß er. Wenn ich ihn um Hilfe bitte, wenn ich ihn um einen Ratschlag bitte, so erfüllt er mir diese Bitte, gibt mir den gewünschten Ratschlag, in jeder Lebenslage kann ich mich auf ihn verlassen, er macht meine so außerordentlich wichtige Arbeit überhaupt erst möglich, ihm verdanke ich mein Leben. Aber würde es sich ebenso verhalten, hätte ich mein Leben, mein Sein, meine Existenz, all mein Streben einem anderen Metier gewidmet? Wenn ich zu ihm spreche, so antwortet er mir, wenn ich ihn dringend brauche, so eilt er mir zu Hilfe. Wäre ich nicht Pfarrer, sondern Tischler, verhielte sich das dann genauso? Höchstwahrscheinlich schon. Sicher. Sicher. Ganz sicher. Sicher. Ganz sicher. Keine Lust. Keine Lust noch einen Schluck aus der Cappuccinotasse zu nehmen. Onkel Harald wäre stolz, mit Sicherheit stolz auf mich, auf mich, wie ich nun hier sitze, stolz darauf, was ich repräsentiere, stolz auf alles, was mich umgibt, auf die liebevolle, nächstenliebevolle Aura, die mich umgibt, die den Leuten Vertrauen schenkt, die diese Leute anzieht, Leute, die sich nach Verständnis, nach einem Funken Hoffnung sehnen. Jedem, jedem Menschen stehe ich zur Verfügung, für jeglichen Rat zur Verfügung, denjenigen Menschen, die nichts mehr haben, nichts außer dem kläglichen Überbleibsel alter, ältester Kleidungsstücke, die sie an ihrem Leib tragen, besitzen, selbst diesen Menschen schenke ich ein offenes Ohr, noch wichtiger, ein offenes Herz, verstehe diese Menschen nicht nur oder setze alles daran jeden dieser Menschen so gut wie möglich zu verstehen, sondern versuche eben jenen Menschen zu geben, wonach sie verlangen, ihnen zu helfen, wo auch immer sie Hilfe benötigen. Diese Tätigkeit, also eine seelsorgerisch seelische, eine emotionale Anlaufstelle für im höchsten Grade Hilfsbedürftige zu sein, erfüllt mich, füllt mich aus bis obenhin, füllt mich als Person vollkommen aus im besten aller erdenklichen Sinne, erhöht mich, bringt mich ihm näher, bringt mich ihm langsam aber sicher, stetig, stetig ein Stückchen näher. Ich habe ihn, ihn, der für mich da ist, stets für mich da ist. Gertrude ist ebenfalls für mich da, immerhin ein Mensch, der sich um mich kümmert, der sich um mein leibliches Wohl sorgt, mir zum Mittagessen die besten Wiener Schnitzel brät. Sie steht hinter mir, Gertrude steht hinter mir, zieht die Fäden sozusagen, Gertrude zieht die Fäden im Hintergrund, ohne Gertrude gäbe es mich nicht, ohne Gertrude könnte ich nicht für meine Gemeinde tätig sein, für kein einziges meiner sogenannten Schäfchen das nötige Mitgefühl aufbringen, keinem Einzigen von ihnen auch nur einen guten, einen einzigen angebrachten Ratschlag erteilen, nur mit vollem Magen, gebügelter Wäsche, mit gemachtem Bett kann ich für meine Gemeindemitglieder da sein, denn dann, nur dann habe ich die Zeit, habe ich die Muße zu helfen, mich absolut einzulassen auf wen oder was auch immer. Nur wenn die Probleme des Alltagslebens weitgehend aus meinem Kopf, aus meinen Gedanken herausgehalten werden, nur dann kann ich offen sein, offen im Denken, offen im Handeln, aus dem Herzen heraus offen, offen aus tiefster Seele. Diesen, eben jenen Zustand herzustellen trachte ich jeden Tag einer jeden Woche eines jeden Monats eines jeden Jahres. Nur dann bin ich oder kann ich so sein wie Paulus, wie Pater Paulus, der ganz Waidhofen umgekrempelt hat, von unten nach oben, von oben nach unten umgekrempelt hat, das Pfarrwesen in meiner Heimatstadt revolutionierte, wie Pater Paulus, der Schöpfer der Zukunft einer gesamten Generation von Waidhofern, sein wie der herzliche, normale, revolutionäre, progressive Pater Paulus, der kämpfte, der für eine gerechtere, verständnisvollere, für eine

bessere Welt kämpfte, ohne dabei auch nur einen einzigen Ge-
danken an den Willen der Obrigkeit zu verschwenden, ohne sich
auch nur im Entferntesten auf die bisher etablierten, existierenden
Systeme, auf die bisher etablierten, existierenden Gesetze, auf
bereits bestehende Regeln zu verlassen, ich würde sogar so weit
gehen, zu behaupten, Pater Paulus sei einer der wenigen aus-
erwählten Menschen gewesen, ein mir gar nicht so unähnlicher
Mensch, der die Welt oder zumindest einen Teil dieser Welt ver-
änderte, indem er eben jene bisher existierenden Systeme, Gesetze,
die bisher bestehenden Regeln ignorierte, sie verletzte, indem er
diese Systeme, diese Gesetze, diese Regeln brach. Durch die
Hilfe, die ich beim Bestreiten meines Alltagslebens von Gertrude
erfahre, steht mir ein Pater Paulus'sches Schicksal bevor, mög-
licherweise ein ebenso revolutionäres Schicksal wie das des Pater
Paulus. Das Klingeln meines Handys. Das Handy aus der Hosen-
tasche genommen. Gertrude ruft an. Abgehoben. – *Hallo? – Ja,
hallo. Bist du noch in der Stadt? – Ja. – Aso, ich wollt's nur wissen.
Wann kommst denn circa zhaus? – Äh, weiß ich noch nicht. Ich würd
sagen so gegen zwölf wahrscheinlich. – Ja, ich muss' nur wissen, damit
das Essen dann fertig is. – Wegen mir brauchst da keinen Stress machen,
Gertrude. – Ja, trotzdem … – Na gut, gibt's sonst noch was? – Nein …*
Hierbei handelt es sich um das ein wenig eingeschnappte „Nein",
das mich stets etwas schaudern lässt. Gertrude setzt fort: *Dann
bis nachher. – Ja, bis nachher.* Aufgelegt, das Handy weggesteckt.
Er sieht mich, ich spüre ihn, kenne ihn. Der gestrige Gedanke,
die gestrige Erkenntnis, die gestrige – wie im Falle der meisten
meiner Offenbarungen – abendliche Einsicht steht knapp davor
mein Weltbild, das gleichzeitig Gegenwarts-, Vergangenheits-
sowie Zukunftsbild ist, zu zerstören, vollkommen zu demontieren,
um es anschließend in einer noch nie zuvor da gewesenen Form
von Grund auf neu zu konstruieren. Er ist die Entität, er ist alles
in einem, ein Teil eines jeden, ein Funke in uns allen, daher aber
auch Gut und Böse, das Gute wie das Böse in einer Einheit, in
einer einzigen Form unauflösbar, untrennbar miteinander ver-
woben, nicht nur repräsentiert er das absolut Gute, sondern zur
selben Zeit auch das abgrundtief Böse, verkörpert also diese beiden

polarisierenden Extreme in einer Person. Wenn man vom Teufel spricht, von Beelzebub, von Satan, so spricht man bloß von ihm, von einer seiner Facetten. Nach seinem Abbild, nach seinem eigenen Abbild hat er uns geformt, was indiziert, gleichzeitig beweist aber auch erklärt, dass, beziehungsweise warum tief in jedem menschlichen Wesen das absolut sündhaft Böse schlummert. Wir gleichen ihm aufs Haar, er gleicht uns aufs Haar, ist um nichts besser. Somit wäre der rachsüchtige, blutrünstige Gott aus dem Alten uneingeschränkt gleichzusetzen mit dem nächstenliebenden, sündenvergebenden Gott aus dem Neuen Testament, was also zur Folge hat, dass ich nun ein weiteres Argument in der Diskussion mit Agnostikern oder gar in Debatten mit Atheisten in petto habe. Eine Welle bestehend aus frischem, schwerem Kaffeegeruch schwappt durch den Raum, trifft mich von der Seite, trifft mich mit voller Wucht im Profil. Die beiden jungen Männer führen weiterhin ihr angeregtes Streitgespräch, welches, wäre es ruhiger, vor allen Dingen aber auch beträchtlich leiser geführt, gar nicht so uninteressant, bei Weitem nicht so unangenehm wäre. Der in der linken hinteren Ecke sitzende Doktor Weber starrt unentwegt regungslos in den Raum.

mit dem Rücken zum Fenster sitzender, junger Mann mit dicker Hornbrille, Dreitagebart, grauem Kapuzenpullover, um die zwanzig
Lukas

— Ja, stimmt. Aber wenn ma ehrlich sind, is das Ganze ja überhaupt nur ein Problem, das eigentlich nur in unserer Wohlstandsgesellschaft von Bedeutung is. Was gesagt werden musste. Der Schlussstrich, der dicke, eiserne Schlussbalken unter dem gesamten Gesprächsthema, welches nun ein für alle Mal abgehakt ist. Wie geht es weiter? Phillip überlegt, hat anscheinend einen Faden gefunden, eine Art roten Faden zu fassen bekommen, den er mir nun präsentiert oder zumindest zu präsentieren trachtet, von dem er möchte, dass ich ihm folge. *— Ja, das kommt ja alles aus dieser Verdrossenheit, dieser allgemeinen Verdrossenheit, unter der ma ja alle leiden, unter der ja ein jeder von uns leidet. Und damit mein ich nicht nur die Politikverdrossen-*

heit im Allgemeinen oder die Reformverdrossenheit oder was weiß ich,
ich mein diese Apathie, die ja überall immer schlimmer wird. Ich glaub,
das is das, woran ja alles zugrunde geht, weil keiner mehr irgendwas
machen will, keiner will mehr irgendwas wirklich verändern. Logisch: −
Ja, weil ja eigentlich nix mehr groß verändert werden muss. − Na ja …
Bevor er nun beginnt zwanghaft nach bereits auf der Hand liegen-
den Argumenten zu suchen, um sie mir entgegenschleudern zu
können, gebe ich nach, fahre fort: *Natürlich gibt's viel, was ma ver-*
ändern müsst, aber grundsätzlich hat jeder ja eigentlich alles, was er
braucht, also warum sollt dann irgendwer versuchen irgendwas zu ver-
ändern? Die Frage is halt nur, wie lang das noch so laufen kann. Die
Politik interessiert sich ja nur für die Politik und die normalen Leute in-
teressieren sich nur für sich selber und so driftet das alles immer weiter
auseinander. Na? Sehr gut. Mein „Na" stellt gleichzeitig sowohl
eine Bekräftigung des von mir soeben Behaupteten als auch eine
Brücke für eine etwaige von Phillip zu gebende Antwort dar. −
Na ja, ganz so is ja auch wieder nicht … Ich mein, die Politik muss sich
natürlich bis zu einem gewissen Grad selber erhalten, aber trotzdem tut
sie ja auch was anderes. Vielleicht nicht viel, vielleicht auch nicht so viel,
wie sie eigentlich tun müsste, aber sie tut schon was … Das stimmt so
nicht. Dinge geschehen, langsam regt sich Widerstand. Die Politik
selbst unternimmt nichts, in ihr, in ihrem Inneren, in ihrem ver-
kommenen Inneren rührt sich zum ersten Mal seit langer Zeit
etwas. Das ist ein gewaltiger, ein außerordentlich gewaltiger
Unterschied. Was hat Phillip soeben gesagt? Ich weiß es nicht.
Mit hoher Wahrscheinlichkeit irgendetwas über unsere Regierung,
die angeblich etwas tue, wichtige Veränderungen vornähme, das
alles jedoch vermutlich im Geheimen, im Strenggeheimen, denn
die Auswirkungen werden ja nirgendwo spürbar, nirgendwo
sichtbar. Was weiß ich? Anscheinend möchte Phillip mir bloß
widersprechen, um jeden Preis widersprechen. Vielleicht liegt
ihm das Thema tatsächlich am Herzen. Also: *Du, Entschuldigung*
aber nenn ma bitte nur ein Beispiel dafür, dass die Politik, und ich sprech
jetzt von der etablierten Politik, also von den Regierungsparteien, dass
die irgendwas weiterbringen! Die Politik selber tut nix, rein gar nix. Das
Einzige, was is, is, dass sich i n der Politik was tut, weil sich in der

Opposition was tut. Na? Also die PILA Partei tut den etablierten Parteien irrsinnig gut, meiner Meinung nach … So. Das wollte ich loswerden, bin es nun losgeworden, fühle mich dadurch in gewisser Weise erleichtert, fühle mich frei, dadurch besser, um etliches leichter. Phillip überlegt, macht ein Gesicht als wolle er mir nicht widersprechen, seinen Blick der Tischplatte zugewandt, der marmornen. – *Stimmt. Das merkt man eh. Jetzt denken ja sogar schon die Schwarzen langsam um. Das könnt' wirklich ein Anfang sein. Problematisch wird's dann nur, wenn die PILAs zu stark werden, denk ich ma halt …* Richtig, richtig. Sehr richtig. Ich hake ein: *Ja, das darf natürlich auf keinen Fall passieren. Das stimmt schon. Ich glaub, es gibt nix Schlimmeres, als dass die irgendwann irgendwie in die Position kommen regieren zu müssen oder so.* Allerdings wäre es durchaus möglich, denn die Gefahr besteht, die Gefahr besteht durchaus. Bevor Phillip sich dazu äußert, muss ich diesen Gedanken noch loswerden: *Die Gefahr is natürlich da. Die kann man ja auch nicht leugnen, na? So unzufrieden wie die Leut heut …* – „Leut" reimt sich aber auf „heut", oder besser: würde sich reimen, wenn ich nun mit der Fertigstellung meines Satzkonstrukts fortfahren würde, hätte ich tatsächlich einen veritablen Reim fabriziert. Heutzutage. Heutzutage klingt im Vergleich schon wesentlich seriöser. … *zutage sind, wär' das durchaus möglich und vielleicht gar nicht mal so unwahrscheinlich.* Dieser Nachsatz war selbstverständlich unnötig, von absolut entbehrlicher Aussagekraft, denn er bewirkt bloß die Entstehung einer Lücke in meinem sonst so perfekt geflochtenen Netz, in meinem ansonsten völlig dicht haltenden Netz aus absolut wasserdichten Argumenten. Diese Lücke, dieses Loch, diese mehr als wunde Stelle, nutzt Phillip selbstverständlich umgehend aus: *Na ja, also ich glaub jetzt nicht, dass die Wahrscheinlichkeit dafür jetzt sehr hoch is. Aber passieren könnt's natürlich, passieren kann immer alles. Das wiss' ma halt erst nach den nächsten Wahlen.* Wahlen als Stichwort, Wahlen als sinnlos-unmoralischer Auswuchs unserer Gesellschaft, Wahlen als unterhaltsames Glücksspiel für den einfachen Mann. Also wird dieses Wort von mir sofort aufgegriffen: *Bei den nächsten Wahlen … Ja, bei den Wahlen entscheidet sich immer alles. Ich würd amal überhaupt irgendwie hinterfragen, inwiefern man*

Wahlen eigentlich gutheißen kann. Phillip zeigt sich erstaunt, seinen Mund ein wenig geöffnet, auch die Augen ein bisschen weiter offen als üblich, im Geiste fieberhaft nach Worten, nach einer Antwort suchend. Ich merke, ich müsste mich näher erklären. Wo ansetzen? Am besten, ja am sinnvollsten bei der Analogie, mit der Analogie beginnen, um Phillip meine Ansicht näherzubringen: *Wart amal! Ich erklär' da, was ich mein. Wir leben ja in einer Dienstleistungsgesellschaft, wo ja jeder immer, überall alles haben kann. Man braucht eigentlich in keiner Lebenslage mehr zu tun, als auf einen Knopf zu drücken, um das zu bekommen, was man gerne hätte. Und das Teuflische daran is, dass dieser Knopf immer sauber bleibt, egal, was mit dem Drücken dieses Knopfes ausgelöst wird, egal, was nachher passiert, nachdem man den Knopf drückt hat. Das is das alte Spiel. Du verurteilst wen andern zum Tod indemst einen sauberen, weißen Knopf drückst und der, der dann die Tötung vornimmt, der dann wen umbringt, hat natürlich ein vollkommen reines Gewissen, weil er hat den Knopf ja nicht drückt, es war ja nicht seine Idee, er is nicht verantwortlich dafür. Die Verantwortung hat man ihm und auch sich selbst ja voll und ganz abgenommen durch den wunderschön sauberen, weißen Knopf. Und genauso verhält es sich mit den wunderschön sauberen, weißen Wahlzetteln.* Phillips Reaktion? Ich warte auf Phillips Reaktion. Während meiner Erklärung wollte er mich bereits unterbrechen, konnte sich dazu letztlich allerdings nie durchringen. Ich habe es bemerkt, vor allem bei dem Er-is-ja-nicht-verantwortlich-dafür-Teil als Phillip bereits den Mund geöffnet hatte, um etwas einzuwerfen, ihn daraufhin jedoch wieder schloss, seine Einwände wieder hinunterschluckte. Was meint Phillip zu meiner doch sehr gewagten These, zu meinem doch recht ungewöhnlichen Blickwinkel, den ich auf das Thema Wahlen, den ich auf das Thema Dienstleistungsgesellschaft auf so radikale Weise bezogen habe? – *Das is schon richtig. Das is ein Nachteil, aber ein notwendiger Nachteil meiner Meinung nach. Ein Nachteil, den man für eine funktionierende Gesellschaft in Kauf nehmen muss.* Meine Meinung. Ich wollte ihm diese Problematik doch nur vor Augen führen, erwarte nichts weiter als ein klein wenig Reflexion, einen kleinen Schritt Phillips weg vom traditionellen Konservatismus, hin zu einer reaktionären Progression. Er hingegen kommt mir mit Vernunft. – *Man muss sich ja irgendwann einmal mit gewissen Nachteilen einfach abfinden, mit Nachteilen von Systemen mein ich. Es gibt kein System, das nur Vorteile hat.* – *Aber sich einfach nur abfinden mit einem System, das eigentlich komplett gegen die Moral oder gegen die Mündigkeit der Leute is, sollte man einfach nicht, ohne auf irgendeine Weise zumindest darüber zu reflektieren, oder?*

junger Mann mit schwarzen Locken sowie einem sich direkt darunter befindenden Mondgesicht, vor dem sich die Überreste seines Frühstücks ausbreiten
Phillip

Lukas weiß, wovon ich spreche, wird mit mir einer Meinung sein, ist gewiss nicht in der Lage ein tatsächliches, ein tatsächlich gültiges Gegenargument vorbringen zu können, mir ein ausreichend starkes Argument entgegenzusetzen. Lukas setzt an: *Ja, stimmt. Aber wenn ma ehrlich sind, is das Ganze ja überhaupt nur ein Problem, das eigentlich nur in unserer Wohlstandsgesellschaft ...* Gewiss. Bloß begeben wir uns, oder besser, begibt er sich mit dieser Aussage in eine allgemeingültige Problematik, der man schwerlich widersprechen kann. Diese stetige Flucht vom einzelnen Problem ins größere Ganze lenkt einzig, lenkt allein den Blick vom Speziellen ins Allgemeine, tötet jeden Lösungsvorschlag bereits in den Ansätzen ab, macht apathisch, unwillig, führt letztendlich immer in die totale Resignation. Dennoch steige ich darauf ein: *Ja, das kommt ja alles aus dieser Verdrossenheit, dieser allgemeinen Verdrossenheit, unter der ma ja alle, unter der ja ein jeder von uns leidet und damit mein' ich nicht nur die Politikverdrossenheit im Allgemeinen oder die Reformverdrossenheit oder was weiß ich, ich mein diese Apathie, die ja überall immer schlimmer wird. Ich glaub, dass is das, woran ja alles zugrunde geht, weil keiner mehr irgendwas machen will, keiner will mehr irgendwas verändern.* Zustimmung. Die reine Zustimmung, die nicht einmal eine adäquate Fortführung seines, mir zuvor präsentierten, Gedankenganges darstellt, habe ich hiermit nun auf der marmornen Kaffeehaustischplatte platziert, von mir weg-, beziehungsweise abgelegt, Lukas die volle Verantwortung für die angemessene Fortsetzung unseres Gesprächs, für den fließenden Übergang in ein möglicherweise neues Argument, vermutlich sogar in einen komplett neuen Gedankengang, übertragen. – *Ja, weil ja eigentlich nix mehr groß verändert werden muss.* – Na ja … Es gibt Tausende Dinge, die verändert werden müssten, verändert werden sollten, allerdings kommt es hier ganz darauf an, aus welchem Blickwinkel man unsere Gesellschaft betrachten möchte, aus dem einen heraus betrachtet scheint sich so ziemlich alles im Lot zu befinden, alles vollkommen zu unserem Vorteil zu verhalten, bei diesem Blickwinkel jedoch handelt es sich um denjenigen, der die Apathie züchtet, der die allerbeste Umgebung für ihr Entstehen, für ihr Heranwachsen bildet, aus dem anderen Blinkwinkel heraus betrachtet scheint unsere Gesellschaft, eigentlich all unsere unterschiedlichen Gesellschaften samt ihren noch unterschiedlicheren Systemen sowie deren Regeln einer stetigen Talfahrt zu unterliegen, die erst im kompletten Chaos ein Ende finden wird, welcher eben jener Blickwinkel zu sein scheint, der diejenigen, die ihn einnehmen, zu einem Handeln, zu einem oft auch radikalen, ja radikalsten Handeln zwingt. Auf die Sichtweise kommt es an. Doch Lukas fährt fort: *Natürlich gibt's viel, was man verändern müsst, aber grundsätzlich hat jeder ja eigentlich alles, was er braucht, also warum sollt dann irgendwer versuchen irgendwas zu verändern?* … Richtig. Richtig. Wahr. Wahrlich wahr. Wir befinden uns auf einer Gesprächsebene, Lukas und ich befinden uns mittlerweile auf einer Ebene der Gesprächskultur, der Diskussionskultur, der Diskussionsführung, die letzten Endes durch unsere jahrelange Freundschaft absolut geprägt, schwer entstellt, beinahe würde ich sagen, zerstört wurde. Wir pendeln nur noch im Allgemeinen, beziehungsweise pendeln unsere Gesprächsthemen allesamt ausnahmslos zwischen allgemeinen Wahrheiten, über die wir beide uns geeinigt, mit denen wir beide uns abgefunden, die wir beide erkannt, die wir beide ausnahmslos akzeptiert haben. Potenzielle Streitthemen jeglicher Art werden weitestgehend vermieden, werden so gut wie nie angeschnitten. Wenn man einander so inwendig, so auswendig wie ich Lukas oder Lukas mich kennt, dann weiß man welche Themen zu einer längeren, zu einer langwierigen Diskussion, welche Themen zu einem anstrengenden handfesten Streit führen können, versucht demnach also bei normalen Zusammentreffen derartige Themen weitgehend außen vor zu lassen, nicht zuletzt da ebendiese Themen von uns beiden bereits mehrere Male durch und durch, von vorne bis hinten, dann wieder zurück, besprochen wurden, man die Ansichten des jeweils anderen bereits mehr als auswendig kennt, man es nach all den Jahren schon längst aufgegeben hat, den anderen verändern zu wollen, den anderen zu bekehren, diese langwierigen Streitereien haben wir beide satt, haben wir beide glücklicherweise weit hinter uns gelassen, befinden uns dadurch aber in dieser Zustimmebene, die leider auch nicht sonderlich ertragreich ist. Man kann nicht alles haben. Lukas' Stimme dringt wieder durch: *... sich ja nur für die Politik und die normalen Leute interessieren sich nur für sich selber und so driftet das alles immer weiter auseinander.* Na? Die Lücke, die Realitätslücke zwischen Politik und der tatsächlich wirklichen Alltagswelt. Aber: *Na ja, ganz so is es ja auch wieder nicht ... Ich mein, die Politik muss sich natürlich bis zu einem gewissen Grad selber erhalten, aber trotzdem tut sie ja auch was anderes. Vielleicht nicht viel, vielleicht auch nicht so viel, wie sie eigentlich tun müsste, aber sie tut was, das kann man nicht abstreiten. Außerdem muss man ja dazurechnen, dass bei uns alles bürokratisch geregelt is, und da dauert halt vieles um einiges länger, aber dafür hat auch alles weitgehend seine Richtigkeit. – Du, tschuldigung aber nenn' ma bitte nur ein Beispiel dafür, dass die Politik – und ich sprech jetzt von der etablierten Politik – also von den Regierungsparteien, dass die irgendwas weiterbringen! Die Politik selber tut nix, rein gar nix. Das Einzige was is, is, dass sich i n der Politik was tut, weil sich in der Opposition was tut. Na? Also die PILA Partei tut den etablierten Parteien irrsinnig gut meiner Meinung nach ... – Stimmt. Das merkt man eh. Jetzt denken ja sogar schon die Schwarzen langsam um. Das könnt wirklich ein Anfang sein. Problematisch wird's nur, wenn die PILAs zu stark werden, denk ich ma halt ...* Das ist der Punkt, der springende Punkt. Nun muss der Gedanke nur noch richtig fortgesetzt werden. Lukas kommt mir jedoch zuvor: *Ja, das darf natürlich auf keinen Fall* *passieren. Das stimmt schon. Ich glaub, es gibt nix Schlimmeres, als dass die irgendwann irgendwie in die Position kommen regieren zu müssen oder so* ... Nun handelt es sich tatsächlich um jenen Moment, der lauthals nach einer Wortmeldung meinerseits verlangt. Es ist an der Zeit. Luft in die Lungen, Luft in die Lungen. Die Stimmbänder vorbereiten. Die leichte Schleimschicht ist bereits großteils gelöst. Alles bereit. Die Stimmbänder vorbereiten. – *Die Gefahr ist natürlich da.* Setzt Lukas fort. Das weiß ich. Ist doch logisch. Lukas spricht, um zu sprechen. Wild gestikulierend, mit seinen Händen herumfuchtelnd erklärt er sich bloß weitäugig-großkotzig, ohne argumentativ dadurch auch nur einen einzigen Schritt voranbringen zu können, selbst. Ich lasse die Luft aus meiner Lunge. Warte. Warte. Warte. Warte. Warte. Schließlich kann ich einhaken: *Na ja, also ich glaub jetzt nicht, dass die Wahrscheinlichkeit dafür jetzt sehr hoch is. Aber passieren könnt's natürlich, passieren kann immer alles. Das wiss ma halt erst nach den nächsten Wahlen. – Ja, bei den nächsten Wahlen* ... Pure Rhetorik. Seine Worte gehen unter noch bevor sie in meine Ohren dringen. – *... inwiefern man Wahlen eigentlich gutheißen kann.* Lukas will zweifellos ein Streitgespräch vom Zaun brechen, komme, was da wolle. Er setzt fort: *Wart amal! Ich erklär da, was ich mein. Wir leben ja in einer Dienstleistungsgesellschaft, wo ja jeder immer, überall alles haben kann. Man braucht eigentlich in keiner Lebenslage mehr zu tun, als auf einen Knopf zu drücken, um das zu bekommen, was man gerne hätte. Und das Teuflische daran is, dass dieser Knopf immer sauber bleibt, egal, was mit dem Drücken dieses Knopfes ausgelöst wird, egal was nachher passiert, nachdem man den Knopf drückt hat. Das is das alte Spiel. Du verurteilst wen andern zum Tod indemst einen sauberen, weißen Knopf drückst und der, der dann die Tötung vornimmt, der dann wen umbringt, hat natürlich ein vollkommen reines Gewissen, weil er hat den Knopf ja nicht drückt, es war ja nicht seine Idee, er is ja nicht verantwortlich dafür. Die Verantwortung hat man ihm und auch sich selbst ja voll und ganz abgenommen durch den wunderschönen, sauberen, weißen Knopf. Und genauso verhält es sich mit den wunderschön, sauberen, weißen Wahlzetteln. – Das is schon richtig. Das is ein Nachteil, aber ein notwendiger Nachteil meiner Meinung nach. Ein Nachteil, den man für eine* *funktionierende Gesellschaft in Kauf nehmen muss. Man muss sich ja irgendwann einmal mit gewissen Nachteilen einfach abfinden, mit Nachteilen von Systemen mein ich. Es gibt kein System, das nur Vorteile hat. – Aber sich einfach nur abfinden mit einem System, das eigentlich komplett gegen die Moral oder gegen die Mündigkeit der Leute is, sollte man einfach nicht, ohne auf irgendeine Weise zumindest darüber zu reflektieren, oder?*

die beiden jungen Männer, die beiden jungen Frauen sowie den Pfarrer Ohlsdorfer im Auge und dabei eine ausdruckslose Mimik behaltender, als er ihm zunickt vom Kellner mit einer abwinkenden Handbewegung vertrösteter
Doktor Weber

Das Diktafon. Das Diktafon. Das Diktafon bei mir. Das Diktafon in der Manteltasche. Das Diktafon bereit. Das Diktafon betriebsbereit. Das Diktafon betriebsbereit, bereit für den Einsatz. Was noch fehlt, fehlt um meine mentale Vorbereitungsphase noch ein wenig zu perfektionieren, diese doch wichtige Zeit, diese letzte Zeit der Entspannung so rundum entspannend wie nur irgend möglich zu gestalten, ist Kaffee, am liebsten eine Melange. Jetzt eine Melange. Heiß-warm in den Mund. Lauwarm die Kehle hinunter. Schon die Tasse wärmt. Die Tasse wärmt zuallererst meine Hände, meine Finger sowie meine Hände. Daraufhin erwärmt die milchig-warme Flüssigkeit meinen Rachen, bevor sie nach allen Richtungen wärmeausstrahlend in meine untere Körperhälfte weiterfließt. Nicht lange werde ich zu warten haben bis die aufmunternde, mich sofort erwachen lassende, Energiespende Wirkung des bitter-schwarzen Koffeins einsetzt. Dann auf die Toilette. Dann in die Krankenkasse. Dann auf die Toilette, danach aber schnurstracks in die Krankenkasse. Wie lächerlich. Eine Diskussion über unsere Wohlstandsgesellschaft, über unsere Gesellschaft – die Wohlstandsgesellschaft. Die beiden jungen Männer, die die gesamte westliche Welt in ihr Gespräch hineinziehen, hineinholen wollen in dieses kleine städtische Kaffeehaus, das vor lauter lächerlichen Gesprächsthemen bereits aus allen Nähten zu platzen droht. Ein Gespräch, das vorgibt, sich mit großen, sich mit wichtigen, mit wichtigsten Problemen, Problematiken auseinanderzusetzen, schlussendlich aber doch nur um seiner selbst willen geführt wird, bloß aus Unterhaltungszwecken geführt wird, von seinem eigentlichen Stellenwert in haargenau demselben Feld, wie der übliche Small Talk über das wechselhafte Wetter angesiedelt ist. Diese unglaublich penetrante Selbstüberschätzung! Diese absolut falsche Einschätzung der persönlichen Wichtigkeit! Hätte ich zurzeit einen besonderen Appetit, so wäre er mir von diesen beiden jugendlichen Pseudo-Intellektuellen bereits längst verdorben worden. Die dicke Hornbrille. Der Bart. Die beiden, in ihr Gespräch vertieften, vollkommen in dem Thema ihres Gesprächs versunkenen, in diesem Gespräch aber völlig aufgehenden Mädchen, das eine mit kalt-starrenden Augen, das andere mit Stupsnäschen, zwischen denen ganz eindeutig mehr als bloß eine leichte Spannung herrscht, die anscheinend miteinander etwas Wichtiges zu klären, zu bereinigen haben, sind für mich akustisch außerordentlich schwer zu verstehen, ja oft so gut wie überhaupt nicht zu verstehen, also auf der auditiven Ebene nicht mehr wahrnehmbar. Ihre Gesichter jedoch sprechen mehr als tausend Worte. Die Burschen diskutieren, diskutieren, hören nicht auf zu diskutieren, sind doch nur Auswüchse im Sinne zweier Beweise einer allumfassenden, ziemlich weltumspannenden Volkskrankheit, die da lautet: Fast-Food-Weisheit, besser: Fast-Food-Schläue, die etwas weniger als halb so viel wie die handelsübliche Bauernschläue wert ist. Vermutlich handelt es sich bei ihr, bei dieser im höchsten Grade ansteckenden, ausgesprochen leicht weitervererbbaren Krankheit tatsächlich um die Volkskrankheit Nummer eins für die jetzige, in weiterer Folge schließlich auch für alle noch nachkommenden Generationen. Die Menschen verblöden, wissen allerdings immer mehr, was offensichtlich im Gegensatz zu einander steht, langsam aber wandelt sich die Weisheit, die Intelligenz zu einem immer temporäreren Gut. Heute weiß jeder mindestens genauso viel wie der bärtige, alte Mann auf dem schneeumwehten Berggipfel in luftigen Höhen, ein Blick auf eine der Abertausend Suchwebseiten genügt, um alles, wirklich alles in Erfahrung zu bringen, was primär natürlich gar keine so schlechte Entwicklung ist, die allerdings Hand in Hand mit der stets kürzer werdenden Aufmerksamkeitsspanne der jüngeren Generation geht, die sie jegliches Wissen, egal welcher Natur, nicht mehr so einfach speichern lässt. Trotzdem sehen die Gesichter der beiden Mädchen nach Streit aus, soll heißen, nach Unverständnis des jeweils anderen, nach schweren emotionalen Verletzungen, nach Ungewissheit, nach Irrationalität, beinahe animalisch. Nicht ein einziges ausgesprochenes Wort der beiden dringt bis an meine Ohren, was mich selbstverständlich unumgänglich ihr Gesprächsthema, ihr Streitthema, ihr Diskussionsthema raten lässt, mich also in ihr Gespräch, in ihren Streit, in ihre – von mir vorab angenommene – Diskussion hineinzieht, mich also zu einem Teil ihres Gesprächs, ihres Streits, ihrer Diskussion macht, die beiden Mädchen lassen mich Teil werden, privilegieren mich unterbewusst auf einer von mir subjektiv gefühlt objektiven Ebene, die mich von einem Moment zum anderen zu einem Beobachter, zu einem ausgesprochen genauen Beobachter, einem Chronisten ihrer Situation, ihres Handelns, ihres Gesprächs oder Streits oder ihrer bloßen Grundsatzdiskussion werden lässt. Der Kellner huscht, eilt, der Kellner huscht, eilt zu mir, gleichzeitig schon an mir vorbei als ich meine Hand hebe, zusätzlich meinen Kopf ein wenig sowohl nach hinten als auch nach oben bewege, um dem Kellner meinen Bestellungswunsch oder überhaupt nur meine bloße Anwesenheit zu signalisieren. Er nickt leicht, zwinkert. Nicht bloß meine Anwesenheit hat er soeben festgestellt, sondern wahrscheinlich ebenfalls meinen mittlerweile schon recht dringenden Bestellungswunsch, denn eine schnelle Melange schadet meinem Zeitplan nicht, wirft ihn nicht über den Haufen, nicht vollkommen. Schneller Blick auf die Uhr, indem ich meine Augen abwärts wandern lasse, statt meinen linken Arm mit dem Uhrbandarmgelenk auf Augenhöhe zu heben. Noch eine Dreiviertelstunde bis zu meinem liebevoll als amikal bezeichneten Gespräch in der Krankenkasse. Im schlimmsten Fall muss ich nachher größere Schritte machen, nach meinem Kaffeehausaufenthalt auf meinem Weg zur Krankenkasse schlimmstenfalls größere Schritte machen, schneller gehen. Ich weiß genau, was sie mir erzählen wollen, ganz genau weshalb, ja wie sie mich rügen wollen. „Weshalb verschreiben Sie denn so wenig Generika? Weshalb? Sie müssen die Generikaquote erfüllen, sind Sie sich dessen bewusst?" Jedoch sind Generika oder die meisten Generika inzwischen kein bisschen billiger als andere handelsübliche Medikamente, als die meisten ausführlich getesteten Medikamente. Früher verschrieb ich in etwa doppelt so viele Generika, von denen ich jedes einzelne kannte, wusste, dass sie wirkten, wusste, wie sie wirkten, heute allerdings gibt es zu jedem „Originalmedikament" mindestens ein billiges (meist jedoch gleich teures), weniger getestetes Generikum. Bei der Menge verliert man den Überblick. Weshalb? Weshalb sollte ich bloß Generika verschreiben? Weshalb sollte ich sie noch verschreiben, wenn der einzige Vorteil, der Preisunterschied also fehlt? Ich verschreibe sie nicht. Ich verschreibe sie nicht. Ich verschreibe sie nicht. Ich verschreibe sie nicht mehr. Kaum. Kaum mehr verschreibe ich einem meiner Patienten ein Generikum. Der Kellner, der soeben die Bestellung der beiden jungen Damen aufnimmt, kommt gleich zu mir, wird sich mir sogleich zuwenden, wird meine Bestellung entgegennehmen, sie aufnehmen, in der Küche verschwinden, mir meine Melange bringen. Der Kellner. Der Kellner wendet sich nun vom stupsnasigen Mädchen, vor allem aber von dem stechend-kaltäugigen Mädchen ab, mir zu, kommt auf mich zu. Bisher hat er nichts, aber auch gar nichts auf seinem Notizblock notiert, er kommt zu mir, bleibt vor meinem Tisch stehen: *Was hätt ma denn gern? – Äh, a Melange bitte.* Der Kellner nickt, zückt seinen Notizblock, auf dem er sogleich notiert, notiert, notiert. Alle drei Bestellungen notiert er jetzt anscheinend auf einmal, alle drei Bestellungen notiert er bereits auf dem Rückweg zur Küche, die sich schräg zu meiner Linken befindet, also rechts vom roten Samtvorhang behangenen Eingang. Ich richte meinen Kopf, somit auch meinen Blick zu Boden. Ich möchte denken, kann nicht denken. Möchte denken, kann nicht denken. Möchte. Kann nicht. Möchte. Kann nicht. Ich hebe meinen Blick, lasse meine Augen wandern. Pfarrer Ohlsdorfers Blick ruht auf mir.

an Doktor Weber vorbeigehender, ihn vertröstender, Bestellungen der jungen Damen aufnehmender, dann Doktor Webers Bestellung aufnehmender, letztlich im Gehen alle Bestellungen auf seinem Notizblock notierender, wieder in der Küche verschwindender Kellner

Die beiden Mädchen warten. Vor fünf Minuten haben sie das Café betreten. Auf dem Weg. Auf dem Weg. Auf dem Weg ihre Bestellungen aufzunehmen. Zuvor konnte ich die beiden bloß schemenhaft wahrnehmen, jetzt der freie Blick auf die ernst dreinblickenden, jungen Damen, der Blick, der mir verrät: Ich kenne sie, zweifellos kommen mir die beiden doch sehr hübschen, ausgesprochen hübschen, wenn auch nicht von konventioneller Schönheit, so doch auf bemerkenswert einzigartige Weise, hübschen Mädchen bekannt vor. Das blonde Mädchen mit dem Stupsnäschen sticht hervor, lässt die Gestalt des anderen Mädchens sofort neben sich verblassen, trägt einen aufreizenden Ausschnitt, der beinahe absolut freie Einsicht auf die gerade eine durchschnittliche Männerhand ausfüllenden Brüstchen gewährt. Natürlich. So natürlich. Beim Nach-hinten-Lehnen leicht schwabbelnd. Sie zwischen meinen Beinen. Das Sperma, das in ihr Gesicht, auf ihr Schlüsselbein spritzt, dann weiter zwischen ihre Brüste rinnt. Ich will ihr auf die rosigen Nippel spritzen. Der Mann in der Ecke hebt seine Hand, möchte bestellen, woraufhin ich ihn mit einem kleinen Nicken vertröste. Zuerst die Süße, die süße Blonde. Den Mann in der Ecke kenne ich. Des Öfteren sitzt er meist am selben Platz, meist an ebendiesem Eckplatz, bestellt sich entweder ein Herrenfrühstück oder bloß eine Melange. Zeitung liest er keine. Nie. Verlangt auch nie nach einer, obwohl wir für ein normales Vorstadtcafé eine sehr große Auswahl an Zeitungen besitzen, eine außergewöhnlich große Zeitungsauswahl zu bieten haben. Der Mann am Ecktisch wirkt für mich am ehesten wie ein Presse-Leser, nein, wie ein typischer Standard-Leser, nein, doch eher wie ein ordinärer österreichischer Presse-Leser, wie ein Presse-Abonnent. Ich muss selbstsicher sein, selbstsicher oder zumindest selbstsicher aussehend, Selbstvertrauen vermittelnd, den lässig autoritären Kellner heraushängen lassen, bis zu einem gewissen Grade diese beiden süßen Mädchen sogar einschüchtern, um von diesen beiden süßen Mädchen, vor allem aber von der süßen Blonden angehimmelt zu werden, glorifiziert für längere Zeit in ihren Gedächtnissen zu verharren. Routine: *Bitte, was hätt ma denn gern?* Die Blonde: *Äh … Einen Moment. … Ein Hausfrühstück, bitte. – Bitte gerne. – Und könnt ma statt der Buttersemmel bitte ein Croissant machen? – Selbstverständlich. Gerne. Das Croissant dann trotzdem mit Butter? – Nein danke. Und könnt ma auch nur ein Ei machen? Das wär ganz nett. – Bitte. Sicher. Gerne.* Die andere: *Eine Melange bitte und ein großes Glas Leitungswasser dazu. – Bitte gerne. Zum Essen woll ma nix? – Nein, danke. – Gerne.* Rekapitulation: einmal Hausfrühstück mit Croissant, das Croissant ohne Butter mit nur einem Ei im Glas für die Blonde, für die andere bloß eine Melange mit einem großen Glas Leitungswasser. Ich schreibe nichts auf, das funktioniert, funktioniert gerade noch so, trotz der Extrawünsche. Trotz des Croissants, trotz der verminderten Eieranzahl, trotz des großen Glases Leitungswasser. Der Mann in der Ecke, der des Öfteren in eben jener Ecke sitzt, an eben jenem Ecktisch sitzt, wird sogleich entweder ein Herrenfrühstück mit einem Krügerl, anstatt eines Seidls ordern oder bloß eine Melange, je nach Tagesverfassung, je nach Terminkalender, wenn ich mich tatsächlich richtig an seine Bestellgewohnheiten zu erinnern vermag. Vor ihm Stellung bezogen. – *Was hätt ma denn gern? – Äh, a Melange bitte.* Ich nicke. Nun aber notieren! Nun aber schleunigst notieren! Schleunigst! Also: Ein Hausfrühstück mit Croissant ohne Butter (*HF plus Cs ohne But*), mit nur einem Ei (*einmal Ei*), eine Melange (*Mel eins*), ein großes Glas Leitungswasser (*Leit groß*), noch eine Melange (*Mel zwei*).

Der Pfarrer sitzt weiterhin auf seinem Platz mit Blick auf die beiden jungen Männer. Als deren Gespräch jedoch ruhiger wird, leiser wird, dann sogar kurz verstummt steht er auf, geht in Richtung Tortenvitrine, hinter der er dann auch verschwindet. Die beiden jungen Männer unterhalten sich weiter, ohne dass ein baldiges Ende des Disputs absehbar wäre. Leise, gedämpft unterhalten sich die beiden Mädchen ebenfalls weiter, bis das blonde Mädchen einen Ring von ihrer linken Hand zieht, diesen vor sich auf den Tisch legt, ihre Geldbörse aus der Handtasche unter dem Tisch hervorholt, dieser eine kleine Fotografie entnimmt, die Geldbörse wieder zurücksteckt, die Fotografie ebenfalls, direkt neben dem Ring, auf der Tischplatte vor sich platziert. Sowohl die kleine Fotografie als auch den silbernen Ring schiebt sie ihrer Freundin entgegen. Doktor Webers Blick schweift beobachtend zwischen den unterschiedlichen Tischen hin und her, verharrt, in Richtung Eingang gewendet, ab und zu unmotiviert. Der Kellner kommt mit einem Tablett in der rechten Hand um die Ecke, stellt dieses am leeren Nachbartisch der beiden Mädchen ab, nimmt das zusammengefaltete, weiße Tischtuch, welches er in seiner Linken trägt, in beide Hände, deckt damit die Marmorplatte des Mädchentisches, während das kaltäugige, kurzhaarige Mädchen die Fotografie wie den Ring hochhebt, um ihm das Tischdecken zu erleichtern. Als Nächstes nimmt er eine Glasschüssel mit einem Ei, eine große Kanne Kaffee sowie eine Kaffeetasse samt Untertasse mit Löffel vom Tablett, stellt diese Frühstücksutensilien vor der Blondine auf dem Tisch ab, holt vom Nachbartisch daraufhin eine kleine Kanne, einen weiteren Löffel sowie die Tasse mit dem Cappuccino, platziert die kleine Kanne neben der großen, legt den Löffel in die Schüssel mit dem Ei, stellt die Cappuccinotasse vor dem Mädchen mit den stechenden Augen ab. Den beiden Mädchen zugewandt gibt er noch etwas von sich, geht dann samt Tablett mit einer übrig gebliebenen Melange zu Doktor Weber. Die Melange stellt er auf den nackten Marmortisch, sagt etwas, worauf der Doktor etwas erwidert, verschwindet daraufhin wieder um die Ecke. In diesem Moment kommt der Pfarrer wieder hinter der Vitrine hervor, nun allerdings eine Regionalzeitung in seiner rechten Hand tragend, nimmt wieder an seinem Tisch Platz, schlägt seine Zeitung auf, stöbert, liest. Das blonde Mädchen erhebt sich. Das andere Mädchen richtet eine Frage an sie, das blonde Mädchen antwortet nicht, nimmt ihre Handtasche, verlässt das Café. Das Mädchen mit den kalt-stechenden Augen ruft ihr etwas hinterher. Doktor Weber nimmt einen kleinen Schluck von seiner Melange, überlegt einen Moment lang, steht auf, verlässt den Hauptraum des Kaffeehauses durch einen Durchgang an dessen rechter, hinterer Seite.

*blondes, schulterlanges Haar tragendes, einen Ring von ihrem Finger
nehmendes, eine Fotografie aus ihrer Handtasche nehmendes, beides
auf dem Tisch platzierendes, dann beides dem, ihr gegenübersitzenden,
Mädchen entgegen schiebendes, das Tischdecken des Kellners abwartendes,
sich erhebendes, das Lokal verlassendes Mädchen mit schwarzem Piercing
neben der rechten Augenbraue sowie auffallendem Stupsnäschen in der
Mitte ihres Gesichts*
Lena

Hast du eine andere? Sie hat eine andere, muss eine andere haben,
sonst hätte sie sich keinesfalls so verändert, nie hätte sie sich so
verändert, so rapide hätte sie sich auf diese Weise nie verändert,
wenn nicht eine andere in ihrem Leben aufgetaucht wäre, sie
dazu veranlasst hätte sich auf diese Weise mehr oder weniger von
einem Moment auf den anderen vollkommen zu verändern. Sie
reißt die Augen auf, zeigt sich entsetzt, bleibt trotzdem ruhig,
während sie beleidigt antwortet: *Nein. Das hab ich da ja schon
gsagt … Es liegt nicht daran. Überhaupt nicht. Du bist ma ur wichtig,
aber ich kann einfach nicht … Verstehst? Ich brauch meine Freiheit zur-
zeit.* Freiheit. Freiheit. Freiheit? Enge ich sie etwa ein? Weshalb
Freiheit? Das sagt sie bloß, um mich zu beruhigen, mir nicht
auch noch den letzten Selbstwert, das letzte bisschen Selbstbewusst-
sein zu rauben. Tanja will mich schonen, sie denkt, ich merke es
nicht, dabei ist es mir absolut klar, sie möchte mich vor den Aus-
wirkungen des Verlassenwerdens so gut wie möglich bewahren.
Jedoch bewahrt sie mich nicht, bewahrt mich nicht im Geringsten,
ganz im Gegenteil, sie stößt mich nur umso tiefer in den Schmerz,
in die unerträgliche Ungewissheit des abrupten Verlassenwerdens,
indem sie so ungeschickt versucht, mich eben davor zu bewahren.
Ich muss, ich muss, ich muss etwas sagen, etwas loswerden, um
Tanja vielleicht doch noch umzustimmen, um sie dazu zu bringen
es sich noch einmal zu überlegen, sie durch dieses Überlegen,
durch ihr Überdenken ihres mit Sicherheit zu vorschnellen Handelns
dazu zu bringen, unserer Beziehung zumindest noch einen Ver-
such zu gewähren. – *Ich … Ich versteh's einfach nicht. Ich kann's nicht
verstehen. Du bist ma das Wichtigste auf der Welt. – Du mir auch! Du*

bist ma ja auch so wichtig oder glaubst, ich erklär' dir das alles aus'm Spaß raus oder was? Du bist ma wichtig und ich möcht' nicht, dass da schlecht geht ... Aber ich glaub', es is auch nicht gut für dich, wenn ma jetzt zambleiben würden ... und ich wär' dir gegenüber halbherzig oder so. Tanja redet. Sie redet, redet sich in einen Wirbel, in einen komplett unentwirrbaren Wirbel hinein, weiß gar nicht, was sie da sagt, glaubt nicht daran, nicht an ein einziges Wort, das ihren Mund verlässt. Ich sollte aufstehen, aufstehen, gehen, dieses schreckliche Schlachtfeld, diesen Tatort augenblicklich verlassen. Indem ich hier sitzen bleibe, hier an diesem unangenehm kalt-leeren Marmortisch sitzen bleibe, gebe ich mich der absoluten Lächerlichkeit dieser Situation preis, mache mich selbst zu einem Teil dieser Lächerlichkeit. Ich bleibe. Ich bleibe sitzen. Warte. Möglicherweise kann ich noch etwas erreichen, Tanja noch davon überzeugen, wie sinnlos, wie stupid ihr Handeln tatsächlich ist, möglicherweise kann ich unsere beiden Leben wieder ihren Normalzuständen zuführen. Woher weiß Tanja, was gut, was schlecht für mich sein soll? Woher? Selbst sieht sie sich als intelligenter, erwachsener, erfahrener. Überheblich ist sie geworden. Trotz allem brauche ich sie, muss sie täglich sehen, um nicht an meiner Sehnsucht auf die brutalste Weise zu zerbrechen, zugrunde zu gehen an meiner Sehnsucht, trotz allem möchte ich mit ihr schlafen, die Nähe ihres Körpers, am besten die Nähe ihres nackten Körpers spüren, trotz ihrer Überheblichkeit liebe ich sie. – *Woher willst du wissen, was gut für mich is? – Ich mein ja nicht, dass ich's weiß, aber trotzdem glaub ich, dass dir das auch nicht mehr lang guttun wird. Wenn ich nicht auch mit ganzem Herzen an dir häng' hat's ja keinen Sinn.* Ich kann mich bloß wiederholen, immer wieder dasselbe von mir geben, doch das würde unbeholfen wirken, durch und durch unbeholfen, im höchsten Grade naiv. Zu viel Anstrengung. Die Anstrengung, die aufzubringen wäre, um in diesem Disput konsequent weiteragieren zu können, meine mir am Herzen liegenden Punkte, meine Argumente auch nur im Entferntesten angemessen vertreten zu können, ist eindeutig zu hoch. Ich will weg, muss hier weg, will Tanja keine Sekunde länger gegenübersitzen, alleine meine Gedanken ordnen, mich

117

ganz der augenblicklich wichtigen Sortierarbeit widmen. Plötz-
lich sehe ich klar eine dramatisch-pathetisch-extreme Reaktion
meinerseits vonnöten, um Tanja vor den Kopf zu stoßen, um sie
aufzurütteln, sie so letztendlich doch noch zur Vernunft zu bringen.
Ich suche den Blickkontakt, finde den Blickkontakt, nehme Blick-
kontakt mit Tanja auf, halte den Blickkontakt, halte ihn, halte
ihn, halte den Blickkontakt mit Tanja aufrecht, während ich den
kleinen, silbernen Ring unter Zuhilfenahme meines rechten
Daumens sowie meines rechten Zeigefingers von meinem linken
Mittelfinger ziehe, also den Ring, der ein Geschenk Tanjas zu
unserem ersten Jahrestag war, vorsichtig von meinem linken
Mittelfinger schraube. Ich lege ihn nun auf den nackten Tisch.
Dramatischer! Noch dramatischer muss mein Abgang inszeniert
werden. Ich greife unter den Tisch, blind, blind greife ich unter
den Tisch, denn der Blickkontakt mit Tanja wird weiterhin auf-
rechterhalten, entnehme meine Geldbörse meiner Handtasche,
entnehme immer noch blind meiner Geldbörse die kleine Foto-
grafie, die Tanja an meiner rechten Seite vor dem Klagenfurter
Lindwurm während unseres ersten gemeinsamen Ausflugs zeigt,
platziere diese mehr als nur nostalgisch angehauchte Fotografie
neben meinem Ring auf dem Tisch, schiebe beide Gegenstände
weg, weg von mir, schiebe sie Tanja entgegen. Sowohl dem schönen
Ring als auch der kleinen Fotografie gegenüber empfinde ich
Trennungsschmerz, empfinde ich einen außergewöhnlich starken,
sich tief in meinen Unterbauch fressenden Trennungsschmerz.
Die von mir soeben ausgeführte Handlung drückt mit all ihrer
Unwiderruflichkeit schwer auf meine Brust. Nicht der Ring, der
schöne, nicht das Foto, das erinnerungsbehaftete, gehören mehr
mir, beides wurde von mir abgegeben, beides bekomme ich nie
wieder zurück. Der Kellner mit seinem silbernen Tablett ist unter-
wegs. Unterwegs zu unserem Tisch? Anscheinend ist der Kellner
zu uns unterwegs, allerdings bleibt er am Nebentisch stehen, um
das Tablett abzustellen, um beide Hände freizuhaben damit er,
als erste routinierte Handlung, unseren Tisch mit dem weißen
Tischtuch decken kann. Tanja hebt sowohl den Ring als auch
die kleine Fotografie hoch, behält beides in der Hand. Er deckt

also den Tisch, unterbricht uns dadurch, unterbricht die Situation, bringt Normalität in dieses in einer Beziehung zwischen zwei Personen üblicherweise einmalige Ereignis der Trennung, zerstört die reibungslos perfekte Trennung eines mehr oder weniger perfekten Paares. Als zweite Handlung deckt er den Tisch, deckt den Tisch, der infolgedessen voller, voller, immer noch voller wird, immer mehr Frühstücksutensilien sammeln sich vor mir an. Er hat keine Ahnung, nicht die geringste Ahnung, wo er hier hineingeraten ist, geht professionell den Regeln, den Pflichten seines Metiers nach, tut nichts anderes als die von ihm seit Jahren eingeübten Bewegungen, hauptsächlich Handbewegungen, mechanisch einwandfrei auszuführen. Die Trennungsatmosphäre, die Trennungsaura färbt nicht auf ihn ab, nicht im Geringsten färbt sie auf ihn ab. Alles steht. Der Frühstückstisch präsentiert sich nun auf angemessene Weise für ein gemütliches Schlemmerfrühstück gedeckt. Jedoch werde ich weder schlemmen noch frühstücken, im Gegenteil, ich werde aufstehen, ich werde gehen, das Kaffeehaus verlassen. Der Kellner sieht mich an. Mich. – *Guten Appetit!* Der Kellner verschwindet. Ich bin mir sicher. Ich werde aufstehen, ganz ruhig, innerlich wie äußerlich ruhig werde ich aufstehen, den Stuhl hineinschieben, zur Tür gehen, sie öffnen, durch sie hindurch in den Vorraum, dann durch die Ausgangstür hindurch in den Schnee treten, innerlich bereits erfroren werde ich meinen Körper der eisigen Winterkälte aussetzen. Tanja sitzt da, bloß da, unwissend, absolut unwissend wie ich mich gleich verhalten werde, unwissend, was nun auf sie zukommen wird, unwissend, von welchem Gefühlswirrwarr sie sogleich übermannt zu werden droht. Innerlich bereite ich mich auf mein baldiges Aufstehen, mein baldiges Weggehen, mein baldiges Tanja-Verlassen vor, mein Puls steigt, ich breche den Blickkontakt jetzt vollständig ab, richte meinen Blick anstatt auf Tanjas Augen nun auf meine, sich unter dem Tisch befindende, Handtasche, schalte meine Gedanken, mein gesamtes Denken aus, nehme von nun an nur noch wahr. Kaffee. Kaffeegeruch. Leute reden. Junge Männer unterhalten sich direkt hinter mir. Tanja. Tanja direkt vor mir. Tanja überlegt, überlegt nicht, wie es mit uns beiden weitergehen könnte, überlegt stattdessen, was nun noch zu sagen wäre, um unsere Trennung im Einvernehmen mit mir endgültig zu besiegeln. Niemand interessiert sich dafür, niemand interessiert sich auch nur im Mindesten für uns, keiner wird sich daran stören, wenn ich mich erhebe, wenn ich das Kaffeehaus tatsächlich verlasse. Ich erhebe mich. – *Was machst denn?* Ich greife nach meiner Handtasche, nehme sie, setze mich in Richtung Tür in Bewegung, setze den ersten Fuß in den schon kälteren Eingangsbereich. Ich höre Tanja *Lena!* rufen. Nun wird auch der zweite Fuß in den Eingangsbereich gesetzt. Geschafft. Erledigt. Die Tür lasse ich hinter mir zufallen.

diskutierendes, ihre Freundin beobachtendes, den Ring, dann die Fotografie ergreifendes, beides in ihrer rechten Hand behaltendes, ihre Freundin etwas fragendes, ihrer Freundin an einem der Marmortische gegenübersitzendes, kurzes, schwarzes Haar tragendes Mädchen um die fünfundzwanzig mit zwei schwarzen Lippenpiercings sowie unglaublich kaltstechenden, grünen Augen
Tanja

– *Hast du eine andere?* Erneut diese Frage. Diesmal jedoch mehr als direkt, mir mitten ins Gesicht. Natürlich nicht, das weiß sie auch, das wäre im höchsten Maße irrational. Eine andere? Dann wäre sie mir nicht einmal annähernd so viel wert, mich mit ihr in einem Kaffeehaus zu treffen, um ihr auf neutralstem Boden meine Motivation in allen erdenklichen Einzelheiten darzulegen. Lena sucht verzweifelt nach einem Grund, einem für sie nachvollziehbaren Grund für mein Sie-Verlassen, für mein ihr – in der Tat nicht zu Unrecht – sehr plötzlich, sehr unmotiviert erscheinendes Sie-Verlassen, um diese Situation, in die ich sie mit meinem Verhalten so unvermittelt hineingestoßen habe, für sich selbst erträglicher zu gestalten. – *Nein. Das hab ich da ja schon gsagt … Es liegt nicht daran. Überhaupt nicht. Du bist ma ur wichtig, aber ich kann einfach nicht … mehr. Ich brauch meine Freiheit zurzeit.* Zwar etwas holprig formuliert, aber trotzdem konnte ich mich – denke ich – gut verständlich machen, habe ich die hinter meinen

Sätzen steckende Aussage bestmöglich aus mir heraus, Lena entgegengebracht. Möglicherweise war ich etwas zu hart, verständlicherweise ein wenig zu hart, immerhin habe ich es Lena nun bereits zum zweiten Mal erklärt. Ich werde ungeduldig. Langsam werde ich ungeduldig. Sie muss es doch verstehen, irgendwann muss sie es doch verstehen, bloß möchte sie meine, auf meinen Gefühlen basierenden, Argumente nicht hinnehmen, auf keine Weise akzeptieren, verschließt sich vollkommen gegen diese meine Argumente. Was soll ich tun? Was? Was soll ich bloß unternehmen, um Lena davon zu überzeugen, dass die von mir ausgehende Trennung mit ihr nichts zu tun, mit ihr als Person, mit ihrer Persönlichkeit an sich nicht das Geringste zu tun hat? Lena sitzt mir gegenüber, sitzt mir wie das kleinste Häufchen Elend gegenüber, während in ihr die für mich nicht immer verständliche Mechanik ihres Denkens auf Hochtouren zu laufen scheint. Da sie annimmt, es wäre noch möglich, möchte sie mich unbedingt umstimmen, noch könnte sie mich von meinem, mir die ersehnte Freiheit verschaffenden, Vorhaben abbringen, denkt sie, die Trennung, die tatsächliche Auflösung unserer Beziehung, unserer mittlerweile absolut leblosen Beziehung ein letztes Mal abwenden. Ich hätte nicht „Ich kann nicht mehr" sagen dürfen. Hat dieser Satz sie verletzt? Noch mehr verletzt als die vorangegangenen Sätze? Möglich wäre es, möglich wäre es durchaus. Ich hätte es nicht sagen sollen. Ich hätte es nie, nimmer hätte ich es sagen sollen. Nun macht sie sich Sorgen, hat zusätzlich womöglich auch noch starke Schuldgefühle. Einzig aufgrund dieses Satzes. Einzig aufgrund dieses Satzes! Abwehrend wird Lena reagieren, zurückweisend, blockierend. Ich kenne sie. Allerdings ist es ihr gutes Recht. Wie soll sie mich auch verstehen? Für sie war bis zu diesem Moment, bis zu meiner Trennungsäußerung, bis zu der Erläuterung meiner Argumente alles in Ordnung, alles in allerbester, allerfeinster Ordnung, bis zu jenem Zeitpunkt stellte die Option einer mit mir geführten, glücklichen, gemeinsamen Zukunft die einzige überhaupt für Lena infrage kommende Option ihre weitere Lebensgestaltung betreffend dar. Offensichtlich habe ich sie überrumpelt, muss nun mit den

Konsequenzen meines vorschnell radikalen Handelns leben, mit diesen Konsequenzen umgehen, mich mit diesen Konsequenzen abfinden. Weiter muss alles daran gesetzt werden, Lena diese Trennung zu erleichtern, schließlich bin ich in dieser Situation für sie verantwortlich, für ihr Wohlergehen verantwortlich, oder fühle mich zumindest verantwortlich, fühle mich vor allem für die Erhaltung ihres Selbstbewusstseins, für die Sicherstellung der Minimalisierung des Schadens an Lenas Selbstbewusstsein verantwortlich. Lena überwindet sich, reagiert schließlich beinahe weinerlich: *Ich … Ich versteh's einfach nicht. Ich kann's nicht verstehen. Du bist ma das Wichtigste auf der Welt.* Die von mir bereits erwartete, die von mir vorhergesehene Reaktion, diese abweisende, mich zurückweisende, all meine Erläuterungen ignorierende Reaktion, wie sie nicht um alles in der Welt anders zu erwarten gewesen war. Alles in Ordnung. Alles in Ordnung, solange unser Gespräch, unsere Diskussion, unser Disput, unser in gemäßigter Lautstärke geführter Disput nicht ausartet, nicht zu einer überlaut-aggressiven Szene ausartet, welche die ungeteilte Aufmerksamkeit aller anwesenden Personen unzweifelhaft sofort, ja ohne Umschweife auf sich, also auf uns ziehen würde. Unangenehm, tatsächlich wäre ein Ausarten dieser, unserer Situation im allerhöchsten Maße unangenehm, für mich kaum zu ertragen. Die Blicke aller Anwesenden würden wir auf uns ziehen, unweigerlich sofort ausnahmslos für uns beanspruchen. Ich sehe die Gefahr, die sich hinter Lenas Augen verbirgt, die Gefahr eines Ausbruches ihrerseits, eines unwillkürlichen Gefühlsausbruches, der uns ins kaffeehäusliche Rampenlicht stellen würde. Das muss um jeden Preis, sei er noch so hoch, verhindert werden, um ihretwillen, um meinetwillen verhindert werden. Lena muss beruhigt werden. Jetzt oder nie: *Du mir auch! Du bist ma ja auch so wichtig oder glaubst, ich erklär' dir das alles so genau aus'm Spaß raus oder was? Du bist ma wichtig und ich möchte nicht, dass' da schlecht geht … Aber ich glaub', es is auch nicht gut für dich, wenn ma jetzt zambleiben würden … und ich wär dir gegenüber halbherzig oder so was …* Ich schwebe, hänge in der Luft, meine Aussage wie direkt aus einem schlechten Film, während dieser soeben von mir ausgesprochenen Sätze war ich nicht anwesend, nicht mehr als eine Schauspielerin, die bloß ihren Text aufsagt, nicht mehr als eine schlechte Schauspielerin, die sich selbst ihren Monolog nicht abkauft, ihn gar nicht versteht. – *Woher willst du wissen, was gut für mich is?* Sie trifft den Nagel auf den Kopf, hat die Schwachstelle meiner Argumentation erkannt. So war das doch gar nicht gewollt, nicht gemeint, auch gar nicht gedacht oder gefühlt. Dabei handelte es sich um Text, um bloßen Text, um einen schlecht verfassten, schlecht gespielten Text, aus einem schlechten, nein, aus dem schlechtesten aller Fernsehdrehbücher. Das kann ich so nicht sagen, Lena so nicht beibringen, damit würde ich mich nur selbst lächerlich machen. – *Ich mein ja nicht, dass ich's weiß, aber trotzdem glaub ich, dass dir das auch nicht mehr lang guttun wird. Wenn ich nicht auch mit ganzem Herzen an dir häng, hat's ja keinen Sinn.* So. Schließlich habe ich mich also doch noch verständlich machen können. Lena sieht mich an, durchbohrt mich mit ihren Blicken, blockiert mein Denken allein mit ihren Augen vollkommen, lässt mich nicht aus, meine Gedanken nicht mehr abschweifen, keinen Millimeter mehr von ihrer Person abweichen. Sie nimmt ihren Ring ab, legt ihn vor sich auf den Tisch. Nun wird es theatralisch. Sie kramt in ihrer Tasche, holt ein Foto aus ihrer Geldbörse, ein Foto, das uns beide zeigt, uns beide gemeinsam, ein Foto, das ich ihr geschenkt habe. Sie legt die Fotografie neben den Ring, schiebt mir beide Gegenstände entgegen. Wie soll man reagieren? Lenas Handeln wirkt gar aufgesetzt, pathetisch, theatralisch, gar gespielt, wirkt ausgesprochen dumm, unter der Oberfläche dumm. Der Kellner kommt, um den Tisch zu decken. Ich muss. Ich muss. Ich muss den Ring, den silbernen, die Fotografie, die kleine, die uns in unserer glücklichsten Zeit zeigt, hochheben, in die Hand nehmen, hochheben, in der Hand behalten, während der Kellner unseren Tisch deckt. Was bleibt mir denn anderes übrig? Er deckt, deckt den Tisch, unaufhörlich, so scheint mir, deckt der Kellner unseren Tisch, stellt unzählige Frühstücksutensilien auf den Tisch, reiht sie vor Lena, reiht sie vor mir auf, errichtet nun, zusätzlich zu all unseren inneren, auch noch äußere, tatsächlich haptische Barrikaden, die uns nur noch mehr voneinander trennen. Ich bin stark, innerlich stark, besitze Macht, Macht über Lena, kann absolut über sie bestimmen, da ich sie nicht brauche, nicht unbedingt für mein Leben benötige, ganz im Gegenteil zu ihr selbst, die von mir abhängig ist, sich mir dadurch also selbst vollkommen ausliefert. Innerlich steigt ein schelmisches, schadenfreudiges Lächeln auf, gegen welches ich mich nicht wehren kann, das sich bloß durch die äußerste Anstrengung meinerseits unterdrücken lässt. Ich sehe Lena an. Lena blickt zurück, sieht mich an. Ich blicke ihr direkt in die Augen. Lena hält stand. Immer noch halte ich die Fotografie, halte ich den Ring, den ich ihr damals geschenkt habe, in meiner rechten Hand. Lena nimmt ihre Tasche, steht auf. Was hat sie vor? – *Was machst denn?* Lena geht zum Ausgang. Es reicht. – *Lena!* Zu laut. Alle Blicke sind auf mich gerichtet.

zuerst sitzender, dann sich erhebender, hinter der Tortenvitrine verschwindender Pfarrer
Ohlsdorfer

Sehnsucht nach früher, nach der guten alten Zeit – höre ich. Ich höre: *Der Blick zurück wird immer beliebter.* Sie sprechen leise, leise unterhalten sich die beiden jungen Männer. Die Stimmung kocht nicht mehr über, scheint sich auf einem überaus ruhigen, überaus gesitteten Niveau eingependelt zu haben. Dennoch sind die beiden nicht einer Meinung, bloß die Lautstärke ihrer Stimmen hat sich gesenkt, immer noch wurde kein Konsens gefunden, immer noch steht auch keiner in Aussicht. Zwei junge Männer, welche diskutieren, um zu diskutieren, diskutieren, um des Diskutierens willen. So zeigen sie sich als das perfekteste, vollständigste Beispiel der jungen Generation, der Generation, die nicht mehr handeln kann, die das Tun verlernt hat, weil sie es gar nicht will, weil sie nicht tun oder handeln will, weil sie nicht tun oder handeln muss. Dieses Vakuum an Zwang, vorrangig an äußeren Zwängen, an gewissen äußeren Gegebenheiten, welche die jungen Menschen zu einem Handeln veranlassen würden, sie veranlassen würden, etwas zu unternehmen, irgendetwas zu unternehmen, endlich die

Initiative zu ergreifen, um alle Missstände auszumerzen, dieses Vakuum existiert einzig, existiert allein durch die, von dieser missratenen Gesellschaft, durch die modernen Medien, ja durch die Globalisierung, die Digitalisierung – also Verblödung der gesamten Menschheit – sowie tausenderlei anderer Einlullungen erzeugten, allumfassenden Apathie. Wodurch jedoch wird ein Entstehen eines solchen Vakuums besonders gefördert? Gewiss handelt es sich bei den beiden Hauptgründen für das Entstehen eines solchen Apathie entstehen lassenden Vakuums vorrangig um die Massenmedien, die das freie Denken selbstverständlich gänzlich abzutöten trachten sowie um das gesamte Modell der Wohlstandsgesellschaft, wobei es sich im Grunde genommen bloß um einen unkontrollierten, weil unkontrollierbaren, Auswuchs der weltweit operierenden Ideologie des Kapitalismus' handelt. Tatsächlich führen ebendiese beiden Einflüsse unweigerlich zur totalen Vernichtung des Menschen durch die Vernichtung des menschlichen Geistes, durch die Abschaffung des freien, also kritischen Denkens, infolgedessen also auch der bisher noch nie erreichten – auch sehr selten vorbehaltlos angestrebten – menschlichen Selbstverantwortung. Die Welt zieht an mir vorüber, ich verliere die Zeit, verliere die Information, verliere meinen Kontakt zum regional-bezirklichen Geschehen. Die jungen Männer legen soeben eine Diskussionspause ein. Der Linke beginnt nun allerdings erneut zu monologisieren. Ich erhebe mich. Das linke Knie schwammig, leicht schmerzend. Vorbei, vorbei an der niedlich-hübschen, jungen Dame. Die Zeitungen befinden sich auf der Ablage hinter der Tortenvitrine, befinden sich immer auf der Ablage hinter der Tortenvitrine.

später mit einer Regionalzeitung unter dem Arm zurückkehrender, wieder
Platz nehmender, sitzen bleibender, die Zeitung aufschlagender, in ihr
stöbernder, in ihr lesender Pfarrer
Ohlsdorfer

Das kompakt zusammengefasste Geschehen der letzten Tage, das
Geschehen aus meiner Lebensregion, meiner Umgebung, vor
allem aber meiner sozialen Umgebung kompakt in meiner Hand.
Überblättern werde ich, ich werde lesen, mich informieren, werde
sehen, die Augen offen halten, werde staunen, werde nicht über-
rascht sein bei der Betrachtung für mich logischer Entwicklungen,
werde die Zeitung wieder weglegen, noch kurz in der Kaffee-
hauswärme verweilen, dann aufstehen, mich zu meinem Wagen
begeben, heimfahren. Hingesetzt, Platz genommen, mich zurecht-
gerückt. Ich schlage das Regionalblatt auf. Ich blättere. Seite drei,
Seite fünf, Seite sieben, lese. – *Wandertag in der Gemeinde Lanzen-*
kirchen – steht da – *Der ehemalige Diakon Franz Aller organisierte,*
wie jedes Jahr, auch heuer wieder einen winterlichen Wanderausflug ...

sich weiterhin mit seinem Freund unterhaltender, mit dem Rücken zum
Fenster sitzender, junger Mann mit dicker Hornbrille, Dreitagebart,
grauem Kapuzenpullover, um die zwanzig
Lukas

Selbstverständlich habe ich keine akzeptable, keine auch nur an-
satzweise annehmbare Lösung parat, jedoch liegt es nicht an mir
die Antworten auf die Fragen, die Lösungen der komplexesten
menschlichen Probleme zu liefern, sie auch nur anzubieten. Die
größte Anstrengung, die allergrößte Gemeinschaftsanstrengung
wäre in dieser Beziehung vonnöten, die Gemeinschaftsanstrengung,
welche niemand unternehmen möchte, vor der sich unsere gesamte
Gesellschaft auf viel zu erfolgreiche Weise schon seit Jahrhunderten
drückt. Aber natürlich ist auch das bedingt, wie alles, wie jede
Tatsache, wie jede beweisbare Gegebenheit, gegen die man ent-
weder kämpfen, gegen die man sich auflehnen oder sich ihr genau-
so gut ergeben, sich ihr bedingungslos ausliefern kann, bedingt

durch das verworrenste Geflecht unterschiedlichster Zusammenhänge. – *Wie geht's eigentlich der Birgit?* Phillip zeigt sich erstaunt. Phillip überlegt. Um ihm den, möglicherweise für eine Antwort seinerseits, notwendigen Anstoß zu geben, hake ich nach, lasse einfach nicht locker: *Hast von der wieder mal was ghört? – Ich glaub, die studiert jetzt Publizistik.* Klar. Vorhersehbar. Ausgesprochen vorhersehbar. Langweilig. – *Publizistik? Das war ja so klar. Was hat's damals noch mal angfangen? Malerei auf der Angewandten oder irgend so was. Oder? – Ja, ich glaub.* Ganz offensichtlich versperrt sich Birgit der Realität, will überhaupt nichts mit ihr zu tun haben, will sich nicht im Geringsten auf sie einlassen. Anfangs war anscheinend das aufs Äußerste romantisch-abenteuerliche Bild einer Künstlerexistenz in ihr eminent, in Birgits schönem, kleinen Köpfchen vorherrschend, diese Wunschvorstellung eines idealisierten Selbstbildnisses, welches jedoch nun recht schnell von der höchst unkreativen Alternative des von den Massen so geliebten Publizistikstudiums abgelöst wurde. Birgits Eltern wohnen auf einem Bauernhof in Oberösterreich mit zehn Kühen, einigen Schweinen, zwei Katzen, einem Hund, stereotypischerweise einem deutschen Schäferhund, mit einem Traktor, einem Brunnen, einem Heuboden, ohne Fernseher, ohne Internet, ohne Festnetz oder Mobiltelefon, leben nicht in der heutigen Welt, separieren sich von der, den gesamten Globus zu verschlingen drohenden, gehobeneren Mittelschicht, sind dadurch verständlicherweise mehr als glücklich in ihrem selbst geschaffenen Elfenbeinturm. Mit geschlossenen Augen sitzen Birgits Eltern in ihrem uneinnehmbaren Elfenbeinturm. – *Leben ihre Eltern immer noch so? – Wie? – Na ja, so abgeschieden? – Ja. Bei denen hat sich nix verändert. – Obwohl sie so offensichtlich aus der Reihe tanzen, also in Bezug auf unsere derzeitige Gesellschaft so aus der Reihe tanzen, mein ich, sind sie trotzdem das perfekte Beispiel für einen der häufigsten Auswüchse unserer Gesellschaft. – Was meinst? – Na ja … Diese Sehnsucht nach früher, nach der guten alten Zeit, die sich in ihrem Lebensstil manifestiert. Das hast ja heute überall. Jeder Mensch is heute nostalgisch. Der Blick zurück wird immer beliebter. Findest nicht? Irgendwie fühlt sich niemand mehr so richtig wohl in dieser Umgebung, in dieser digitalen Umgebung, die sich ja ununterbrochen verändert. Und dann wollen's zurück, zurück in eine Zeit ohne Smartphones, zurück in eine Zeit ohne Computer, ohne Fernseher, ohne alle diese verdummenden Wohlstandsgegenstände. Natürlich nicht länger als ein, zwei Tage, dann brauchen's das alles wieder. Nicht alle aber die meisten. Glaubst, das is ein Zufall, dass der Herr da hinter uns so einen Nostalgieklingelton hat, wo das Telefon läutet wie in den Siebzigerjahren? – Ja, ob das jetzt so ein eindeutiger Beweis für eine allgemeine Nostalgie is, weiß ich nicht. – Ja eh. – Na ja.* Ein Beispiel, das sicherlich mit einer gewissen Berechtigung zum Einsatz kam. Wenn jedoch das Mobiltelefon irgendeiner anderen Person auf diese Weise geschrillt hätte, wäre es nicht ansatzweise so aussagekräftig gewesen, bei Weitem kein so gelungenes Beispiel für die aufkeimenden nostalgischen Gefühle des Menschen in der heutigen Zeit. Bei genauer, bei sehr eingehender Betrachtung ihrer Umwelt sowie ihres persönlichen Bezuges zu dieser ihrer Umwelt, bin ich mir sicher, wird die Mehrzahl der Leute feststellen, wie sehr sie sich nach einer ruhigen Minute, auch nur nach einem einzigen informationsüberflusslosen Moment sehnt. Möglicherweise würden die Menschen sich dann wieder wichtigen Dingen zuwenden, vielleicht sogar sich dem eigenständigen Denken widmen, selbst wieder kreativ-produktiv werden, wer weiß? Die Zeit ohne Internet, ohne Laptops, ohne Smartphones, ohne Facebook, ohne Google habe ich zwar miterlebt, kann mich an sie allerdings nicht mehr hundertprozentig erinnern, kann mir diese Zeit nicht mehr vorstellen, nicht einmal unter der größten Anstrengung wieder vor Augen führen. War die Welt damals eine einzige, ideallose Insel der Seligen? Oder handelt es sich bei all diesen Innovationen, all diesen, von ihren Wurzeln her zutiefst kapitalistischen, Inventionen um notwendige, um tatsächlich notwendige Entwicklungen der Menschheitsgeschichte? Ein Leben im Jahr Neunzehnhundertfünfzig kann ich mir beim besten Willen nicht vorstellen, nicht vergegenwärtigen. Wie gern wäre ich jetzt im Jahr Neunzehnhundertfünfzig, wie gern ließe ich diese ganze neuzeitige, neugeistige Idiotie hinter mir zurück, wie gern sähe ich mich nun von der allereinfachsten Welt des Jahres Neunzehnhundertfünfzig umgeben! Aber: Nichts zu machen. Hier sitze ich, sitze Phillip gegenüber, genieße die Stille, die nach unseren angeheizten Debatten vorherrscht, nach den Debatten, die geführt werden mussten, mit dringlichster Notwendigkeit geführt werden mussten, sitze ich also absolut entspannt in diesem meinem Stammkaffeehaus, lasse die Ruhe auf mich wirken, in mich eindringen, in jede einzelne Pore meiner Haut lasse ich die absolute Ruhe strömen. Tassen werden auf die dazugehörenden Untertassen gestellt, erzeugen diese typisch scheppernden Kaffeehaus-Hintergrundgeräusche, wirken dadurch beinahe meditativ, ja zusätzlich beruhigend. Der Geruch nach frischem Kaffee umspielt meine Nase, dringt durch meine Nase in mich ein, erfüllt mich, füllt mich vollkommen aus, macht mich zu einem kompletteren Menschen, lässt mich eins werden mit diesem Kaffeehaus. Phillip ist unwichtig, ersetzbar, jeder andere könnte an seiner Stelle sitzen, hätte damit auch sogleich denselben Stellenwert inne, ohne dazu auch nur das Geringste beitragen zu müssen. Es verhält sich doch stets gleich, immer auf dieselbe Art, immer auf dieselbe Weise mit Freunden, die immer in erster Linie Gesprächspartner sind, die sich bloß dadurch voneinander unterscheiden, dass sich ein jeder von ihnen für die Diskussion unterschiedlicher Themengebiete am besten geeignet zeigt, ein jeder der Freunde, der Gesprächspartner ein anderes Thema als persönliches Haupt- beziehungsweise Lieblingsthema führt, sich für die Behandlung dieses einen Themas, hin und wieder handelt es sich dabei vielleicht auch um zwei oder drei Themen, also am besten eignet. Bei Phillip wäre dieses Thema zweifellos der Liebeskummer. Bei Liebeskummer weiß Phillip einem stets zu helfen, nicht nur einen aus dem tiefsten geistigen, aus dem tiefsten emotionalen Loch wieder herauszuholen, einen aufzumuntern, sondern er beherrscht ebenso die Kunst einen zu sensibilisieren, einen für die den Liebeskummer überhaupt erst auslösende Person zu sensibilisieren, welche er über die Jahre hinweg bis zur Perfektion entwickelt hat. Für die, in dem heutigen Gespräch zum Tragen gekommenen, Themen besitzt Phillip dieses Einfühlungsvermögen leider nicht, jeder andere hätte mir hier gegenübersitzen können. Stefan hätte hier sitzen können, hätte sogar hier sitzen müssen, für die angemessene anspruchsvollste Ausführung der heute angeschnittenen Themen hätte Stefan mir gegenüber Platz nehmen müssen. Mit Stefan hätten diese Debatten mit Sicherheit mehr, ja ebenso gewiss größere Früchte getragen.

junger Mann mit schwarzen Locken sowie einem sich direkt darunter befindenden Mondgesicht, vor dem sich die Überreste seines Frühstücks ausbreiten
Phillip

Je nachdem. Es gibt immer mindestens zwei Seiten, auf jeden Fall sind es aber erst zwei Seiten, die ein kompaktes oder das kompakteste Ganze ergeben können. Am Ende steht immer der Kompromiss, der gleichzeitig immer das Ende einer Wahrheit markiert. – *Wie geht's eigentlich der Birgit?* Birgit? Woher soll ich das wissen? Noch einmal: *Hast von der wieder einmal was ghört?* Sie studiere Publizistik, behauptet Karin. – *Ich glaub, die studiert jetzt Publizistik. – Publizistik? Das war ja so klar. Was hat's damals noch mal angfangen? Malerei auf der Angewandten oder irgend so was. Oder? – Ja, ich glaub.* Schon seit jeher war Birgit äußerst sprunghaft, sprunghaft in all ihren Handlungen, auch ihre Handlungsweisen stellten sich mir stets als nichts anderes denn als sprunghaft dar. In einem Moment von einer bestimmten Sache hellauf begeistert, im nächsten derselben Sache zutiefst abgeneigt. Es handelt sich bei Birgit um einen Menschentypus, der mir immer unklar, um einen Menschentypus, der mir nie auch nur ansatzweise zu erklären, stets fremd, absolut fremd war. Mit sehr hoher Wahrscheinlichkeit rührt daher auch ihre anhaltende Beziehungsunfähigkeit, die wir alle unzählige Male ungewollt aus der allervordersten Reihe auf oft so pittoresk-brutale Weise miterleben mussten. Einmal kurz vor einer Hochzeit, dann wieder mitten in der hässlichsten Trennung, einmal frisch verliebt, dann jedoch sogleich wieder aufs Misanthropischste zurückgezogen. So kenne ich Birgit, so kennt Lukas sie, so kennen wir Birgit beide, so kennen wir sie alle, unentschlossen, dennoch eigenwillig stur bis in die Knochen. Es hat keinen Sinn, mein Mich-Abmagern hat gar keinen Sinn, ist sinnentleert, man merkt es ja nicht einmal, die Auswirkungen meines Mich-Abmagerns hat noch niemand bemerkt, kein einziger Mensch hat meinen um zwei Zentimeter geringeren Bauchumfang bisher bemerkt, bloß ich, ich allein bemerke meinen um zwei Zentimeter schmäleren Bauch, allerdings auch nicht optisch, höchstens haptisch, allerhöchstens durch das tatsächliche Anfassen, durch das tatsächliche Fühlen, Befühlen meines Körpers, meines Bauches bemerke ich dessen um zwei Zentimeter große Schmälerung, überhaupt scheint sich die Diät ausschließlich psychisch auf mich auszuwirken, denn die Leere spüre ich durchaus, die Leere frisst sich buchstäblich in meinen Körper, scheint ihn von innen heraus zu zerstören, lässt mich als Opfer, lässt mich sogleich als einzigen Zeugen allein zurück. Niemand, der es bemerkt, niemand. Gestern höre ich in dieser schmuddeligen, dunklen Bar, wie mich jemand als hässlich bezeichnet, mich, in dem Glauben nicht belauscht zu werden, mich, in dem Glauben vollkommen frei sprechen zu können, also absolut offen seine tatsächliche Meinung kundtun zu können, als *der Schiache* bezeichnet. Unweigerlich klopft seither nun die Frage an: Wie werde ich gesehen? Was denken die Leute, was denken die Leute über mich, wie denken sie von mir? Wie denken beispielsweise meine Freunde, meine sogenannten besten Freunde von mir? Wie denken diejenigen, die nie die Wahrheit sagen, weil sie sich nun mal beste Freunde nennen, die Wahrheit über mein Äußeres überhaupt nicht ansprechen können, zumindest nicht laut ansprechen können, zumindest nicht vor mir, wie denken diese Leute? Wie denkt beispielsweise Lukas von mir? Wie? Weshalb ist denn das Äußere eines Menschen überhaupt von Belang? Happy sieht mich ausschließlich wie ich bin, ist auch auf mich angewiesen, bringt mir tatsächlich ehrliche Zuneigung entgegen, auch wenn ich nicht gerade sein struppiges Fell streichle. Weshalb sind wir Menschen stets so fixiert, fixiert auf das Aussehen der anderen? Weshalb? Die komplett unerwartet vor mir erscheinende Antwort: Weil sich jeder selbst hauptsächlich durch sein Äußeres definiert, da es den meisten sowohl an Charakter als auch an Idealen irgendwelcher Art mangelt. Lukas reißt mich heraus, schiebt meine Gedanken rücksichtslos beiseite: *Leben ihre Eltern immer noch so? – Wie? – Na ja, so abgeschieden?* Bei Birgits Eltern habe sich nicht das Geringste verändert, behauptet Karin. – *Ja. Bei denen hat sich nix verändert. – Obwohl sie so offensichtlich aus der Reihe tanzen, also in Bezug auf unsere derzeitige Gesellschaft so aus der Reihe tanzen, mein ich, sind sie trotzdem das perfekte Beispiel für einen der häufigsten Auswüchse unserer Gesellschaft.* Birgits Eltern als Paradebeispiel für einen Auswuchs unserer Gesellschaft? Diese, sich selbst als „alternativ“ bezeichnenden, Verrückten? – *Was meinst? – Na ja, diese Sehnsucht nach früher, nach der guten alten Zeit, die sich in ihrem Lebensstil manifestiert. Das hast ja heute überall. Jeder Mensch is heute nostalgisch. Der Blick zurück wird immer beliebter. Findest nicht? Irgendwie fühlt sich niemand mehr so richtig wohl in dieser Umgebung, in dieser digitalen Umgebung, die sich ja ununterbrochen verändert. Und dann wollen's zurück, zurück in eine Zeit ohne Smartphones, zurück in eine Zeit ohne Computer, ohne Fernseher, ohne alle diese verdummenden Wohlstandsgegenstände. Natürlich nicht länger als ein, zwei Tage, dann brauchen's das alles eh wieder. Nicht alle aber die meisten. Glaubst, das is ein Zufall, dass der Herr da hinter uns so einen Nostalgieklingelton hat, wo das Telefon läutet wie in den Siebzigern?* Eine allgemeine Sehnsucht, eine allgemeine Nostalgie? Gut möglich. Aber: *Ja, ob das jetzt so ein eindeutiger Beweis für eine allgemeine Nostalgie is, weiß ich nicht. – Das war ja nur ein Beispiel … – Ja eh. – Na ja.* Natürlich finde auch ich Gefallen an unserer Diskussion, aber sobald man an dem Punkt anlangt, an dem bloß noch mit leeren Worthülsen, vollkommen ausgebeuteten Worthülsen, bis zum Letzten ausgelutschten Worthülsen argumentiert wird, dann wird doch eine jede Diskussion ad absurdum geführt. Sogar Lukas hat diesen Umstand nun anscheinend erkannt, hält also den Mund, denkt nicht mehr über potenzielle neue Diskussions- beziehungsweise Streitthemen nach, sondern gibt sich nach diesem eineinhalbstündigen Diskutieren über die unterschiedlichsten Themen sowohl körperlich als auch geistig nun vollkommen der Erschöpfung hin. Niemand hält ein Diskutieren – vor allem ein krampfhaft erzwungenes, wie das unsrige – länger als eineinhalb Stunden ohne irgendwelche Ermüdungserscheinungen, seien es körperliche, seien es geistige, aus, niemand. Langsam glätten sich die Wogen, langsam kehrt auch innerlich Stille, kehrt Ruhe in meinen Körper ein. Lukas zeigt sich mir erschöpft, Lukas zeigt sich mir zufrieden. Er hat erreicht, was er erreichen wollte, erreicht, dass sein Selbstbewusstsein die notwendige Bestätigung erfuhr. Natürlich zählen wir beide uns im tiefsten Inneren zu den Intellektuellen, aber gerade das müssen wir uns selbst sowie einander gegenseitig immer wieder, ja immer öfter beweisen, haben das stetige Verlangen unsere Intellektualität ständig wie einen Muskel zu trainieren, damit sie uns nicht abhanden kommt, damit sie nicht vor unseren Augen verkümmert, um uns weiterhin guten Gewissens zu den Intellektuellen zählen zu können. Dieses Sich-zu-den-Intellektuellen-Zählen, dieses Seinen-Intellekt-trainieren-Wollen zeigt sich bei Lukas allerdings um ein Vielfaches ausgeprägter als bei mir. Auch wenn er es sich nicht eingestehen möchte, um nichts in der Welt eingestehen möchte, so setzt er doch jedes Mal, wenn er seine Wohnung verlässt, die mittlerweile bereits sehr abgetragene Intellektuellenmaske auf, nicht um seine Mitmenschen, sondern um sich selbst zu täuschen, um seine eigene unausgereifte Persönlichkeit hinter einer allseits bekannten, allseits gesellschaftlich akzeptierten Wesensart zu verbergen.

beobachtender, seine Melange entgegennehmender, zum Kellner etwas sagender, von seiner Melange einen Schluck nehmender, einen Moment lang überlegender, aufstehender, den Hauptraum des Kaffeehauses durch einen Durchgang, an dessen rechter hinterer Seite verlassender
Doktor Weber

Ich hätte mich auf direktem Wege zur Krankenkasse begeben sollen, hätte dieses Kaffeehaus nicht betreten dürfen, hätte mir keine Melange bestellen sollen. Zeitverschwendung! Ich muss pünktlich, am besten überpünktlich in der Krankenkasse sein. Das „amikale" Gespräch ist wichtig, auch wenn ich das Thema dieses Gesprächs bereits mit absoluter Gewissheit vorhersehen kann, mir selbst über den Verlauf dieses „amikalen" Gesprächs keine Illusionen mache, denn auch bei diesem handelt es sich um einen weitgehend vorhersehbaren; einzig mein Handeln bleibt die vorläufig unbekannte Variable in dieser sonst so leicht berechenbaren Gleichung, der alleinige ungewisse Faktor, von dem so viel abhängt. Weiter: Wie wird die Öffentlichkeit auf die, von meinem Diktafon aufgezeichneten, brisanten Informationen aus erster Hand reagieren? Was wird mit mir geschehen? Erwartet mich etwa dasselbe Schicksal wie die beiden Journalisten in Kasachstan? Im Vorhinein kann man das nicht mit Bestimmtheit feststellen, im Nachhinein wahrscheinlich genauso wenig … Die Situation am Tisch der beiden Mädchen scheint sich zuzuspitzen. Die Blonde blickt entschlossen, blickt wütend, ihre Augen wirken elektrisierend-hypnotisierend, trotzdem emotional, ja unberechenbar. Die Schwarzhaarige hingegen wirkt auf mich verdrossen, wirkt unentschlossen, weiß allem Anschein nach nicht wie sie agieren, was sie der Blonden erwidern soll. Früher hätte man die Verhaltensweise der Blonden als Hysterie bezeichnet, welche die typisch weibliche Vorliebe für eine übertrieben pathetische Dramatik bis jetzt allerdings noch nicht übersteigt. Es sieht ganz so aus als hätte die Blonde soeben einen Ring von ihrem Finger genommen, diesen daraufhin vor sich auf dem Tisch platziert, jetzt greift sie in ihre, sich zu ihren Füßen befindende, Handtasche, um dieser eine kleine Fotografie zu entnehmen. Was die Blonde damit bewirken möchte, wage ich zu ahnen, lasse mich zurzeit auf diese Ahnung allerdings nicht näher ein. Die beiden jungen, dem Pfarrer Ohlsdorfer gegenübersitzenden Männer scheinen sich immer noch angeregt zu unterhalten, auch wenn die Pausen in ihrem Gespräch immer länger werden. Die beiden dem Pfarrer Ohlsdorfer gegenübersitzenden jungen Männer ähneln Hans und mir, die wir in unseren jüngeren Jahren auf etwa dieselbe Weise Kaffeehäuser, vor allem dieses Kaffeehaus, unsicher machten. Wir saßen damals ebenso oft drei, vier Stunden an einem kleinen Tisch, unterhielten uns über wichtige Themen, Themen, die uns am Herzen lagen, diskutierten dann angeregt, bestellten ein Bier, diskutierten angeregter, bestellten ein zweites Bier etc. etc. Kein einziges Mal eskalierte eine unserer Diskussionen, niemand zeigte sich dem anderen gegenüber jemals beleidigt, geschweige denn beleidigend, man nahm einander einfach nichts übel. Sicher ein, wenn nicht sogar der Unterschied zwischen Mann und Frau, wie man ihn auch in diesem Fall, in diesem Kaffeehaus, zu dieser Stunde, direkt vor meinen Augen, bestens beobachten kann. Die beiden jungen Männer, die angeheizt, aber dennoch sachlich, emotional trotzdem unbeirrt logisch diskutieren, den jeweils anderen zwar niemals kampflos an argumentativem Boden gewinnen lassen, ihren Gegner aber immer mit einem gewissen, ihm sicherlich zustehenden, Respekt behandeln. Auf der anderen Seite haben wir die beiden Mädchen, denen nichts ferner liegt als die Logik, die mit Rationalität nicht das Geringste am Hut haben. Vor mir wird die Melange abgestellt, vom Kellner wird vor mir also die Tasse Melange abgestellt. – *Bitte schön,* sagt der Kellner noch, während er sie vor mir abstellt. – *Danke sehr,* erwidere ich. Vom Kellner wird mir kein weiterer Blick geschenkt, er dreht sich um, verschwindet. Nur schwer können Mädchen ihre animalischen Triebe unterdrücken, die steinern-leblose, menschliche Charakter- und Moral-Maske muss um der Steigerung der Situationsdramatik willen fallen, was sich im abrupten Aufstehen der Blondhaarigen äußert, welches die, bis zu ebendiesem Moment auf eine kalte Art hart wirkende, Schwarzhaarige zutiefst erschüttert. Zieht die Blonde ihr Vorhaben tatsächlich gnadenlos durch, verlässt sie das Kaffeehaus, ohne sich auch nur ein einziges Mal umzusehen, bleibt sie standhaft, bleibt sie mutig, bleibt sie kalt, hat sie sich die Kälte der Schwarzhaarigen ein für alle Mal zu eigen gemacht, um die kalte Schwarzhaarige, die nun in der Hitze des Gefechts emotional wird, zurückzulassen? Pfarrer Ohlsdorfer scheint von dem neben ihm stattfindenden Drama nicht im Mindesten Notiz zu nehmen. Die Blondhaarige geht zum Eingang, während die Schwarzhaarige verzweifelt fragt: *Was machst denn?,* verzweifelt den Namen der Blondhaarigen ruft: *Lena!* Ein Drama, ja, zweifellos ein Drama, ein Drama, das sich soeben vor unser aller Augen abspielte, ein Drama, das niemanden, der es verfolgt hat, kalt lässt, niemanden kalt lassen kann. Wer hat dieses Drama verfolgt? Wer? Einhellig scheint das Drama, das sich vor wenigen Augenblicken vor uns entfaltete, dieses menschliche Drama ignoriert zu werden, im stillen Übereinkommen aller Zeugen untereinander, so scheint es, wird dieser menschliche Untergang, vielleicht auch dieser menschliche Neuanfang, diese menschliche Niederlage oder dieser menschliche Triumph, je nachdem, weggeschwiegen als wäre in diesem Kaffeehaus immer schon alles wie es nun wieder, nachdem die Blonde es so plötzlich verließ, ist, wie es immer schon war, als wäre nichts, aber auch gar nichts geschehen. Die Menschen schweigen lieber als sich einer unangenehmen Situation auszusetzen, selbst wenn sie von dieser Situation nicht unmittelbar betroffen sind. Natürlich. Ja, selbstverständlich, so sind wir Menschen. Wie viele dramatische Untergangs-, Niederlagen-, Neuanfangs- und Triumphsituationen wohl von diesem Kellner schon aufgesogen wurden, um von ihm daraufhin wieder verdrängt zu werden, wage ich nicht einmal zu ahnen. Nichts lässt er sich anmerken, nichts. Schon seit jeher fühle ich diesem Kellner gegenüber eine unerklärliche Sympathie, eine sehr starke, ausgesprochen starke Zuneigung empfinde ich diesem Kellner gegenüber, der täglich über mehrere Stunden hinweg sein tatsächliches Gesicht verbergen, seine tatsächlichen Gedanken unterdrücken, seinen Mund tatsächlich über diesen gesamten Zeitraum mehr oder minder geschlossen halten muss, es sei denn, ihm gegenüber befindet sich ein Gast, in welchem Falle er sowieso nur seine „Bitte sehr" – „Danke sehr" – „Sehr gerne" – „Wollen wir noch was" und „Hat's gepasst" – „Hat's geschmeckt" – Sätze aufzusagen hat. Wie wird er denken, wie wird er über mich denken, über mich urteilen, wenn er erst von meiner heutigen Tat erfährt? Vielleicht aus der Zeitung, vielleicht aus dem Fernsehen, von meiner heutigen Tat erfährt. Wird ihn mein Verdienst an den österreichischen Staatsbürgern überhaupt selbst betreffen, wird er sich überhaupt für diesen Verdienst interessieren, wird er von den Auswirkungen meines Verdienstes überhaupt betroffen sein? Aber natürlich. Niemand, gar niemand wird sich meiner von mir erzielten Wirkung entziehen oder vor ihr die Augen verschließen können. Die Nachwirkungen des heutigen „amikalen" Gesprächs, das politische Nachbeben, das der heutige Vormittag noch nach sich ziehen wird, ja dieses Nachbeben wird noch lange, sehr lange spürbar sein. Ein Schluck, ein Schluck, ich nehme einen Schluck von meiner Melange, einen Schluck. Aufstehen. Aufstehen. Ich stehe auf, erhebe mich, stehe. Der Melangegeschmack in meinem Mund. Meine Blase entleeren, auf der Toilette meine Blase entleeren. Ich verlasse den Raum, lasse das Drama um die beiden Mädchen, lasse die beiden diskutierenden jungen Männer, lasse den teilnahmslosen Pfarrer Ohlsdorfer hinter mir, strebe in Richtung Toilette.

mit einem Tablett auf der rechten Hand um die Ecke biegender, dieses am Nachbartisch der beiden jungen Frauen abstellender, das zusammengefaltete, weiße Tischtuch, welches sich in seiner Linken befindet, nehmender, damit den Tisch der jungen Damen deckender, eine Schüssel mit einem Ei, eine große Kanne Kaffee sowie eine Tasse samt Untertasse vom Tablett nehmender, diese Frühstücksutensilien vor der Blonden abstellender, dann eine kleine Kanne, einen Löffel sowie die Tasse mit dem Cappuccino holender, die kleine neben die große Kanne stellender, den Löffel in die Schüssel mit dem Ei legender, die Cappuccinotasse vor der Frau mit den blauen Augen abstellender, das Tablett nehmender, weiter zu Doktor Weber gehender, die einzelne Melange, welche sich noch auf dem Tablett befindet, vor dem Doktor abstellender, noch etwas sagender, dann den Hauptraum des Kaffeehauses verlassender Kellner

Austarieren. Das Tablett austarieren. Die Melange, die Milch, den Kaffee in der Kaffeekanne nicht ausschütten. Als primäres Ziel steht das Nicht-Ausschütten, das Nicht-Ausschütten der Melange, der Milch, des Kaffees in der Kaffeekanne. Das tatsächliche, aber sekundäre Ziel: der Tisch der beiden Mädchen, der Tisch der hübschen Blondine. Sie beachtet mich nicht, beachtet mich nicht, verwehrt ihrem Blick hartnäckigst auch nur ansatzweise in meine Richtung zu wandern, wirkt jedoch tatsächlich sehr beschäftigt, sehr auf ihre schwarzhaarige, kalt-äugige Freundin fixiert. Möglicherweise führen die beiden soeben ein wichtiges, ja ein für sie beide außerordentlich wichtiges Gespräch. Folglich werde ich versuchen, abwesend zu wirken, sobald ich mich an ihrem Tisch befinde, werde ich also versuchen, nicht anwesend zu sein, ein bloßer Geist, der nicht weiter ins Gewicht fällt. Nur nichts verschütten! Beinahe! Ja beinahe wäre mir die Melange für den Herrn am Ecktisch übergeschwappt. Beinahe! Nichts verschütten! Alles muss heil an seinem Bestimmungsort ankommen. Dann erst habe ich es geschafft. Erst dann. Nicht wie gestern, gestern als ich kurz vorm Ziel, kurz vorm Zieltisch, ja vorm Bestimmungstisch den Campari-Orange verschüttete. So knapp vorm Ziel! So knapp! Eigentlich hätte ich das Getränk bloß noch abstellen, auf dem Tisch abstellen müssen, doch in eben jenem Moment wurde meine rechte Hand ganz zittrig, zwar nur für den Bruchteil einer Sekunde unruhig, doch das reichte bereits aus, um das halbe Glas Campari-Orange zu verschütten. Glücklicherweise erwischte es keinen Gast. Die gesamte verschüttete Flüssigkeit, jeder einzelne Tropfen der verschütteten Campari-Orange-Flüssigkeit, landete ausschließlich am Boden. Nun, jetzt, heute muss es allerdings perfekt funktionieren. Nur selten trage ich ein dermaßen überfülltes Tablett, da ich eher der Zweimalgeher bin. Gut. Ich befinde mich also vor dem – zum Glück – unbesetzten Nachbartisch der ausgesprochen hübschen Blondine und ihrer schwarzhaarigen Begleiterin, auf dem ich nun mein schweres, höchst überfülltes Tablett abstellen werde. Langsam, langsam, langsam senke ich meinen gesamten Oberkörper, um meinen rechten Arm nur noch das allerletzte Stückchen, welches noch auf die sicherheitsbietende, stabile Unterlage der Tischplatte fehlt, zurücklegen zu lassen! Das Tablett hat Tischkontakt. Das Tablett steht. Es steht! Tatsächlich, es steht sicher auf dem Tisch, sicher, ohne einen einzigen übergeschwappten Tropfen. Sehr gut. Das weiße Tischtuch aus der linken Hand in beide Hände genommen, das weiße Tischtuch entfaltet. Nun wird auf den Tisch der beiden Mädchen zugegangen. Keine der beiden nimmt mich wahr, weder die Blonde noch die Schwarzhaarige. Ich bin Dienstleister, dessen bin ich mir bewusst. Dienstleister existieren nicht. Dienstleister helfen anderen zu existieren. Dienstleister sind für unsere Gesellschaft existenznotwendig, haben während ihrer Arbeitszeit selbst jedoch keine Existenzberechtigung. Dienstleister sind Geister aus Glas, durch die man ohne Weiteres hindurchsehen kann, taube Geister aus Glas, auf die man keine Rücksicht zu nehmen braucht. Dennoch werden ab und an Gespräche unterbrochen, Gespräche einzig aufgrund der Anwesenheit des Dienstleisters unterbrochen. Meiner Arbeit nachgehen, sowohl stumm als auch taub meiner Arbeit nachgehen, darauf liegt jetzt, unmittelbar in diesem Moment, mein Augenmerk, meine gesamte aufzubietende Konzentration. Denn auch am Tisch der beiden Mädchen wird soeben entweder ein Gespräch unterbrochen oder ich bin gerade in eine unangenehme Pause, in eine Gesprächspause eingedrungen, verlängere diese womöglich sogar, verlängere sie künstlich. Womöglich irritiere ich die beiden. Ich allerdings lasse mich nicht irritieren, nicht im Geringsten lasse ich mich irritieren, fahre einfach mit meiner Arbeit fort. Krampfhaft versucht die Blonde mich nicht anzusehen. Die Blonde sieht durchgehend die Schwarzhaarige an, im Gegenzug betrachtet die Schwarzhaarige die Blonde. Meine Hände breiten automatisch das Tischtuch aus, langsam wird es seitlich von mir auf die Marmortischplatte geschoben. Geistesgegenwärtig hebt die Schwarzhaarige zwei Gegenstände vom Tisch, um mich das Tischtuch weiter ausbreiten zu lassen. Also lächle ich der Schwarzhaarigen freundlich zwinkernd zu. Bei diesen eben aufgehobenen Gegenständen handelt es sich einerseits um einen silbernen Ring andererseits um etwas Kleines, Schmales, in etwa einem Blatt Papier Ähnelndes. Zurück zu meinem Tablett. Zuerst wird das einzelne Ei im Glas vom Tablett gehoben, in der linken Hand behalten, daraufhin die große Kanne Kaffee sowie eine sich auf einer Untertasse befindende Tasse ergriffen, in der rechten Hand behalten, dann zurück zum Tisch der hübschen Blonden gegangen. Die Schüssel mit dem nackten Ei, die Kanne Kaffee sowie die Tasse mit der dazugehörenden Untertasse werden vor der hübschen Blonden abgestellt, vor der ausgesprochen hübschen Blonden, die immer noch kein Wort von sich gibt, platziert. Somit erweist sich der erste Teil meiner Aufgabe als erfüllt. Zurück zum Nachbartisch, zurück, um mich der zweiten Partie zu widmen. Ich hebe die kleine, silberne Milchkanne vom Tablett, behalte sie in meiner linken Hand, ergreife nun einen kleinen Löffel, welchen ich in meiner rechten behalte, während ich zusätzlich auch die Cappuccinotasse samt Untertasse sowie einen weiteren Löffel vom Tablett nehme. Vorsichtig zurück zum Tisch der hübschen Blonden, vorsichtig. Vorsichtig wird die kleine Milchkanne neben die große Kaffeekanne gestellt, dann wird der kleine Löffel auf die Untertasse der Blondine gelegt, der Cappuccino vor der Schwarzhaarigen abgestellt. Meine Anwesenheit ist den beiden Mädchen nicht sonderlich angenehm, in dieser Diskussionspause auch nicht sonderlich hilfreich, also wende ich mich ab. Trotzdem das Gesicht der jugendlich-schönen Blonden vor mir, das Gesicht der Blonden vor meinem inneren Auge. Die Blonde nackt, mit ihrem zarten Mädchenkörper, nackt. Sperma auf dem Gesicht der Blondine, Sperma, das von ihrer Augenbraue tropft. Jetzt zu dem Mann am Ecktisch. Die beiden Mädchen werden mit gutem Gewissen hinter mir gelassen, mit gutem Gewissen hinter mir zurückgelassen, während das Tablett vom Nachbartisch genommen wird, um nun mit diesem Tablett und der sich auf ihm befindenden Melange auf den Ecktisch, an dem sich der blicksympathische Herr ausgebreitet, es sich tatsächlich weitgehend heimelig gemacht hat, zuzusteuern. Ich werde bereits von seinem Blick verfolgt. Dieser Blick wartet, wartet nicht nur auf die Melange, sondern überdies auf einen Fehler, einen Fehler meinerseits, einen falschen Schritt, einen Fehltritt, der mich ins Straucheln bringt, mich schlussendlich stürzen lässt, ein grundsympathischer Blick, der allerdings das Schlimmste erwartet, nicht ersehnt, erwartet, der mich bereits in den Scherben liegen, der mich bereits in Kaffee getränkt am Boden liegen sieht. Der Blick wartet, der Mann am Ecktisch wartet nur darauf. Ich komme näher, stehe schließlich vor dem Ecktisch, den ich zweifellos besser kenne als der Gast. Die Tasse mit der Melange samt Untertasse mit einem auf ihr platzierten Löffel wird auf dem Tisch vor dem nachdenklich-netten Herrn abgestellt. – *Bitte schön.* – *Danke sehr,* erwidert der Herr. Mit diesen beiden Worten werde ich sodann von ihm entlassen. Meine Backen spannen sich an, erzeugen dadurch hoffentlich ein Lächeln oder zumindest etwas einem Lächeln ausgesprochen Ähnliches, etwas das einem Lächeln beinahe aufs Haar gleicht, allerdings habe ich mich bereits ganz umgedreht. Wurde es bemerkt, wurde mein höfliches Lächeln bemerkt, von dem auf seine Art ausgesprochen liebenswerten Ecktischmann überhaupt zur Kenntnis genommen? Jetzt begebe ich mich in Richtung Küche. Auf die Küche, in welcher ich einen Schluck von meinem mit Sodawasser aufgespritzten Apfelsaft nehmen werde, steuere ich nun zu. Mittags wird Susi ihre Mütze abnehmen, wie jeden Tag wird Susi ihre Mütze sowie den sich darunter befindenden Haarschutz zu Mittag abnehmen. Das Gesicht der Blonden, das Gesicht der Blonden mit Sperma. Ich rauche mir keine Zigarette an.

4

Doktor Weber geht langsam aber bestimmt den kleinen Gang entlang, welcher aus dem Hauptraum des Kaffeehauses führt, der an seinem Ende in einen weiteren Raum des Kaffeehauses mündet, in dem sich einige Sitzgelegenheiten sowie drei Billardtische befinden. Zu seiner rechten Seite passiert Doktor Weber dabei einen kleinen Durchgang ohne Tür, der seinerseits in die Küche führt, in der soeben eine Köchin in weißem Arbeitsgewand und einer weißen Kopfbedeckung, unter der ein Haarnetz hervorblitzt, Zwiebel schneidet. Doktor Weber betritt die Küche jedoch nicht, folgt stattdessen dem eher schmalen Gang, an dessen linker Seite blumig-grün gepolsterte Bänke aus der Wand wachsen, vor denen sich wiederum kleine, runde Tische mit Marmortischplatten sowie Gusseisenbeinen befinden, an welchen bis jetzt noch niemand Platz genommen hat. Auch hier verweilt Doktor Weber nicht länger, von ihm wird stattdessen der Stiegenabgang, der sich am Ende des Ganges an dessen linker Seite befindet, genommen. Doktor Weber steigt also die zwölf Stufen hinab, lässt, unten angekommen, zu seiner rechten Seite eine Tür hinter sich, um die zweite Tür auf der rechten Seite zu öffnen, durch den Eingang schließlich den Raum dahinter zu betreten. Nun befindet sich Doktor Weber auf der Männertoilette. Der Eingangstür direkt gegenüber hängen drei Pissoirs an der Wand. An der rechten Seite des Raumes ist eine in weiß gehaltene Kabine vorzufinden. Direkt rechts neben dem Eingang sind die Waschbecken samt Seifenspender montiert, links daneben ein elektrischer Händetrockner, daneben ein Papierspender, über den beiden Waschbecken jeweils ein Spiegel, unter dem linken Waschbecken ein Mistkübel. Doktor Weber fasst sofort die in weiß gehaltene Klokabine ins Auge, nimmt auch gleich den kürzesten, daher diagonalen Weg durch den Raum, um zu guter Letzt die Klokabine zu betreten. Hinter sich schließt der Doktor Weber zuerst die Klokabinentür, um sie daraufhin mit dem einfachen Drehen des Knopfes unter der Türklinke zu versperren. Doktor Weber öffnet den Klodeckel, dreht sich so um, dass sein

Gesicht zur Kabinentür blickt, öffnet den Ledergürtel, öffnet seinen Reiß-
verschluss, öffnet seinen Hosenknopf, lässt die Hose an seinen Beinen ent-
lang zu Boden gleiten, zieht seine weiße Unterhose herab, setzt sich auf
die Kloschüssel. Mit äußerst erleichtertem Blick entlädt Doktor Weber
seine Blase in die Kloschüssel, lässt den Urin zuerst aus seiner Blase, dann
unter hohem Druck durch seinen fleischigen Penis herausschießen. So-
lange der Druck aufrechterhalten werden kann, schießt ein harter, kräftiger
Urinstrahl aus Doktor Webers Penis, mit der Zeit allerdings lässt dieser
Druck nach, bis der goldgelbe Urin nur mehr heraus plätschert, schließlich
tropft. Doktor Webers Blick wird starr, bleibt starr, bleibt weiterhin starr
auf die verschlossene Klokabinentür gerichtet. Nun beginnt sich sein Ge-
sicht zu verkrampfen, sein Unterleib verspannt sich, presst, presst, presst
in wiederkehrenden Konvulsionen, selbst die Oberschenkel des Doktor
Weber spannen sich an, bis er einen einzigen Furz durch den Anus in die
Kloschüssel entlässt. Doktor Weber atmet tief ein. Daraufhin folgen drei
weitere Gasportionen der ersten in die Kloschüssel nach. Doktor Weber
presst heftiger, strengt sich an, strengt sich mehr an, strengt sich noch mehr
an. Die Anstrengung in Doktor Webers Gesicht lässt nach. Stille. Der
Blick auf die Klokabinentür. Nun verkrampft sich Doktor Webers Miene
erneut, verkrampft sich sogar noch ein wenig mehr als zuvor, verkrampft
sich weiter, verkrampft sich noch weiter, die Gesichtsmuskeln treten bereits
sichtbar aus Doktor Webers Gesicht hervor, eine leichte Röte verfärbt lang-
sam seine Backen, als er auch noch seine Zähne zusammenbeißt, was ein
leichtes Knirschen zur Folge hat, seine Bauchmuskeln drohen beinahe zu
platzen, da sie sich, unter Doktor Webers Pullover sowie dem sich unter
dem Pullover befindenden T-Shirt, dermaßen zusammenziehen. In diesem
Moment verlässt, begleitet von einem eindeutigen Geräusch, eine Ladung
Gas samt kleinen Bröckchen Doktor Webers Darm durch den Anus. Mit
plätschernden Lauten fallen diese Exkremententrümmerl in die kleine,
angestaute Lacke in der Mitte der Zwischenstufe der Kloschüssel. Jetzt
presst Doktor Weber noch fester, presst, presst, bis sich auch eine Wurze
aus seinem Anus in die Kloschüssel zu den Bröckchen gesellt, presst bis
sich seine Gesichtsmuskulatur wieder entspannt, bis sich sein Gesichtsaus-
druck wieder normalisiert, dann langsam, beinahe unmerklich in eine ab-
solute Apathie verfällt. Genau die Zeitspanne eines Ein- sowie eines Aus-
atmens wird von Doktor Weber in Anspruch genommen, bevor er nach

dem Klopapierspender zu seiner Linken greift, Klopapier von der Rolle abtrennt, damit weitgehend seinen Anus reinigt, erneut Klopapier von der Rolle abtrennt, seinen Anus ein zweites Mal säubert, ein letztes Mal Klopapier von der Rolle abtrennt, um seinen Anus vollständig zu reinigen. Das erste, das zweite sowie das dritte beschmutzte Klopapier wird in der Kloschüssel entsorgt. Doktor Weber erhebt sich also von der Kloschüssel, zieht zuerst seine Unterhose, dann seine Hose hoch, schließt den Knopf an deren Vorderseite, zieht den sich direkt darunter befindenden Reißverschluss zu, schließt seinen Gürtel, dreht sich um, senkt seinen Blick zur Kloschüssel, begutachtet kurz ihren Inhalt, lässt seine rechte Hand zum, auf der rechten Seite des weißen Wassertanks über der Kloschüssel angebrachten, Spülknopf wandern, betätigt diesen, setzt damit die Spülung in Gang, wendet sich wieder der Klokabinentür zu, macht einen Schritt nach vorn, dreht den weißen Knopf unter der Türklinke unter Zuhilfenahme seiner rechten Hand nach links, betätigt die Türklinke, öffnet die Tür, begibt sich nach links, zu den beiden Waschbecken, entscheidet sich für das Linke, betätigt den Wasserhahn, wäscht sich die Hände zuerst ohne, dann mit Flüssigseife aus dem Flüssigseifenspender, der sich zwischen den beiden Waschbecken befindet, schüttelt zwei Mal seine beiden Hände über dem Waschbecken, stellt das Wasser ab, dreht sich daraufhin nach links, um dem Papierhandtuchspender zwei grüne Papierhandtücher zu entnehmen, um sich mit diesen gründlich beide Hände abzutrocknen, wirft nun die beiden gebrauchten Papierhandtücher in den Mistkübel, der sich links unter dem linken Waschbecken befindet, dreht sich nach rechts, geht zur Tür, öffnet diese, verlässt durch den Ausgang die Männertoilette, lässt die Tür hinter sich wieder zufallen. Doktor Weber steigt die Stufen hoch, betritt erneut den kleinen Gang, hat die Sitzgelegenheiten nun zu seiner Rechten, geht durch den Gang in Richtung Hauptraum, blickt links erneut durch die offene Tür in die Küche. Da erscheint der Kellner plötzlich im Durchgang, wird von Doktor Weber angesprochen, dreht sich zu ihm um. Doktor Weber sagt etwas, der Kellner erwidert darauf etwas, greift nach seiner Geldbörse, öffnet diese, während Doktor Weber seine Geldbörse aus der Gesäßtasche befreit, dem Kellner zwei Münzen reicht, erneut etwas sagt, worauf der Kellner etwas erwidert, die Münzen in seiner Geldbörse verstaut, nochmals ein paar Worte mit Doktor Weber wechselt. Daraufhin geht dieser weiter, betritt den Hauptraum des Kaffeehauses.

im Durchgang zur Küche erscheinender, von Doktor Weber angesprochener,
sich zu diesem umdrehender, etwas auf das von Doktor Weber Gesagte
erwidernder, nach seiner Geldbörse greifender, während Doktor Weber
seine Geldbörse aus seiner Gesäßtasche befreit, ihm zwei Münzen reicht,
erneut etwas auf das von Doktor Weber Gesagte erwidernder, die Münzen
in seiner Geldbörse verstauender, nochmals ein paar Worte mit Doktor
Weber wechselnder Kellner

… ohne jede Veränderung. Die Umwelt bleibt dieselbe. Die
Arbeitswelt bleibt dieselbe. Dann: – *Ich zahl dann gleich.* – *Bitte,*
gerne. Er hatte eine Melange. Melange: zwei vierzig. – *Das macht*
dann zwei vierzig. Nach der Geldbörse gegriffen. Der Herr greift
in seine Gesäßtasche, der er seine eigene Geldbörse entnimmt,
sie öffnet, sucht. Die Leute bleiben dieselben. Die Gäste bleiben
dieselben, verhalten sich stets auf dieselbe Art. Er reicht mir
die Eineuromünze, die Zweieuromünze. Drei Euro. Sechzig
Cent retour. – *Passt so.* Klar. Er hätte mir aber auch drei fünf-
zig geben können. Hat er nicht. – *Danke schön. Einen schönen Tag*
noch! Wiedersehen. – *Danke, ebenfalls! Wiederschauen.* Er begibt sich
wieder in den Hauptraum. Die Gedanken, selbst die Gedanken
sind immer dieselben.

einen kleinen Gang entlanggehender, zu seiner rechten Seite einen Durch-
gang, der zur Küche, in der eine Köchin Zwiebel schneidet, führt, pas-
sierender, den Stiegenabgang am Ende des Ganges nehmender, unten die
erste Tür zu seiner Rechten hinter sich zurücklassender, um die Zweite
zu öffnender, in den sich dahinter befindenden Raum eintretender, sich
schnurstracks in die Klokabine begebender, die Tür hinter sich schließen-
der, versperrender, den Klodeckel öffnender, sich der Kabinentür zuwen-
dender, seinen Gürtel, seinen Hosenknopf sowie seinen Reißverschluss
öffnender, zuerst die Hose, dann die Unterhose herunterziehender, auf
der Kloschüssel Platz nehmender, einen Urinstrahl von sich gebender, fur-
zender, sich anstrengender, pressender, zwei Ladungen in die Kloschüs-
sel absetzender, seinen Hintern mit Klopapier auswischender, das Klo-
papier in der Kloschüssel versenkender, aufstehender, sich umdrehender,
die Spülung betätigender, die Klokabinentür aufsperrender, sie öffnen-

der, sich zu den Waschbecken begebender, sich die Hände waschender,
die Hände mit Papierhandtüchern abtrocknender, die Papierhandtücher
entsorgender, die Männertoilette verlassender, die in den kleinen Gang
mündende Stiege nehmender, durch den Gang gehender, den Kellner im
Durchgang zur Küche ansprechender, seine Geldbörse aus der Gesäß-
tasche ziehender, ihr zwei Münzen entnehmender, sie dem Kellner rei-
chender, etwas sagender, woraufhin der Kellner etwas erwidert, ein paar
Worte mit dem Kellner wechselnder, sich dann von ihm abwendender,
den Hauptraum des Kaffeehauses betretender
Doktor Weber

Aus dem Hauptraum, durch den Durchgang in den kleinen Gang,
an dessen Ende auf der linken Seite die Treppe in den unteren
Bereich, den Toilettenbereich abzweigt. Keine Gäste. Nur äußerst
selten verirren sich zahlende Gäste in diesen nicht gerade an-
genehmen Zwischengang zwischen dem Hauptraum des Kaffee-
hauses und dem hinteren Raucher- beziehungsweise Billard-
raum, außer um sich – wie ich mich soeben – auf die Toilette zu
begeben. Dabei kommt man an der Küche vorbei. An der Küche.
Hier rechts befindet sich die Küche mit der stählernen Küchen-
zeile in ihrer Mitte. Ich frage mich, wozu diese genau dient. Das
frage ich mich jedes Mal, jedes einzelne Mal, wenn ich an der
Küche vorbei auf die Toilette gehe. Hier wird nicht gekocht. Das
Essen wird von einem nahegelegenen Wirtshaus zugeliefert. Die
Köchin hat viel zu breite Hüften, sie schneidet Zwiebel. Eine
traurige Existenz. Tag für Tag dieses endlose Zwiebelschneiden
in einem Betrieb, der keinesfalls aufgrund seiner wohlschmeckenden
Küche frequentiert wird, sondern bloß um einen schnellen, heißen,
geschmacklich hervorragenden Kaffee zu sich zu nehmen, in
dessen Zubereitung geschnittene Zwiebel nicht das Geringste zu
suchen haben. Die Köchin verrichtet also nichts weiter als schlecht
bezahlte, weitgehend prestigelose Sisyphusarbeit, in der sie aus-
weglos gefangen, den Rest ihres Lebens eingesperrt ist. Ein Leben
ohne Antrieb, ohne Ziel, daher auch ohne Weg, rastlos auf einem
Blindflug durch ihr Leben steuert die Köchin auf nichts anderes
denn auf ihren unausweichlichen Tod zu. Ich weiß nicht einmal,

wie sie aussieht. Noch nie habe ich ihr Aussehen bewusst wahr-
genommen, bloß ihre Hüften, die sehr wohl von mir wahr-
genommen wurden. Sie sind zu breit. Aber ein Gesicht könnte
ich dieser Köchin, die ich allenfalls einmal im Profil in der Küche
stehen sehe, meistens allerdings nur von hinten, den Hinterkopf
dem Gastbereich zugewendet, begutachten kann, nicht aufsetzen.
Vorne links. Die Treppe vorne links nach unten nehmen. Dann
die zweite Tür rechts, also nach der Damentoilette die erste Tür
rechts nehmen, hinein in die Herrentoilette. Nicht lange. Bald
werde ich mich in der Herrentoilette befinden. Jetzt ist es so weit.
Stufe für Stufe wird die Treppe genommen, der kleine Gang
hinter mir gelassen, am Treppenabsatz angekommen wird also
der ganze obere Kaffeehausbereich hinter mir zurückgelassen.
Die Tür der Herrentoilette vor mir. Die Blase drückt. Die erste
Tür, die Damentoilettentür wird passiert, der rechte Arm bereits
ausgestreckt, um die Herrentoilettentür zu öffnen. Die Eingangs-
tür zur Toilette wird nach innen geöffnet. Die Blase drückt. Es
ist an der Zeit. Auf die Toilette. Auf die Kloschüssel. Der Herren-
toilettenraum wird betreten, die Klokabine ins Auge gefasst. Der
sterile Klogeruch. Der in meiner Nase brennende, sterile Klogeruch.
Zwei, drei, vier Schritte. Ich stehe vor der Kabine, öffne die Tür,
begebe mich in die überdurchschnittlich breite Kabine, schließe
die Tür hinter mir, um sie sogleich zu versperren, indem ich den
weißen Knopf unter der Türschnalle einmal nach rechts drehe,
woraufhin das befriedigende Klicken, welches anzeigt, dass die
Toilettentür nun verschlossen ist, erschallt. Hier bin ich für mich.
Ich bin allein. Der Klodeckel wird nach oben geklappt. Ich drehe
mich um. Der Gürtel wird geöffnet, die Hose wird geöffnet,
wird herabgelassen, die Unterhose nach unten gezogen. Ich setze
mich auf die Schüssel. Endlich auf der Kloschüssel. Kalt presst
sich die Klobrille gegen meine Pobacken. In mir zieht sich alles
zusammen, was sich förderlich auf meinen Harndrang auswirkt.
Der Druck wird größer. Noch größer. Leicht, ganz leicht schwillt
meine Eichel an. Schon öffnet sich der Schlitz in ihrer Mitte.
Jetzt schießt durch ebendiesen Schlitz mein beinahe durchsichtig-
hellgelber Urin mit ungemein hohem Druck heraus, plätschert

in die Kloschüssel. Im selben Moment setzt die Befriedigung ein, die Erleichterung. Im wahrsten Sinne, denn von Sekunde zu Sekunde werde ich leichter. Wie voll muss meine Blase tatsächlich schon gewesen sein? Von Sekunde zu Sekunde wird auch sie kleiner, ist nun nicht mehr zum Bersten gefüllt. Trotzdem rinnt er, rinnt der Urin. Zwar zeigt sich der hellgelbe Urinstrahl nicht mehr von einer derartigen Stärke, zeigt allerdings auch noch keinerlei Anzeichen bald zu versiegen. Erst anhand der Leere meiner Blase kann ich nun die übermäßige Fülle meines Darms spüren. Mein Zwerchfell wird also angespannt, um von außen stimulierend auf meinen Darm wirken zu können. Fast hat sich meine Blase durch reinen inneren Druck vollständig entleert, als meinem Anus nun auch lautlos etwas Gas entweicht. Dabei handelt es sich jedoch nur um die erste Portion, um eine kleine, denn nun spüre ich bereits das Ziehen, das leichte Stechen in meinem Unterleib. Also wird begonnen zu drücken. Es wird begonnen die zweite Portion herauszudrücken. Einfacher gedacht, als gemacht! Drücken, drücken, drücken. Dennoch tut sich nichts, nicht das Geringste. Fester. Es muss fester gedrückt werden, meine Bauchmuskeln müssen stärker zusammengepresst werden, stärker. Es muss Druck sowohl von innen als auch von außen aufgebaut werden, um erfolgreich meine Exkremente oder noch mehr Gas aus meinem Darm zu pressen. Das Hirn ausgeschaltet liegt meine gesamte Konzentration am Pressen, am Herauspressen, von was auch immer sich in meinem Inneren, in meinem Darm, befindet. Das Gesicht wird warm. Ich habe keine Angst, bin nicht aufgeregt, denke, dass sich das bevorstehende Treffen, das bevorstehende Gespräch, nicht im Mindesten auf mich auswirkt, auch nicht psychosomatisch. Ich spüre sie nicht, spüre keine Nervosität und doch kommt nur Gas aus meinem After, nun auch Bröckchen, Bröckchen, dann wieder Gas. Gas und Bröckchen, gleichzeitig, was für mich ein eindeutiges Zeichen ist, ein eindeutiges Zeichen, welches Nervosität, vielleicht sogar Angst indiziert. Angst vor dem Gespräch, sich auf das sogleich anstehende Gespräch beziehende Nervosität. Ich werde dieses Gespräch aufzeichnen. Nicht mehr. Nicht weniger. Dieses Gespräch, mit dem für mich vorhersehbaren Verlauf, wird von mir unter Zuhilfenahme meines Diktatfons aufgezeichnet werden. Was, wenn man mich dabei ertappt? Was sollte schon geschehen? Natürlich ist es widerrechtlich. Aber auch das Handeln der Krankenkasse ist nicht gesetzeskonform. Nein. Der Zweck heiligt die Mittel. Der Leiter der Niederösterreichischen Krankenkasse wird zwar von mir ungefragt widerrechtlich aufgezeichnet werden, jedoch wird sich dadurch etwas verändern, dadurch wird sich an unserem Gesundheitssystem etwas verändern. Der Zweck heiligt die Mittel. Dadurch werden gravierende Missstände im österreichischen Gesundheitssystem aufgedeckt werden, endlich ans Tageslicht gebracht werden, somit also auch für die Öffentlichkeit sichtbar gemacht werden, was selbstverständlich schon den Grundstein für jegliche Bearbeitung, beziehungsweise Beseitigung dieser Probleme, dieser Missstände legt. Der Zweck heiligt die Mittel. Ich bin nicht ängstlich. Ich brauche keine Angst zu haben. Ich muss drücken, drücken, um auch die letzte Ladung loszuwerden, diese letzte Ladung, die meinen Darm bis in enorme Ausmaße dehnt, in die Kloschüssel abzusetzen. Drücken! Drücken! Drücken! Fest! Meine Bauchmuskeln sind dermaßen angespannt, dass sie bereits drohen, aus der sie umgebenden, überbeanspruchten Haut zu platzen. Da, endlich kriecht nun eine kleine, harte, nicht-riechende Wurze aus meinem Anus gefolgt von noch kleineren, noch härteren Bröckchen, die sofort in die Kloschüssel plumpsen. Erleichterung, Entspannung stellt sich ein. Die warmen, wahrscheinlich roten Backen werden erst jetzt bemerkt, lassen aber bereits nach, lassen bereits damit nach rot zu sein, warm zu sein. Wieder entspannt nehme ich den Desinfektionsmittelgeruch, den so überaus sterilen Geruch wahr, nehme ihn in mir auf, den Desinfektionsmittelgeruch, welcher sich allerdings bereits mit dem herb-rauen Geruch des mir entwichenen Gases vermengt hat, dadurch also nicht mehr ganz so ätzend auf meine Nasenschleimhäute wirkt. Durchatmen. Durchatmen. Mein Geschäft ist erledigt, mein großes. Die nachfolgenden Aktivitäten daher klar, unumgänglich. Auswischen. Runterlassen. Händewaschen. Also wird zum Klopapierspender gegriffen, weiter an der Rolle gezogen, bis ich auf

drei Lagen Klopapier komme, diese werden als Nächstes über-
einandergelegt, gefaltet, von der Rolle abgerissen, zu meinem
Gesäß, dann weiter zu meinem Anus geführt, dieser wird zu
guter Letzt mit den drei übereinandergefalteten Klopapierlagen
ausgewischt. Erneut. Erneut wird zum Klopapierspender ge-
griffen, solange an der Klopapierrolle gezogen, bis ich auf drei
Lagen Klopapier komme, erneut werden diese drei Lagen über-
einandergelegt, von der Rolle abgerissen, zu meinem Gesäß ge-
führt, erneut weiter zu meinem Anus geführt, erneut wird dieser
zu guter Letzt mit den drei übereinandergefalteten Klopapier-
lagen ausgewischt. Das benutzte Klopapier wird nicht betrachtet,
nur selten, sehr selten betrachte ich das benutzte Klopapier nach
dem Auswischen, bevor ich es in der Klomuschel entsorge.
Allerdings spüre ich immer noch dieses Gefühl. Das Gefühl des
noch nicht reinen Anus! Also erneut zum Klopapierspender ge-
griffen, an der Klopapierrolle so lange gezogen, bis ich auf drei
Lagen Klopapier komme, erneut diese drei Lagen übereinander-
gelegt, von der Rolle abgerissen, zu meinem Gesäß, dann weiter
bis zu meinem Anus geführt, zu guter Letzt wird dieser ein aller-
letztes Mal mit den drei übereinandergefalteten Klopapierlagen
ausgewischt, sauber gewischt. Aufstehen. Hose hoch. Knopf zu.
Reißverschluss zu. Gürtel schließen. Fertig. Umdrehen. Mit
einem flüchtigen Blick wird nun der Haufen aus Klopapier, welcher
sich auf meinen ungesund-hellgrauen Exkrementen türmt, be-
dacht, welcher sogleich durch das Betätigen der Klospülung
heruntergelassen wird. Umdrehen. Ein Schritt in Richtung Tür.
Der weiße Knopf unter der ebenfalls weißen Türklinke wird ge-
dreht, bis er sich in vertikaler Stellung befindet. Jetzt kann die
Klokabinentür geöffnet, aus der Klokabine herausgetreten werden.
Als Nächstes wird der Herrentoilettenraum bis zu den Wasch-
becken durchquert, der Wasserhahn betätigt. Händewaschen.
Seifenspender betätigen. In den Spiegel sehen. Nichts betrachten.
Händewaschen. Wieder in den Spiegel sehen. Ich wirke sympathisch.
Für mein anstehendes Gespräch muss ich es jedoch zustande
bringen weniger sympathisch zu wirken, jedenfalls muss ich in
dem „amikalen" Gespräch um einiges angriffslustiger rüber-

kommen, seriös, intelligent, mit einem Hauch nobler Bösartigkeit, die keinesfalls übertrieben wirken darf. Aber nicht schmierig. Meine Hände werden über dem Waschbecken geschüttelt. An der Konsole des Wasserhahnes wird das Wasser abgestellt, daraufhin wird zum Papierhandtuchspender gegriffen, welchem zwei grüne Papierhandtücher entnommen werden, die ich nun dazu benutze, meine Hände trocken zu reiben. Die Papierhandtücher im Mistkübel entsorgt, gehe ich zur Tür, öffne sie, verlasse die Toilette. Während hinter mir die Toilettentür zufällt, steige ich die in den kleinen Gang führende Treppe empor. Stufe für Stufe. Stufe für Stufe. Im Gang angekommen befinden sich die Sitzgelegenheiten zu meiner Rechten, der Durchgang in den Hauptraum, auf den ich mich jetzt zubewege, direkt vor mir. An den Tischen, an den Sitzen sowie an den Stühlen zu meiner Rechten vorbei, dem Durchgang in den Kaffeehaushauptraum entgegen. Ein Blick in die Küche. Die silbern-metallene Küchenarbeitsplatte, die mir sofort ins Auge springt. Plötzlich tritt der Kellner zwischen mich und die Küchenarbeitsplatte. Diese Situation muss augenblicklich ausgenutzt werden. – *Ich zahl dann gleich.* Er wendet sich mir zu. – *Bitte, gerne.* Er überlegt kurz. – *Das macht dann zwei vierzig.* Während er das sagt, greift er nach seiner länglichen Gastronomiegeldbörse, öffnet sie. In die Gesäßtasche meiner Hose gegriffen, die Geldbörse herausgeholt, das Kleingeldfach geöffnet. Die Eineuromünze. Die Zweieuromünze. Ich reiche ihm drei Euro. – *Passt so.* – *Danke schön. Einen schönen Tag noch! Wiedersehen.* – *Danke ebenfalls. Wiederschauen.* An der silbern-metallenen Küchenarbeitsplatte hinter dem Küchendurchgang vorbei, vorbei an der Kaffeehausküche. Durch den Durchgang in den Hauptraum.

In der Mitte des Kaffeehaushauptraumes steht nun die Dame, die vor Doktor Weber das Kaffeehaus betreten hat, mit einer kleinen, hellroten Geldbörse in der rechten Hand ungeduldig, immer wieder nach links, dann nach rechts blickend, wartend. Doktor Weber betritt durch den kleinen, vom Gang in den Hauptraum führenden Durchgang den Hauptraum des Kaffeehauses, geht schnurstracks zu seinem, von ihm zuvor besetzten, Sitzplatz, an dem er allerdings nicht Platz nimmt, sondern daneben stehen bleibend nur seine Melange austrinkt und nach seiner Jacke greift, in diese ohne den Reißverschluss zuzuziehen hineinschlüpft, daraufhin an dem Tisch der beiden jungen Männer, die auch jetzt noch in ihr Gespräch vertieft sind, an dem Tisch, an dem mittlerweile nur mehr die junge Frau mit den schwarzen Haaren sowie den stechend-grünen Augen vor sich in die Leere starrend sitzt, zu guter Letzt am Tisch des älteren Geistlichen, der soeben an seinem Mobiltelefon herumdrückt, vorbei, indem er den roten Vorhang zur Seite schiebt, durch die Eingangstür des Hauptraumes geht, diese hinter sich zufallen lässt, den Reißverschluss seiner Jacke zuzieht, die drei Stufen zur Kaffeehauseingangstür hochsteigt, durch diese das Kaffeehaus verlässt.

den Hauptraum des Kaffeehauses betretender, zu seinem Platz gehender, die Melagne auf einen Schluck austrinkender, seine Jacke ergreifender, in sie hineinschlüpfender, ihren Reißverschluss nicht schließender, an den beiden diskutierenden jungen Männern, an der alleine vor sich hinstarrend, an ihrem Tisch sitzenden Schwarzhaarigen, an dem an seinem Mobiltelefon herumdrückenden Geistlichen vorbeigehender, die wartende blonde Frau hinter sich zurücklassender, den roten Vorhang mit der rechten Hand zur Seite schiebender, durch die Eingangstür des Hauptraumes gehender, diese hinter sich zufallen lassender, den Reißverschluss seiner Jacke zuziehder, die drei Stufen zur Kaffeehauseingangstür hochsteigender, durch diese das Kaffeehaus verlassender
Doktor Weber

Zurück. Wieder im Hauptraum angekommen sind alle Augen auf mich gerichtet. Alle sehen mich an. Ich bin mir bewusst, dass mich niemand, kein einziger der vier Gäste, nicht die beiden jungen Männer, nicht die Schwarzhaarige, mit den stechenden Augen, die – so kommt es mir gerade vor – eigentlich die absolute Ausgeburt der Hässlichkeit ist, nicht der Pfarrer Ohlsdorfer, keiner dieser vier Kaffeehausbesucher beobachtet. Trotzdem fühle ich mich in hohem Grade unwohl, angestarrt, von Blicken nackt ausgezogen. In der Raummitte steht eine Frau mit roter Geldbörse in der rechten Hand. Diese Frau steht, diese Frau wartet. Wenn mich nicht alles täuscht, handelt es sich bei ihr um die Frau, die mir die Kaffeehauseingangstür nicht aufgehalten hat. Ich sehe es ihr zwar nach, werde ihr allerdings – sollte es dazu kommen – keinesfalls die Gefälligkeit des Türaufhaltens erweisen. Ich bewege mich auf meinen Platz zu, bin schon beinahe dort, nicht mehr weit, dann kann ich meine Jacke nehmen, dann kann ich das Kaffeehaus verlassen, dann liege ich perfekt im Zeitplan, dann bin ich pünktlich, vielleicht zu pünktlich, vielleicht überpünktlich, dann hätte ich natürlich das entscheidende Überraschungsmoment auf meiner Seite. Möglicherweise überrasche ich ihn tatsächlich, überrasche ich Herrn Doktor Hofmeister, Chef der Niederösterreichischen Krankenkasse, so sehr, dass er sein Konzept vergisst oder in einem Moment, in dem er sich noch überhaupt keines zurechtgelegt hat. Ich trinke die erkaltete Melange auf einen Schluck aus, stelle die Tasse wieder ab, bewege mich hinunter, greife nach meiner Jacke, das Diktafon noch immer in der Seitentasche. Sie werden mich interviewen wollen. Ausfragen werden sie mich, wie es für mich war, diese unverfrorene Sauerei aufzudecken, sozusagen den Grundstein zu legen, den Grundstein für eine radikale Verbesserung unseres Gesundheitssystems zu legen. Man wird alles wissen wollen, jedes Detail – sei es auch noch so klein. Wie sah ihre Vorbereitung aus? Wie kamen sie auf diese großartige Idee einen Mitschnitt ihres Gesprächs anzufertigen? Dieser Tag wird historisch, dieser Tag wird in die Geschichtsbücher eingehen. Dieser Tag markiert den Wendepunkt. Heute bin ich der Protagonist. Die sogenannte „Verbandelung" von Politik, beziehungsweise von Privatinteressen und unserem Gesundheitssystem hat mit diesem heutigen Tag ein Ende. Ich bin der Auslöser. Die Jacke wird über meine Schultern geworfen, mit meinen Armen schlüpfe ich in ihre Ärmel. Vorbei an den beiden diskutierenden jungen Männern. Außer kurzfristigem Ruhm kann ich mir wahrscheinlich nichts erwarten. Kurzfristige

Medienpräsenz, nichts weiter. Ich werde von der Bildfläche schneller wieder verschwunden sein als einer dieser Castingshow-Gewinner. Doch darum geht es gar nicht, nicht im Entferntesten hat diese ganze Angelegenheit mit mir zu tun, mit mir als Person. Um das Thema geht es, es geht um Medienpräsenz, um eine laute Stimme gegen die Ungerechtigkeit. Auch um das Diktafon geht es, mit dem ich das Gespräch aufzeichnen werde. Mein Stellenwert bemisst sich objektiv auf dieselbe Höhe dieses Diktafons, des Diktafons in meiner Jackentasche. Vorbei an dem Pfarrer Ohlsdorfer. Ich nicke ihm leicht zu. Zu leicht. Er hätte mich, am Handy tippend, sowieso nicht bemerkt. Das digitale Diktafon wurde von mir bereits getestet. Es funktioniert einwandfrei. Es läuft absolut geräuschlos. Das ist der entscheidende Vorteil an dem digitalen Diktafon. Es läuft leise, es nimmt vollkommen geräuschfrei auf. Selbst durch eine Jackentasche hindurch nimmt es jeden Schmatzer, jedes gesprochene Wort verständlich, also in für eine Veröffentlichung ausreichender Qualität auf. Nicht durch jede Jackentasche, durch meine Jackentasche aber nimmt mein Diktafon sehr wohl in für eine Veröffentlichung ausreichender Qualität auf. Deswegen trage ich an diesem heutigen so wichtigen Tag diese Jacke mit dieser Jackentasche, auch wenn sie für diese Wetterbedingungen eher untauglich, ein wenig zu dünn ist. Aber ich kann damit problemlos – wie ich bei meiner kleinen Generalprobe herausfand – aufzeichnen. Vorbei an der jungen Frau mit den schwarzen Haaren, mit den stechenden Augen. Zur Tür. Den schweren, roten Samtvorhang beiseitegeschoben, die Tür geöffnet. In den Vorraum. In den kühlen Vorraum, dessen klirrende Kälte in starkem Kontrast zu der wohligen Wärme des Kaffeehaushauptraumes steht. Der Vorraum, dessen geringe Temperatur einen bereits auf die am Hauptplatz vorherrschende Kälte vorbereitet, einen aber nicht dagegen abhärtet, gar nicht abhärten kann. Durch den Glasteil der Kaffeehaustür kann deutlich der draußen wütende Schneesturm ausgemacht werden. Der nicht klemmende Reißverschluss meiner zu dünnen Jacke wird geschlossen. Es kostet Überwindung die Stufen zur Ausgangstür hinter mich zu bringen, die Tür zu öffnen … in die Kälte, in den Schnee, in das chaotische Gewühl der zentimeterdicken Schneeflocken zu treten.

junger Mann mit schwarzen Locken sowie einem sich direkt darunter
befindenden Mondgesicht, vor dem sich die Überreste seines Frühstücks
ausbreiten
Phillip

… und das nur um sich über österreichische Politiker oder besser:
sogenannte „Politiker" Gedanken zu machen. Lukas misst dieser
Sache eindeutig zu viel Bedeutung bei, verkennt dabei die Sach-
lage. Ja, ja das ist offensichtlich, die Sachlage wird von ihm voll-
kommen verkannt. Schlussendlich handelt es sich dabei ja um ein
absolut pervertiertes System. Das muss gesagt werden. Das muss
ihm gesagt werden. Ich muss es ihm sagen, um ihn umzustimmen
oder ihm zumindest ein wenig Wind aus seinen Argumentations-
flügel zu nehmen. – *Aber du musst ja rechnen: Die ganze Politik,*
das ganze politische System in Österreich is ja komplett pervertiert. Es
geht bei uns ja überhaupt nicht ums Volk. Bei uns dreht sich ja alles
um die Parteien. Das hat jetzt einmal dieser Politologe auch im Fern-
sehen gsagt … Na! … Jetzt fallt ma nicht ein, wie er heißt. Na ja, is
ja wurscht. Lukas blickt nachdenklich. Ich weiß, dass auch er es
nicht weiß. – *Der hat auf jeden Fall gsagt, dass es in Österreich ein*
umgedrehtes System is, nämlich dass es normalerweise so sein sollte, dass
die Politik für das Volk da sein muss und sich daher dem Volk gegenüber
auch zu verantworten hat. Bei uns is aber der oberste Souverän die …
Partei, eben die jeweilige Partei und das Volk nicht einmal ansatzweise.
Nach dem richtet sich nämlich genau gar nix. Politiker sagen, was ihre
Partei hören will, aber nicht, was die Menschen tatsächlich wollen, das
wird so gut wie nie angesprochen. Und die Partei richtet sich ja auch
nicht nach den Leuten, sondern hauptsächlich nach sich selbst und ver-
sucht natürlich mit allen Tricks irgendwie an der Macht zu bleiben. Das
is doch keine Demokratie wennst mich fragst! Alle meine Punkte sind
aufgezählt, sind an den Mann gebracht. Wie reagiert Lukas? –
Das is richtig. Das is absolut richtig. Aber angenommen, man bringt
einen Politiker dazu als Politiker zu agieren und nicht nur als willen-
loser Parteicharge. Dann könnte er richtig was ausrichten. So ein Politiker
könnte wirklich was bewegen. Das sieht er falsch, sieht nicht das
ganze Bild, redet an mir vorbei. Lukas muss zurechtgewiesen

werden. – *Dann müsste er aber eine relativ hohe ... also eine sehr einflussreiche Rolle in der Partei haben. Na? ... Und so eine Rolle kann nur einer kriegen, wenn er von Anfang an katzbuckelt.* Lukas sucht nach Worten, nach Worten, um eine Entgegnung auf meine Aussage zu formulieren. Der schmierige Anwalttyp geht an uns vorbei, geht in Richtung Ausgang. – *Aber angenommen, es gäbe so einen Politiker – ich sag' nicht, dass es so einen gibt – einfach angenommen, es gäbe so jemanden, der könnt dann aber wirklich was bewirken. Mehr sag' ich ja gar nicht.* Er hat recht. – *Ja, mag sein.* Das Zugeständnis, das ihn möglicherweise anspornt, anspornt, sich weiter aus dem Fenster zu lehnen, sich mit einer zusätzlichen Aussage seinerseits weiter vorzuwagen. – *Das kann ja nicht so schwer sein, dass man so jemanden findet. Irgendwo muss es doch einen politisch ambitionierten Menschen geben, der diese Richtung einschlagen würde.* Die Antwort auf diese utopische Vision liegt auf der Hand. – *Es gibt nix, was es nicht gibt. Die Frage is nur, wie wahrscheinlich es is, dass der dann auch wirklich was bewirken kann? Wenn man sich unseren Zwei-Parteien-Staat anschaut is das fast unmöglich.* Langsam aber sicher fährt sich das Gespräch schon wieder fest. Man bräuchte ein absolut neues Argument, um es noch einmal aufzulockern, aufzufrischen, um es Früchte tragend weiterführen zu können.

sich weiterhin mit seinem Freund unterhaltender, mit dem Rücken zum Fenster sitzender, junger Mann mit dicker Hornbrille, Dreitagebart, grauem Kapuzenpullover, um die zwanzig
Lukas

So nahe sind wir am perfekten Staat dran. Es fehlt nur an Politikern, womit natürlich tatsächliche Politiker gemeint sind, also keine machtgierigen, korrumpierten Geschäftsleute, die bloß auf ihr eigenes Wohl, das heißt mehr oder weniger bloß auf das Wohl ihrer Partei bedacht sind, daher den einfachen Mann sowie ihre eigentlichen Arbeitgeber nämlich das österreichische Volk absolut negieren. Solche Politiker fehlen. Es fehlt an mutigen, an ambitionierten Menschen, beziehungsweise fehlt es nicht an ihnen, im Gegenteil, es gibt sie, sie sind durchaus da, nur werden sie instrumentalisiert, zerstört, ausgemerzt, von der Partei – ganz egal wie immer sie auch gefärbt sein mag –, und zu guter Letzt ausgeschissen. Phillip müsste mein vorangegangenes Argument doch verstehen, er müsste es eigentlich als unumstößlich akzeptieren. Aber er setzt schon wieder an – *Aber du musst ja rechnen: Die ganze Politik, das ganze politische System in Österreich is ja komplett pervertiert. Es geht bei uns ja überhaupt nicht ums Volk. Bei uns dreht sich ja alles um die Parteien. Das hat jetzt einmal dieser Politologe auch im Fernsehen gsagt ... Na! ... Jetzt fallt ma nicht ein, wie er heißt. Na ja, is ja wurscht.* Komm doch zum Punkt! Kurz wandern meine Augen nach links, tasten den mittleren Bereich dieses Raumes ab, in dem sich eine Frau mit blonden Haaren befindet, die zu warten scheint, wahrscheinlich auf den Kellner zu warten scheint, sich nichts anmerken lässt, obwohl sie kurz vor dem gestriegelten Typen diesen Raum, den Hauptraum des Kaffeehauses betreten hat, was die Wahrscheinlichkeit einer flotten Nummer, eines Quickies auf der Toilette augenscheinlich zutage treten lässt. Gemeinsam waren sie höchstwahrscheinlich auf der Toilette, möglicherweise in einer Kabine, vielleicht auf der Damen-, vielleicht auf der Männertoilette, aber mit ziemlicher Sicherheit in einer Kabine, beide unten ohne hat er ihn sicher hart in sie hineingestoßen. Nun verhalten sie sich so als seien sie einander vollkommen fremd. Der alte Trick. Phillip setzt fort: *Der hat auf jeden Fall gsagt, dass es in Österreich ein umgedrehtes System is, nämlich dass es normalerweise so sein sollte, dass die Politik für das Volk da sein muss und sich daher dem Volk gegenüber auch zu verantworten hat. Bei uns is aber der oberste Souverän die ...* Er überlegt. Ich helfe ihm nicht auf die Sprünge. – *Partei, eben die jeweilige Partei und das Volk nicht einmal ansatzweise. Nach dem richtet sich nämlich genau gar nix. Politiker sagen, was ihre Partei hören will, aber nicht, was die Menschen tatsächlich wollen, das wird so gut wie nie angesprochen. Und die Partei richtet sich ja auch nicht nach den Leuten, sondern hauptsächlich nach sich selbst und versucht natürlich mit allen Tricks irgendwie an der Macht zu bleiben. Das is doch keine Demokratie wennst mich fragst!* Dieser Faden muss selbstverständlich aufgegriffen werden. – *Das is richtig. Das is absolut richtig. Aber angenommen, man bringt einen Politiker dazu als Politiker zu agieren und nicht nur als willenloser Parteicharge. Dann könnte er richtig was ausrichten. So ein Politiker könnte wirklich was bewegen.* Klar. Deutlich. Meine Meinung. Phillip kontert: *Dann müsste er aber eine relativ hohe … also eine sehr einflussreiche Rolle in der Partei haben. Na? … Und so eine Rolle kann nur einer kriegen, wenn er von Anfang an katzbuckelt.* Offensichtlich wurde ich von Phillip falsch verstanden. Tatsächlich sprach ich bloß von einem Was-wäre-wenn-Szenario. Der Schnelle-Nummer-Mann passiert unseren Tisch, während ich zur nötigen Richtigstellung ansetze: *Aber angenommen, es gäbe so einen Politiker – ich sag' nicht, dass es so einen gibt – einfach angenommen, es gäbe so jemanden, der könnt dann aber wirklich was bewirken. Mehr sag' ich ja gar nicht. – Ja, mag sein,* ernte ich dafür. Dennoch versuche ich mich weiter zu präzisieren. – *Das kann ja nicht so schwer sein, dass man so jemanden findet. Irgendwo muss es doch einen politisch ambitionierten Menschen geben, der diese Richtung einschlagen würde.* Ja. Phillip versteht mein Argument, erkennt es an. – *Es gibt nix, was es nicht gibt. Die Frage is nur, wie wahrscheinlich es is, dass der dann auch wirklich was bewirken kann. Wenn man sich unseren Zwei-Parteien-Staat anschaut is das fast unmöglich.* Kann es wirklich noch zu einem Konsens kommen? Die Möglichkeit schwindet.

einsam an ihrem Tisch sitzende, vor sich hinstarrende junge Frau Tanja

Verschwunden. Einfach verschwunden. Aus meinem Leben? Das kann sein. Lena ist unberechenbar, in Extremsituationen ist Lena unberechenbar. Andererseits, was habe ich erwartet? Ab jetzt bin ich allein. Ich bin allein, muss die Rechnung bezahlen. Ich bin allein. In meiner Geldbörse befinden sich ein Fünfeuroschein sowie zwei bronzene Eincentmünzen im Kleingeldfach. Das reicht nicht aus, um unser beider Frühstück zu bezahlen. Also: Geld abheben. Zum Bankomat, dann Geld abheben. Auf sich selbst gestellt erweist sich dieses Vorgehen als schwieriger, schwieriger als gedacht, schwieriger als zu zweit. Wie kann ich das dem Kellner erklären, wie soll ich es ihm klarmachen? So oder so, ich werde nicht umhinkommen dem Kellner die doch sehr missliche Situation, in der ich mich befinde, darzulegen, mich voll, ja mich ganz, mich gänzlich, mich absolut dem Wohlwollen des Kellners auszusetzen. Nackt, ich fühle mich nackt. Ausgeliefert. Ich bin ausgeliefert. Wird er meine Lage ausnutzen? Wenn ja, wie wird er meine Lage ausnutzen? Welchen Verlauf wird meine – durch mein Nicht-Nachdenken, mein Nicht-genug-im-Vorhinein-die-Situation-Überdenken – entstandene Lage nehmen, wie wird sie sich entwickeln? Welchen möglicherweise vollkommen unvorhergesehenen Verlauf werden die Dinge nehmen? Es erweist sich als außerordentlich unangenehm, sich blind, sich nackt in dieser riesigen, in dieser so dichten Wolke aus purer Ungewissheit zu befinden, in welche ich mich aus freiem Willen hineinbegeben habe. Die Ungewissheit, die nicht nur bloß diese meine Frühstückssituation, sondern ebenso, in sogar noch viel größerem Ausmaß, mein ganzes Leben umfasst. Meine Abende werde ich nicht mehr mit Lena gemeinsam kuschelnd vor dem Fernseher verbringen. Nie wieder werde ich sie unter der dicken, wohlig warmen Fernsehdecke streicheln, sie danach massieren, sie im Bett, zwischen ihren Beinen liegend, lecken. Nie wieder werden wir am Samstag gemeinsam die Kramer-Oma besuchen, nie wieder wird Oma ihr den – immer wieder betonten – nicht gesüßten Tee zubereiten, nie wieder werde ich mit Lena gemeinsam auf der Heimfahrt einen Kramer-Oma-Besuch rekapitulieren. Nie wieder. In meinem tiefsten Inneren, weit unter meinem Zwerchfell, entsteht dieses mir wohlbekannte, sich schnell ausbreitende, dieses sich in alle Richtungen gleichzeitig ausbreitende Gefühl, das sowohl auf der gesamten Fläche meines Rückens als auch auf beiden Ober- sowie Unterarmen starke Gänsehaut auftreten lässt. Dadurch fühlt sich die Haut an meinem Rücken, die Haut an meinen Oberarmen, die Haut an meinen Unterarmen an, als würde sie jeden Moment aufspringen, auseinanderreißen. Es war nicht die richtige Entscheidung. Ich habe mich nicht richtig verhalten, habe nicht richtig gehandelt. Vielleicht habe ich ihr auch einfach meine Motivation nicht gut genug, nicht auf die richtige Weise erklärt. Eines steht fest: So kann es nicht bleiben. Das Gefühl, das sich unter meinem Zwerchfell versteckt, muss ausgemerzt werden. Das Gefühl, das unsichtbar, tief in meinem Bauch, ebendiesen emporsteigt, ein Grummeln, ein durchgehendes, nicht aufhören wollendes Vibrieren, das nun sogar beginnt die Frequenz meines Herzschlags zu beeinflussen. Ich muss stärker sein. Darf nicht nachgeben. Muss gegen dieses Gefühl ankämpfen. Werde Lena nicht hinterherlaufen. Ich bin stärker. Nie wieder werde ich Lenas Haar streicheln. Ich gebe nicht nach. Nie wieder werden wir gegeneinander das unerbittlichste Tennis spielen. Ich laufe Lena nicht hinterher. Das vom Zwerchfell bis in den Brustkorb zu spürende Kribbeln wird verschwinden. Lena findet mit Sicherheit eine andere. Mit Sicherheit bin ich nicht an ihrem Unglück schuld. Zumindest bin ich nicht die alleinig dafür Verantwortliche.

älterer Geistlicher, der soeben an seinem Mobiltelefon herumdrückt
Ohlsdorfer

… s … ä … h … e … Leerzeichen. Es. … e … s … So. Leerzeichen. Morgen. … m … o … r … g … e … n … Leerzeichen. So. Bei. … b … e … i … Leerzeichen. Jetzt. Dir. … d … i … r … So. Leerzeichen. Aus. … a … u … s … So. Fragezeichen. …? … So. Senden. Noch nicht. Soll die SMS tatsächlich so abgeschickt werden? Sie klingt fordernd. Sie klingt zu fordernd. Johanna muss sich nicht mit mir treffen. Sie kann. Ich bin derjenige, der von ihr abhängig ist. Ich will sie sehen … Ich muss sie sehen. Ich will sie sehen. Ich bin der Bittsteller. Nein. Die SMS kann nicht abgeschickt werden, kann so nicht abgeschickt werden. Sie darf nicht gezwungen werden, Johanna darf nicht zu etwas gezwungen werden, was sie nicht selbst auch will. Ich warte auf den ersten Schritt, der unbedingt von ihrer Seite kommen muss, auf den ersten Schritt, der mich auf einer Einbahnstraße in die Sackgasse führt. Ich könnte es mir vorstellen, sogar sehr gut vorstellen, sehr gut könnte ich mir eine Beziehung mit Johanna vorstellen. Selbst eine sexuelle Beziehung könnte ich mir vorstellen. Nein, ich kann sie mir vorstellen, ich stelle sie mir vor, jeden Tag stelle ich mir eine solche Beziehung vor. Handelt es sich dabei nicht bloß um die Versuchung oder um natürliche Notwendigkeit, um die natürlichste aller Notwendigkeiten, um eine naturgegebene animalische Notwendigkeit, um die Notwendigkeit sich fortzupflanzen, um dadurch den Fortbestand der menschlichen Rasse zu sichern, beziehungsweise das Weiterleben der eigenen Gene zu ermöglichen? Soll das der einzige Zweck des Menschen auf dieser gottgegebenen Erde sein? Oder muss er einfach dagegen ankämpfen, gegen diese Notwendigkeit ankämpfen, um frei zu sein, um nach etwas Höherem streben zu können? Löschen. Buchstabe für Buchstabe wird gelöscht, verschwindet von meinem Bildschirm. Hättest du morgen Zeit? Das klingt unverbindlicher. Ich schreibe also: Hättest du morgen Zeit? Ich benutze den Konjunktiv, den Konjunktiv II. ... H ... ä ... t ... Verdrückt. Einmal zu oft habe ich auf die t-u-v-Taste gedrückt. Nun steht das „u" an der Stelle des „t's". Also „Häu" ... Löschen! Einmal kurz die t-u-v-Taste gedrückt, schon befindet sich das „t" an dem, für ihn vorgesehenen, Platz. ... t ... e ... s ... t ... So. Leerzeichen. Morgen. Das geht schneller. ... m ... o ... r ... g ... e ... n ... Leerzeichen. Zeit. ... z ... e ... i ... t ... Fragezeichen. ...? ... *Hättest du morgen Zeit?*, steht nun am Bildschirm meines Handys. Irgendetwas stimmt immer noch nicht. Irgendwo hakt der Satz. Nicht der Satz per se hakt, sondern der Satz als Baustein in dem Beziehungsgeflecht, in dem ich mit Johanna verstrickt, in dem ich mit Johanna gefangen bin, passt nicht ganz in das komplexe Gebilde, welches sich unsere Freundschaft nennt. Daran hakt es. Das „Vielleicht" fehlt. „Hättest du vielleicht morgen Zeit?" Nein. Das „Vielleicht" muss nach hinten rutschen. „Hättest du morgen vielleicht Zeit?" So klingt das Ganze unverbindlicher, lässt bei Weitem mehr Spielraum für eine Antwort, zeigt auch keine allzu große Erwartungshaltung meinerseits, kann also als perfekt formulierte Frage von mir an Johanna abgeschickt werden. Hättest du morgen vielleicht Zeit? Ja. Das klingt gut, klingt richtig. Also: Löschen. Zuerst das T, dann das H, das C, das I, das E, daraufhin das zweite L, dann das erste L, das E, das I, das V. Ich manövriere mich also vor das Wort „morgen", beziehungsweise zwischen „morgen" und „zeit", füge nach dem N von „morgen" ein Leerzeichen ein. … v … i … e … l … l … e … i … c … h … t … Hättest du morgen vielleicht Zeit? Aber soll denn diese SMS tatsächlich von mir abgeschickt werden? Der Bildschirm meines Mobiltelefons verrät mir die Uhrzeit: Zehn Uhr zweiunddreißig. Johanna wird gerade das Mittagessen für die immer zeitig Mittag essende Frau Wachter zubereiten.

wartende, blonde Frau

Er hat mich doch vorher gesehen. Wohin ist er verschwunden? Er weiß, dass ich zahlen möchte. Hat er etwas Wichtigeres zu tun? Man möchte einen schnellen Espresso, dann allerdings kommt das Warten. Was sagt die Uhr? Ich habe zwar noch genügend Zeit, aber trotzdem alles andere als übermäßig viel Zeit. Um zwölf beginnt der Rittermarsch, was mir gerade noch ausreichend Zeit für die Anfahrt sowie zum Umziehen übrig lässt. Wenn der Kellner innerhalb der nächsten zwanzig Sekunden hier vor mir auftaucht, um mir die Rechnung auszuhändigen, um sich den Espresso von mir bezahlen zu lassen, befinde ich mich noch weit im grünen Bereich, befinde ich mich noch innerhalb des Zeitfensters, in welchem ich mir keine Gedanken zu machen brauche. Werden diese zwanzig Sekunden jedoch überschritten – so gut kenne ich mich – gerate ich auf jeden Fall in leichten Stress, der sich mit dem Verstreichen jeder weiteren Minute oder sogar mit dem Verstreichen jeder weiteren halben Minute exponentiell steigert, mich also schlussendlich zu spät, abgekämpft und verschwitzt am Rittermarsch auftauchen lässt. Robert würde mich wieder auslachen, würde behaupten, es sei doch gar nicht so wichtig, wann ich bei diesem – wie er es immer nennt – kindischen Vereinstreffen ankomme, beinahe so unwichtig, würde er behaupten, wie mein Aussehen in dem, von Robert unnachgiebig immer bloß als überdimensionale Kinderfaschingsverkleidung bezeichneten Kostüm. Ich kenne mich, die verbleibenden zehn Sekunden erweisen sich für mich als ausschlaggebend. Erscheint der Kellner innerhalb dieser zehn Sekunden nicht hier direkt vor meinen Augen, kann der ganze Tag abgeschrieben werden, was mit an Sicherheit grenzender Wahrscheinlichkeit außerordentlich bedauerlich wäre. So schnell wie möglich will ich in meine zweite Haut schlüpfen, mich wieder verwandeln. Es besteht aus zwei Teilen, aus zwei Teilen besteht mein Kostüm, das Kostüm, das dem damaligen Gewand eines Burgfräuleins haargenau nachempfunden ist. Bis ins kleinste Detail ist es dem Gewand eines im dreizehnten Jahrhundert nachweislich existierenden Burgfräuleins aus Fulda nachempfunden, das aus zwei Teilen besteht, nämlich einem eng anliegenden Korsett-ähnlichen Oberteil, welches gleichzeitig auch das absolute Lieblingsstück aus meiner gesamten Garderobe darstellt, sowie einem nicht zu weiten, langen Rock, welcher ungemein angenehm zu tragen ist, den ich um nichts in der Welt eintauschen würde. Am liebsten würde ich umgehend, würde ich auf der Stelle wieder in das Leben, in die Rolle des Burgfräuleins, meines anderen Ichs schlüpfen. Aber zuerst kommt das Warten. Bevor ich meinen Espresso zahlen kann, muss ich warten, auf den Kellner warten. Dann erst kann dieses Café von mir verlassen werden, erst nachdem ich beim Kellner die Rechnung beglichen habe, kann ich dieses Kaffeehaus verlassen, mich zu meinem Wagen begeben, mit diesem nach Enzersdorf fahren, mich dort umziehen, dann erst ist es so weit. Wohin ist er bloß verschwunden? Dieses Kaffeehaus wird sobald nicht mehr von mir aufgesucht werden. Eigentlich handelt es sich hierbei um eine handfeste Unverschämtheit. Man möchte doch nichts weiter als eine schnelle, kleine Stärkung zwischendurch zu sich nehmen, muss zuerst aber auf den Espresso warten, dann sogar auf die Rechnung noch länger warten. Trotzdem bin ich lieber hier als anderswo. Denn auch in diesen Fast-Food-Kaffeehäusern, die von Marianne beinahe abgöttisch geliebt werden, schmeckt der Kaffee nicht richtig, kommt man auch nicht schneller dran. Nirgendwo kann man mehr hingehen, nirgendwo wird man adäquat bedient, nirgendwo ist der Kunde noch König. Wo bleibt der Kellner? Nach fünfzehn Minuten darf das Kaffeehaus ohne

bezahlt zu haben von mir verlassen werden. Fünf von diesen
fünfzehn Minuten sind bereits verstrichen.

*Doktor Weber verlässt das Kaffeehaus, lässt die Tür hinter sich ins
Schloss fallen, steigt in den Schnee, dreht sich nach links, geht über den
Hauptplatz, biegt in eine Seitengasse ein, in welcher ihm ein jugend-
licher, Kopfhörer über seiner grau bemusterten Haube, unter der seine
Rastalocken hervorbaumeln, tragender Bursche entgegenkommt. Doktor
Weber passiert diesen Burschen. Der Bursche blickt sich jedoch noch ein-
mal nach ihm um, als er bereits an ihm vorbeigegangen ist. Doktor Weber
biegt am Ende der Seitengasse nach links ab.*

*jugendlicher, Kopfhörer über seiner grau bemusterten Haube tragender,
unter der seine Rastalocken hervorbaumeln, in Richtung Hauptplatz
gehender, sich nach dem Doktor Weber umdrehender Bursche*

Die Nase schmerzt. Die Backen schmerzen. Die Nase schmerzt.
Die Backen schmerzen. Um diese Uhrzeit hätte ich wahrschein-
lich zum gefühlten tausendsten Mal „Grüß Gott. Willkommen
bei Kaisers An- und Verkauf. Wie kann ich Ihnen helfen?" ge-
sagt. Ich habe mir geschworen diese Begrüßung heute kein ein-
ziges Mal auszusprechen, an meinem freien Tag niemals diese
auswendig gelernten Begrüßungssätze in den Mund zu nehmen.
Nicht ein einziges Mal werde ich „Willkommen bei Kaisers An-
und Verkauf" sagen. Trotzdem geht es mir nicht aus dem Kopf.
Ich denke über diese Sätze nach. Das alleine ist bereits zu viel, zu
viel vollkommen nutzlos verschwendete Zeit. Meine Gedanken
müssen also schleunigst in eine andere Richtung gelenkt werden,
weg von der Arbeit, um jeden Preis weg von der Arbeit, bloß
wohin? Wie von selbst bewegen sie sich weg von meinem Arbeits-
platz, hin in meine Dreizimmerwohnung. Da sie nun dort ver-
harren, kann Karina unmöglich außen vor gelassen werden, un-
beachtet bleiben, Karina, die am Schreibtisch sitzt, Karina, die am
Schreibtisch vor ihrem modernen, silbern glänzenden Laptop sitzt,
Karina, die an ihrem Schreibtisch vor ihrem modernen, silbern
glänzenden Laptop, unermüdlich auf diesen einhämmernd, sitzt,

schreibt. Karina sitzt also an ihrem Schreibtisch, sitzt an ihrer Novelle schreibend vor ihrem Laptop, hat ihren Schreibblick aufgesetzt, der stets ihre Anspannung verrät, den Zustand absoluter Konzentration, in dem sie sich ausschließlich, während sie mithilfe der Laptoptastatur Buchstaben auf den Bildschirm ihres Laptops hämmert, befindet. Karinas Blick verrät zwar ihre Konzentration aber auch noch etwas anderes, eine Art Abwesenheit, eine Art Abwesenheit ihrer Gedanken, die mich keinen Schluss daraus ziehen lässt, wo sie sich denn zu jenem Zeitpunkt tatsächlich befinden, in welchen, mir möglicherweise fremden, Sphären sie sich in diesem Moment tatsächlich verfangen haben. Befinden sie sich etwa bei Rolli, diesem jungen Mann mit diesen zur Seite gekämmten, zusätzlich zur Seite gegelten Haaren, diesem jungen Mann mit der Designerbrille, der eben erst seine Matura hinter sich gebracht hat, der nie etwas anderes als einen hochmodernen, grauen Nadelstreifanzug trägt, der sich immer so betont gewählt artikuliert? Rolli, der Karina bereits einen Heiratsantrag gemacht hat. Rolli, der mich im Chase-Pub abgefangen hat, um mir mitzuteilen, dass Karina die Liebe seines Lebens sei. Dieser junge, unreife Gerade-eben-Maturant will mir weismachen, er wisse was von Liebe, glaubt tatsächlich er habe bei Karina eine reale Chance. Der allerschlimmste Wesenszug an Rolli jedoch ist, dass es sich bei ihm um einen der sympathischsten, ja um einen der interessantesten Personen in meinem gesamten Bekanntenkreis handelt. Rolli vereint zugleich eine unnachahmliche Liebenswürdigkeit sowie eine absolut schamlose, unbeirrbare Offenheit in sich, die schlussendlich noch mit der, in seinem Alter eher regressiv wirkenden, kindlichen Naivität gewürzt wird, die ihn vollends auf eine merkwürdige Weise zum außerordentlichsten, mir bekannten Menschen stempelt. Von Rolli werde ich eindeutig als Bruderfigur oder Große-Bruder-Figur angesehen. Einmal sagte er es mir sogar offen, ganz direkt, frei heraus, mitten ins Gesicht. Ihm kann man nicht böse sein, selbst wenn man ihm direkt als Kontrahent gegenübersteht, selbst wenn man sich der Gefahr, die von diesem jungen, unerfahrenen, von diesem überaus naiven Burschen ausgeht, vollkommen bewusst ist, selbst dann kann man nicht anders als ihn auf eine einzigartige Weise zu respektieren, selbst dann muss man sowohl seine Moralvorstellungen als auch seine absolute Ehrlichkeit in allen Belangen, die stets von ihm an den Tag gelegt wird, schätzen. Der Satz, der mir wieder gegenwärtig wird: Einer liebt immer mehr als der andere. Das stimmt zweifellos, sagt jedoch nicht das Geringste über die Wertigkeit einer Beziehung aus. Die einen Einmal-mehr-und-einmal-weniger-Liebenden bleiben ihr Leben lang aneinandergeschweißt, das andere auf dieselbe Art zusammengestellte Pärchen hingegen trennt sich möglicherweise bereits nach der ersten Beziehungswoche. Alles relativ. Selbstverständlich herrscht die Gefahr eines Fremdgehens, beziehungsweise die Gefahr eines Vom-Partner-weggetrieben-Werdens eher bei der weniger liebenden Person vor. Das ist es, was mir Kopfzerbrechen bereitet. Wie weit wird Karina gehen? Wie wird sie sich entscheiden? Die Nase schmerzt. Die Backen schmerzen. Jetzt erst bemerke ich, dass eine andere Gestalt im Schneegestöber soeben an mir vorüberhuscht. Der Kopf wird gewendet. Die Nase schmerzt. Die Backen schmerzen. Die oberen Lendenwirbel sind wie versteinert, üben einen inneren Druck aus, der sich bis in meine rechte Schulter zieht. Endlich! Die Gitarre, dann das Schlagzeug. Jetzt beides in perfekter Harmonie. Gleich setzt der Gesang ein. Das Lied, das Karina vor meinen Augen, trotz des Schneegestöbers völlig klar erscheinen lässt. Die Flocken erweisen sich als zu dick, der Mann befindet sich bereits zu weit weg, biegt außerdem gleich ab. Zu spät. Der Gesang setzt bereits ein. *Logic defies all reason.* Einer der besten philosophischen Sätze einer der besten, härtesten Bands. Wie kann die Obdachlose von vorhin nur bei diesem extremen, menschenfeindlichen, außerordentlich fatalen Wetter überleben? Die Nase schmerzt, sie fällt gleich ab.

das Kaffeehaus verlassender, die Tür hinter sich ins Schloss fallen lassender,
in den Schnee steigender, sich nach links wendender, über den Hauptplatz
gehender, in eine Seitengasse, in welcher ihm ein jugendlicher, Kopfhörer
über seiner grau bemusterten Haube tragender, Bursche entgegenkommt,
einbiegender, den Burschen passierender, am Ende der Seitengasse nach
links abbiegender
Doktor Weber

Die geschlossene Jacke schützt, schützt meinen Oberkörper,
allerdings nur meinen Oberkörper, nicht das Gesicht, nicht meine
Extremitäten, bereits in dem Moment des In–die–Kälte–Tretens
werden die Finger klamm, die Nase wird gefühllos, beginnt zu
rinnen. Der Boden erweist sich als rutschig, rutschiger als zuvor.
Das Gehen wird dadurch erheblich diffiziler, mein ansonsten
so unbeschwert lockerer Gang wird durch die noch nicht fest-
getretene, etwa vier Zentimeter dicke Schneeschicht weitgehend
unmöglich gemacht, von locker oder gar unbeschwert kann zur-
zeit keine Rede sein. Um jeden Schritt wird gekämpft. Gesehen
kann gerade einmal vier Meter weit werden. Danach Schnee,
Schneegestöber, Weiß. Doktor Hofmeister wird längst dabei
sein, sich auf meinen Besuch vorzubereiten. Wäre er es allerdings
nicht, so könnte dies als das allerschlimmste Vorzeichen inter-
pretiert werden. Dabei würde es sich nämlich um Gelassenheit
handeln und Gelassenheit kommt stets aus realer Überlegenheit,
diese Überlegenheit ist jedoch ausschließlich dann auch eine
tatsächliche Überlegenheit, wenn sich der Überlegene seiner
Überlegenheit bewusst ist. Da also nur aus dem Bewusstsein der
Überlegenheit die Gelassenheit erwachsen kann, wäre die Ge-
lassenheit des Doktor Hofmeister bei Weitem das schlimmste,
unser bevorstehendes Gespräch betreffende, Vorzeichen, das sich
ausmalen lässt. Diese Gelassenheit würde nämlich den Schluss
zulassen, Doktor Hofmeister wisse etwas, das ich nicht weiß,
beziehungsweise etwas, womit ich bisher noch nicht rechnete.
Das heißt, er hätte das Überraschungsmoment auf seiner Seite,
könnte mich überrumpeln, mich im schlimmsten Fall durch
eine unerwartete oder äußerst heftige Androhung sogar mundtot

machen. Dann würden meine bereits vorbereiteten Antworten nicht mehr funktionieren, könnten nicht mehr verwendet werden, nicht mehr an den Mann, nicht mehr an den Doktor Hofmeister gebracht werden. Ich wäre nicht mehr souverän, man würde auf der digitalen Diktafonaufnahme meine Unsicherheit spüren, ich wäre nicht mehr der redegewandte Vertreter der Wahrheit. Der mir hier entgegenkommt ist ein junger Mann, unter dessen grauer Haube Rastalocken hervorbaumeln. Große, runde Kopfhörer, die durch einen schwarzen, halbbogenförmigen Balken, der über seinem Kopf, über seiner Haube liegt, miteinander verbunden werden, wärmen, ganz in Opas Ohrenschützer-Manier die Ohren des Graue-Haube-Trägers. Außerdem wird er von ihnen wahrscheinlich beschallt. Das ist anzunehmen. Wobei man sich bei den Jugendlichen da nicht mehr so sicher sein kann, denn ein Großteil trägt solche Gegenstände, die üblicherweise als Gebrauchsgegenstände ihren konventionellen Einsatz finden, bloß als modisch schickes Accessoire, ohne den Gegenstand per se überhaupt regelmäßig ihrem Gebrauch entsprechend zu benutzen, tragen Kopfhörer beispielsweise als sogenanntes Fashion Statement oder wie auch immer die heutige Generation es mit den zurzeit angesagtesten Worten auch ausdrücken möge. Ein stoischer, ein wahrscheinlich am ehesten zur Apathie neigender junger Mann, der sich sicherlich keinesfalls über mangelndes weibliches Interesse an seiner langweiligen Person beklagen kann. So viel steht fest. Ein wahrscheinlich selbstzufriedener junger Mann. Ein wahrscheinlich nicht nur zuletzt aufgrund seiner Dauerbeschallung – sollte denn wirklich Musik durch diese Kopfhörer in die Ohren des jungen Mannes dringen – selbstzufriedener, glücklicher junger Mann. Unwissenheit ist Segen. Ignoranz ist Segen. Durch die Musik, die soeben aus seinen Kopfhörern, durch seine Ohren in sein Hirn dringt, lässt sich die Grauhaube sedieren, was heutzutage mit trauriger Gewissheit gar nichts Ungewöhnliches mehr ist. Musik am Morgen beim Aufwachen, Musik am Abend beim Einschlafen, Musik im Supermarkt, im Kaffeehaus, beim Aufzugfahren, Musik beim Essen, Musik beim Trinken, Musik dazwischen, in den öffentlichen Verkehrsmitteln, aber auch im

Privat- oder Firmenauto, Musik, immer Musik im Ohr. Ganz eindeutig kann es sich bei einem derartig übertriebenen Musikkonsum keinesfalls mehr um Genuss handeln. Die durch die Kopfhörer der Jugendlichen in ihre Ohren dringende Musik erfüllt für sie einzig die von ihnen erwünschte sedierende Wirkung. Musik als Droge. Mehr ist nicht mehr übrig. Musik als Selbsthilfe zur täglichen Lebensbewältigung, die doch schlussendlich nur zu Lebensverachtung und Verneinung führt. Der junge Mann, der unwissentlich für eine gesamte Generation steht, eine ganze Generation, die mit weit offenem Mund in Lichtgeschwindigkeit ihrem Untergang entgegenrast, ohne es überhaupt zu bemerken. Der junge Mann, der als Vertreter der Informationsgesellschaft nichts weiter anstrebt, als dumm zu bleiben, ja von seiner stupiden elektronischen Musik sediert zu werden. Niemand interessiert sich für tatsächliche Veränderung, niemand fühlt mehr den inneren Zwang unsere Welt auf den Kopf stellen zu müssen, etwas zu verändern, tatsächlich etwas zu bewirken. Verständlicherweise. Warum auch? Wozu Veränderung, wenn doch alles funktioniert, sich alles im Angenehmen auflöst, wenn man all seine Verantwortung weitestgehend abgeben kann, wenn man sich sowieso nicht um die eigenen Rechte, um die eigene Freiheit schert. Der Sozialstaat tötet eben jene Menschen, denen er zu helfen versucht. Einzig der Sozialstaat hindert die Menschen daran sich frei zu entfalten, bindet diese Menschen an sich, frisst sie, im Glauben daran, dadurch seinen unbändigen Hunger stillen zu können, auf. Wie die sinnentleerte, wahrscheinlich sogar textlose Musik in den Ohren des jungen Mannes sediert der Sozialstaat, macht apathisch, erzeugt nichts als nicht hinterfragende, tief in ihrem Inneren absolut willenlose Maschinen, deren einzige Existenzberechtigung durch ihre Konsumkraft gegeben ist.

In einer kleinen Seitengasse, die in eine vierspurige Hauptdurchzugsstraße mündet, kämpft Doktor Weber gegen den stärker werdenden Schneesturm an, rutscht auf halbem Wege in Richtung Hauptdurchzugsstraße beinahe aus, fängt sich wieder, um seinen Weg zur Ampel sowie dem, am Ende der Seitengasse, auf der Hauptdurchzugsstraße markierten Zebrastreifen, fortzusetzen, währenddessen er sich zwei Mal paranoid umblickt. Kurz bevor er am Fußgängerübergang anlangt, schaltet die Fußgängerampel auf Grün, was Doktor Weber sehr gelegen kommt, da er nun ungehindert die vier Spuren der Hauptdurchzugsstraße, ohne anhalten zu müssen, überqueren kann. Auf der zweiten Spur rollt sehr langsam, sehr vorsichtig ein kleiner blauer VW Beetle heran, hinter dessen Steuer sich eine brünette Mittdreißigerin in einer locker sitzenden, hellblauen Bluse befindet, die in unregelmäßigen Abständen beide Augen fest zudrückt. Als sie soeben in den Rückspiegel blickt, sich auf die Unterlippe beißt, schaltet die Ampel vor ihr auf Grün. Auf der dritten Spur, also schon in der dem blauen Beetle entgegengesetzten Fahrtrichtung, kommt ein grauer Lieferwagen, hinter dessen Steuer ein etwa fünfzigjähriger Mann mit grauem Dreitagebart, ebenfalls grauem, sich um eine Halbglatze formierendem Haarkranz sitzt, zum Stehen. Dieser etwas rundliche Herr hat seinen Blick unentwegt auf den eigenen Schoß gerichtet, wirkt leicht verzweifelt. Auf der vierten Spur steht ein Taxi samt einem schwarzhaarigen, jungen, türkischen Taxifahrer in einem viel zu großen, viel zu weiten, beigen Strickpullover vor dem Steuer sowie einer blonden Dame in ihren späten Vierzigern, deren goldene Ohrringe ihr beinahe bis auf die Schultern hängen, welche von den Trägern ihres konservativ anmutenden, langen, schwarzen Kleides bedeckt werden, auf dem Rücksitz. Die beiden befinden sich mitten in einem Gespräch, welches hauptsächlich von der etwa sechsundvierzigjährigen Dame dominiert wird. Die Fußgängerampel schaltet auf Rot, die Ampel auf der Hauptdurchzugsstraße auf Grün. Das Taxi fährt los. Der Lieferwagen fährt los. Langsam fährt auch der blaue Beetle los. Währenddessen geht Doktor Weber weiter, entfernt sich, auf der gegenüberliegenden Straßenseite angekommen, wieder von der Hauptdurchzugsstraße, indem er den Gehsteig, der links von einer Häuserfassade, rechts von den Motorhauben parkender Autos begrenzt wird, bis zu dessen Mitte beschreitet, um dort linker Hand, durch eine automatisch öffnende Glastür, in das modernistisch bunkerhafte Ge-

bäude einzutreten. Noch bevor sich die Glastüren allerdings automatisch wieder schließen dringen Unfallgeräusche von der Hauptdurchzugsstraße her bis zu Doktor Weber vor. Blech stößt auf Blech, es wird gehupt, es klirrt zerbrechendes Glas.

in einer kleinen Seitengasse, die in eine vierspurige Hauptdurchzugsstraße mündet, gegen den stärker werdenden Schneesturm ankämpfender, auf halbem Wege in Richtung Hauptdurchzugsstraße beinahe ausrutschender, sich wieder fangender, sich zwei Mal paranoid umblickender, den Weg zur Ampel sowie dem, am Ende der Seitengasse, auf der Hauptdurch-zugsstraße markierten Zebrastreifen fortsetzender, den Fußgängerübergang überquerender, an dem Beetle, dem grauen Lieferwagen sowie dem roten Taxi vorübergehender, sich, auf der gegenüberliegenden Straßenseite an-gekommen, wieder von der Hauptdurchzugsstraße entfernender, auf dem links von einer Häuserfassade und rechts von Motorhauben parkender Autos begrenzten Gehsteig bis in etwa zu dessen Mitte gehender, dann links durch eine elektrisch öffnende Glastür in das modernistisch bunkerhafte Gebäude eintretender, die Geräusche eines Autounfalles wahrnehmender Doktor Weber

Die Häuserkante gibt den Blick auf die Niederösterreichische Krankenkasse frei. Zumindest kann man das Gebäude der Nieder-österreichischen Krankenkasse durch die zentimeterdicken Schnee-flocken erahnen, jedoch auch nur, wenn man schon zuvor mit seinen Umrissen vertraut war. Zuallererst muss ich es aus der Fuß-gängerzone heraus bis zum Gehsteig schaffen, dann muss der über die Hauptdurchzugsstraße führende Zebrastreifen überschritten werden. Zu guter Letzt müssen dann noch die geschätzten drei-ßig Meter bis zur elektronisch öffnenden Glastür hinter mich gebracht werden, dann erst befinde ich mich in der rettenden, Organismus-erhaltenden Wärme der Krankenkasse, die bereits danach trachtet mich zu zersetzen, mich restlos zu eliminieren. Allerdings trachte ich meinerseits nach nichts Geringerem als nach der Zersetzung oder gar der Eliminierung ebendieser Institution. Die rutschige Schneeschicht erschwert das Gehen, macht mich langsamer. Salzstreuverbot. Einer der markantesten, hirnrissigsten

Auswüchse unserer dekadenten Gesellschaft. „Ja, aber die armen Hunde könnten ja wunde Pfoten von diesem aggressiven Salz bekommen." Die alten Damen jedoch sollen durch den zentimeterhohen Schnee stapfen, stürzen, sich das Kreuz brechen. „Aber die armen Hunde!" Scheißviecher. Als wäre ein Hundeleben oder überhaupt das Leben irgendeines Tieres auch nur einen feuchten Dreck wert. Meinetwegen könnte man alle Delfine (die süßen Delfine!) abschlachten, in einem überdimensionalen Pot zu Hackfleisch verarbeiten und damit die Kinder der Dritten Welt füttern. Wenn nur ein einziges Menschenleben dadurch gerettet ist, wäre eine solche Tat für mich legitimiert. Dekadenz! Das Leben eines Tieres über das eines Menschen zu stellen, das ist die, unserer Gesellschaft eigene, Perversität, die uns noch niemand nachgemacht hat, in der uns nie jemand übertreffen wird. Dass in unserer kapitalistischen Welt Geld selbstverständlich um vieles wichtiger ist als ein Menschenleben liegt auf der Hand. Jedoch das Leben eines Tieres? Vorsicht. Immer zuerst der sichere Stand, erst wenn dieser gewährleistet werden kann, darf der nächste Schritt in den Schnee gesetzt werden. Die frisch angeschneite Schneedecke, die den Asphalt vor mir, die Skelette von Büschen, die in Töpfen der Stadtgärtnerei dazu verdammt sind auf die ersten Sonnenstrahlen des Frühlings zu warten, die mich umgebenden Dächer, die angeketteten Fahrräder, die parkenden Autos, bedeckt, hat etwas Beruhigendes, etwas Mütterliches, etwas Frisches, Reines, Sauberes an sich. Die weiße Schneedecke beruhigt, beruhigt ungemein. Die weiße Schneedecke relativiert, setzt das anstehende Gespräch in einen Rahmen, rahmt das anstehende amikale Gespräch auf eine ausgesprochen angenehm beruhigende Weise ein. Die Welt wird die gleiche bleiben, das ist die Sicherheit, die einzige Sicherheit, die Sicherheit auf die gezählt werden muss. Ganz gleich, was mir Doktor Hofmeister, dessen Vorname mir tatsächlich gänzlich unbekannt ist, bei dem amikalen Gespräch eröffnen sollte, selbst wenn es mit meiner Annahme nicht das Geringste zu tun hätte, sich die Aufnahme mit dem digitalen Diktafon dadurch also als vollkommen nutzlos erweisen sollte, selbst dann wartet die Schneedecke unverändert weiß, unverändert alles bedeckend auf mich, bleibt die Welt um mich herum erhalten, kümmert sich nicht weiter um mich, kümmert sich um keinen von uns. Der rechte Fuß gerät ins Rutschen, rutscht weg, ich gerate ins Straucheln, strauchle, stürze beinahe, finde eben noch das Gleichgewicht wieder, muss kurz innehalten, um mich zu fangen. Erhole mich vom Schock. Meine Augen werden nach links geschickt, dann nach rechts, müssen daraufhin noch ein letztes Mal einen Flug von links nach rechts hinter sich bringen, um sicherzustellen, dass es keinerlei Zeugen gibt, mich niemand beobachtet. Des Schneefalls, der immer noch beständig, immer noch minütlich stärker wird, bin ich mir bewusst, muss meinen Kopf also nicht nach hinten wenden, um mir hundertprozentig sicher sein zu können, dass keine Menschenseele mein Beinahe-Missgeschick durch die dicken Schneeflocken hindurch mit angesehen hat. Ich mache weiter. Es ist nichts geschehen. Mein Weg zur Niederösterreichischen Krankenkasse wird fortgesetzt. Nach jedem vollendeten Schritt wird nun auch noch bewusst auf den sicheren Stand geachtet, ist dieser nicht gegeben, so wird der andere Fuß zum nächsten Schritt gar nicht erst erhoben. Jedoch ist er nun bereits seit den letzten fünf Schritten vorhanden, der sichere Schritt. Trotzdem. Vorsichtig wird sich dem Fußgänger-übergang, der Fußgängerampel, die soeben auf Grün umschaltet, genähert. Also muss ich mich nicht beeilen, um diese Grünphase ausnutzen zu können. Gemäßigten Schrittes begebe ich mich über den beschneiten Zebrastreifen, wobei allerdings besondere Vorsicht an den Tag gelegt werden muss, da sich die glatten Zebrastreifenmarkierungen als um etliches rutschiger denn der raue Asphalt dazwischen erweisen, obwohl beide Flächen gleichmäßig mit Schnee bedeckt sind. Es wird versucht, sich hauptsächlich auf den asphaltierten Flächen zu halten. Der letzte der Zebrastreifen allerdings wird von der gesamten Fläche meiner rechten Schuhsohle betreten. Dennoch, ich rutsche nicht. Vielleicht ein Zeichen? Möglicherweise. Alles wird glatt laufen. Ich werde in das Zimmer des Doktor Hofmeister eintreten, meine Hand werde ich in die rechte Jackentasche wandern lassen, werde den Aufnahmeknopf drücken, dadurch das digitale Diktafon – mit Speicherplatz bis zu zwei Stunden, also für eine bis zu zweistündige Audiodatei – arbeiten lassen, mich am amikalen Gespräch, welches eher einer gesalzenen Rüge gleichen wird, interessiert und reuig beteiligen, er wird hoffentlich ein, zwei offene Sätze über Batenberg sagen, und daraufhin werde ich dann mein Wort geben, wieder mehr Generika zu verschreiben. Zu guter Letzt werde ich das Gebäude der Niederösterreichischen Krankenkasse wieder durch die automatisch öffnenden Glastüren, die nun nicht mehr als zehn Meter von mir entfernt sind, verlassen, werde mir zur Feier des Tages möglicherweise sogar ein schönes, ein teures Mittagessen gönnen. Aber so weit bin ich noch nicht. Die Schritte werden verlangsamt. Stehen bleiben. Nach links. Durch die automatisch öffnenden Glastüren … Reifen quietschen. Glas splittert …???

brünette Mittdreißigerin in locker sitzender, blauer Bluse, die immer wieder ihre Augenlider fest aufeinanderdrückt, in den Rückspiegel blickt, sich auf die Unterlippe beißt, als soeben die Ampel auf Grün umspringt, zu guter Letzt den Gang einlegt und mit ihrem blauen VW-Beetle wegfährt

… Gelb. Rot. Gerade jetzt muss die Ampel umspringen, auf Rot umspringen, gerade jetzt, da die Fahrgeschwindigkeit, da das Tempo soeben perfekt war, absolut angemessen, bloß sieben km/h über der Geschwindigkeitsbegrenzung, gerade jetzt muss diese so oder so unnötige Ampel zuerst beginnen grün zu blinken dann auf Gelb umzuspringen, um schließlich das dauerhafte Rot zutage treten zu lassen. Außerdem muss neu angefahren werden, sobald die Ampel nach dieser Rotphase wieder auf Grün umschaltet, was einen, zwar nur kurzfristigen, jedoch außerordentlich hohen Benzinverbrauch nach sich zieht. Das stört. Warum nicht ausschließlich intelligente Ampeln, die sich selbstständig dem Verkehrsaufgebot anpassen? So schwer kann das nicht sein. Bloß ein paar Kameras aufstellen, ein Computerprogramm schreiben. Das Verkehrsministerium könnte sich entspannen, sich zurücklehnen, die Verkehrsexperten müssten nicht ständig neue Berechnungen anstellen. Ich würde Benzin sparen, dadurch einen Großteil meiner Lebenserhaltungskosten erheblich herabsenken.

Mittlerweile steht der Wagen. Automatisch funktioniert dieser Vorgang, vollkommen automatisch, ohne zu denken. Beim Autofahren handelt es sich um eine Tätigkeit, die hauptsächlich das Unterbewusstsein beansprucht. Diese Punkte! Diese verdammten Punkte! Immer diese verdammten Punkte vor den Augen! Ich hätte länger schlafen sollen, dann würden diese merkwürdigen, farblos glänzenden Punkte jetzt nicht andauernd in meinem Gesichtsfeld aufflimmern. Zusätzlich die Schneeflocken, die einen letztlich vollends in den Wahnsinn treiben. Die Augenlider aufeinandergepresst … Fest. Fest … Die Tränenflüssigkeit, die die Augen befeuchtet. Die Augenlider geöffnet. Immer noch die farblos schimmernden, kleinen Punkte, die sich jetzt zusätzlich auch noch mit den weißen Schneeflocken zu vermischen beginnen. Ich bin nicht mehr fahrtauglich, höchstwahrscheinlich bin ich nicht mehr fahrtauglich. Bei der nächsten Gelegenheit sollte ich rechts ranfahren, mein Auto abstellen, zu Fuß weitergehen oder ein kurzes Nickerchen auf der Rückbank einschieben, mich vor dem Weiterfahren erholen. Doch leider herrscht in diesem ganzen Stadtteil das strenge, teure Regiment der blauen Linien, das mitleidlose Regiment der Kurzparkzone, dem man sich besser nicht widersetzen sollte. Außerdem wartet Stevie auf mich. Ich will ihn keinesfalls warten lassen, nicht seinet- oder meinetwillen möchte ich ihn nicht warten lassen, möchte ich keine Sekunde zu spät in seiner Wohnung sein, lieber etwas zu früh als zu spät mir meine Kleider vom Leib reißen, mich von seinem Körpergewicht – welches aufgrund seiner Muskeln ein beträchtliches ist – in das warme, weiche Bett drücken lassen, sondern um unsere beiden Körper der alles umfassenden, allmächtigen Lust zu opfern, die Entspannung danach zu erfahren. Ich will ihn in mir spüren, seinen heißen, pulsierenden Penis tief in mir drin, dann erst bin ich vollständig, das erst macht mich zur Frau, erst wenn sein harter Penis in meine feuchte Vagina eindringt, besser: in sie hineinsticht, erst dann bin ich ich selbst, erst dann kann ich den bevorstehenden Tag auch genießen, erst dann hat mein Leben einen Sinn. Diese Flecken, die nicht verschwinden wollen, die Flecken, die sich vermehren, vor meinen Augen vermehren, die

Flecken, die, jeder für sich, aber alle gleichzeitig, wachsen, stetig mehr Platz einnehmen, die mich mittlerweile nicht einmal mehr meine eigene Fahrspur zur Gänze erkennen lassen. Stevie wird warten, wahrscheinlich schon mit seiner sowohl überdimensional harten als auch überdimensional langen Erektion wird er bereits am Bett sitzend auf mich warten. Kontrolle im Rückspiegel. Gut. Ich sehe gut aus. Grün? Grün. Gas. Von der Ersten in die Zweite. Gas. Von der Zweiten in die Dritte. Gas. Von der Dritten in die … Verdammte Flecken! Die Augenlider aufeinandergepresst …

etwas rundlich gebauter, etwa fünfzigjähriger Mann mit grauem Drei-tagebart, grauem Haarkranz um eine Halbglatze, der langsam seinen Lieferwagen zum Stehen bringt, dann auf der dritten Spur leicht ver-zweifelt auf seinen Schoß blickt, als die Ampel auf Grün umspringt aufs Gas steigt, wegfährt

Ausrollen lassen. Kupplung. Bremse. In der rechten Tasche, in der rechten Hosentasche, tiefer, tiefer in meiner rechten Hosen-tasche befindet sich das Mobiltelefon. Die rechteckige Form meines – wie es von meiner Tochter bezeichnet wird – veralteten Tastaturhandys werden von den Fingerspitzen der Finger meiner rechten Hand ertastet. Es wird aus meiner rechten Hosentasche gezogen. Jetzt muss es umgedreht werden, sodass der Bildschirm von mir in Augenschein genommen werden kann. Obwohl Doktor Stahenberger behauptet, es wäre noch nicht nötig, sollte ich mir eine Brille zulegen, dann könnte die Schrift auf dem Bildschirm besser von mir entziffert werden, zusätzlich würden sich meine Kopfschmerzen wahrscheinlich verringern. Das nehme ich an. Das Menü wird ausgewählt. Die Optionen werden geöffnet. Die Liste der Optionen wird durchgegangen. Hier: Anrufe umleiten. Auf „Okay" gedrückt. In dem nun aufscheinenden Feld muss die Nummer des anderen Mobiltelefons, des Mobiltelefons auf das alle eingehenden Anrufe, falls ich soeben telefonieren sollte, umgeleitet werden sollen, eingegeben werden. Auswendig wird eine Zahl nach der anderen eingegeben. Die Nummer meines Zweithandys steht also im dafür vorgesehenen Feld, was mich dazu veranlasst nun erneut den „Okay"-Knopf zu drücken, zu warten, warten, was nun geschieht. Tatsächlich leuchtet nun ein weiteres Kästchen auf, das mich fragt: Anrufe immer umleiten? Anrufe umleiten, wenn besetzt? Die zweite Möglichkeit wird von mir ausgewählt. Der „Okay"-Knopf gedrückt. Ist das andere Handy überhaupt in Betrieb, ist es eingeschaltet? Das Mobiltelefon wieder in die rechte Hosentasche gesteckt, lasse ich meinen linken Arm sinken, greife mit der Hand in die linke Hosentasche, der jetzt das zweite Handy entnommen wird. Wahllos wird ein Knopf gedrückt, was den Bildschirm zum Aufleuchten bringt. Auch der Akkubalken am rechten oberen Bildschirmrand erweist sich als bis zur Gänze ausgefüllt, der Akku daher als voll aufgeladen. Immer noch warte ich auf den Rückruf von Frau Bader, der sicherlich jeden Moment eingehen wird. Nun, da die Anrufumleitung aktiviert ist, kann sie mich problemlos jederzeit erreichen, kann ich mich nachdem sie mich erneut angerufen hat umgehend auf den Weg zu ihr, in die Schleiergasse, machen, den Abfluss im WC reparieren, den Spülkasten einer „genaueren" Überprüfung unterziehen wie von Frau Bader gewünscht. Lukrativ. Im höchsten Maße lukrativ. Ich würde mir nur noch solche Tage wünschen, solche Arbeitstage. Das Leben allerdings ist kein Wunschkonzert. Man muss sich anpassen können, muss auf jeden Fall anpassungsfähig sein, vor allem in der Zeit der Krise, vor allem in der heutigen Arbeitswelt. Wie ein Chamäleon muss man sich den unterschiedlichsten Terrains anpassen, mit ihnen mehr oder weniger verschmelzen. Grün. Kupplung. Kupplung kommen lassen. Langsam, behutsam nun das Gas. Los.

blonde Dame in ihren späten Vierzigern, deren Ohrringe ihr beinahe bis auf die Schultern hängen, welche von den Trägern ihres konservativ anmutenden, langen, schwarzen Kleides bedeckt werden, die ein eher einseitiges Gespräch mit ihrem Taxifahrer von der Rückbank aus führt

Das Bild: Die Motorhaube bis unter die Windschutzscheibe gequetscht, die fehlende Beifahrertür, die aufgeplatzten Airbags, die blutig roten aufgeplatzten Airbags, der dunkelrote Saft, der entweder Blut oder Öl sein könnte, der zaghaft unter dem völlig demolierten Wagen hervorrinnt, die beiden beinahe bis zur völligen Unkenntlichkeit verstümmelten Insassen des Unfallautos, die zweifelsfrei von mir identifiziert werden können und zwar als Onkel Roberto und Francesco, mein Cousin. – *So etwas ist unbeschreiblich hässlich, wissen Sie? Man bekommt diese Bilder nie wieder aus dem Kopf. Man sollte auf sich selbst hören. Nicht umsonst hat meine innere Stimme mich gewarnt: „Sieh dir nicht diese Bilder an! Sieh sie dir nicht an!" Aber trotzdem bin ich auf die Internetseite der Lokalzeitung aus Abbano gangen, wo gleich auf der ersten Seite bei den Neuigkeiten das Bild war. Meinen Onkel hat man da sofort erkennen können, an dem orangenen Pullover, den er immer anhat … Na ja.* Sie unterhalten sich über den Film, den sie sich am Abend ansehen wollen, als das ihnen entgegenkommende Auto ausschert. Sie unterhalten sich über die anstehende Renovierung des Hauses in Lignano, als der blaue Fiat plötzlich seine Fahrspur verlässt, direkt auf den Wagen, in dem Roberto und Francesco sitzen, zurast. – *Man kann gar nicht anders als das innerlich immer wieder zu rekapitulieren, obwohl man selbst ja gar nicht dabei gewesen ist. Immer wieder führt man sich den Unfallhergang vor Augen … Man wird nie wissen, was sie sich im Moment ihres Todes gedacht haben.* Sie waren fixiert, beide waren sie auf den blauen Fiat fixiert, dann muss alles sehr schnell gegangen sein. Mit Sicherheit gab es keine Zeit mehr für den Film, der vor einem ablaufen sollte, für den Film, der das gesamte Leben im Zeitraffer zeigt, für den alles rekapitulierenden letzten Film. – *Eigentlich verbietet einem der Anstand das eh, dass man sich diese Bilder ansieht. Trotzdem macht man's. Ich glaub' das is einfach so in uns drinnen, in uns Menschen. Wir müssen immer alles mit eigenen Augen sehen.* Francesco allerdings wurde von mir nicht wiedererkannt, wahrscheinlich hätte ich ihn aber auch lebendig am Gehsteig an mir vorübergehend nicht mehr erkannt. Sie werden groß. Auch wenn man sie lange nicht mehr gesehen hat, sie altern im selben Tempo wie man selbst. Francesco ist nicht mehr groß. Francesco ist tot. – *Da sind wir alle wie der ungläubige Thomas. Ich weiß ja nicht, was Sie sind … Sind Sie katholisch?* – Nein – *Is ja wurscht. Aber ich war immer schon eine Frau, die sich immer selber von allem über-*

zeugen hat müssen. Ich hab immer alles mit meinen eigenen Augen sehen müssen, bevor ich's glaubt hab … Na ja. Man sieht sie sich doch an, die Fotos, die Unfallfotos, ja man liest den Unfallbericht, stellt sich vor, was wäre gewesen, hätte man selbst in dem Auto gesessen, was wäre gewesen, hätten Francesco und Roberto meine Einladung angenommen, wären also eine Woche vor ihrem Tod zu mir gekommen, hätten mich in Österreich besucht. Wäre es dann überhaupt so weit gekommen? Hätte der Unfall dann trotzdem stattgefunden? Ich bin nicht schuld. Natürlich weiß ich das. – *Am Anfang ist es ein Gefühl wie in einem Traum. Also wie in einem Albtraum. Ich war mir sicher, dass ich gleich aufwach und alles is wieder normal.* Man wacht nicht auf. Nie wieder. Man muss sich damit abfinden, bis zu seinem eignen Tode in diesem Albtraum gefangen zu sein, in diesem Albtraum zu leben. Trotz allem muss man ständig daran arbeiten, dass aus diesem Albtraum ein Traum wird, ein Traum mit einem guten, nein, mit dem bestmöglichen Ausgang. Sonst hätte das Leben keinen Sinn, wäre absolut zwecklos. Man muss weitergehen, immer weitergehen. Wenn ich eines gelernt habe in meinem Leben, dann, dass Stillstand nichts anderes bedeutet als Absterben und Absterben nichts anderes als Tod. Denn das Stehenbleiben lässt unsere Muskeln verkümmern, letzten Endes sogar verrotten und verschwinden. – *Ja. So was is nicht schön.* Damit hat der Taxifahrer recht. Sein nicht einwandfreies Deutsch. Dieses akzentbehaftete, eher einfache Deutsch wirft sofort die Frage nach der Verständlichkeit meiner Worte auf. Versteht mich der türkische Taxifahrer? Weiß er, worauf ich hinauswill? Kann ich vorbehaltlos ohne jegliches Ressentiment, das möglicherweise durch seine mangelnden Deutschkenntnisse hervorgerufen werden könnte, zu ihm sprechen? – *Wissen Sie, vor einem Monat ist mein Sohn gestorben.* Francesco versinkt in Unbedeutung, Roberto zersetzt sich, wird eins mit der plötzlich auftretenden, alles umfassenden Nichtigkeit meiner Welt.

schwarzhaariger, junger, türkischer Taxifahrer in einem viel zu weiten,
ihm viel zu großen, beigen Strickpullover, der dem Monolog der auf der
Rückbank sitzenden Frau nur äußerst wenig, nicht mehr als ein paar
Wörter entgegensetzt, losfährt sobald die Ampel auf Grün umspringt

Abbano. Abbano. Abbano. Italien. Ja, Abbano in Italien. An der
Grenze wird das Navigationssystem von mir eingeschaltet werden,
bis dorthin ist der Weg ein bekannter. Der vor der Fahrt aus-
gemachte Fixpreis: achthundertfünfzig Euro, ohne zu feilschen.
Aber zuerst nach Lanzenkirchen, um ihre Tochter abzuholen,
dann nach Schwarzau, wo zu guter Letzt auch noch der Bruder
aufgegabelt wird. Sie braucht einen Menschen zum Reden, an-
scheinend fehlt so jemand in ihrem Leben, denn diese Frau nutzt
die ausweglos enge, klaustrophobisch wirkende Umgebung des
Innenraumes meines Mazda dazu aus, sich mir gegenüber ab-
solut zu entleeren, um schlussendlich ein Redethema nach dem
anderen abgehakt zu wissen. – *So etwas ist unbeschreiblich hässlich,*
wissen Sie? Man bekommt diese Bilder nie wieder aus dem Kopf. Man
sollte auf sich selbst hören. Nicht umsonst hat meine innere Stimme mich
gewarnt: „Sieh dir nicht diese Bilder an! Sieh sie dir nicht an!" Aber trotz-
dem bin ich auf die Internetseite der Lokalzeitung aus Abbano gangen,
wo gleich auf der ersten Seite bei den Neuigkeiten das Bild war. Meinen
Onkel hat man da sofort erkennen können, an dem orangenen Pullover
den er immer anhat … Na ja. Der Schnee, der die Straße bedeckt,
der Schnee, der die Sicht einschränkt, der Schnee, der die Straße
unberechenbar macht, der Schnee, der mir auf der Autobahn
noch so einiges Kopfzerbrechen bereiten wird. Schneefahrbahn,
die gepaart allein schon mit einem unüberlegten Fahrmanöver
meinerseits schnell zum totalen Kontrollverlust, schnell zum Tod
führen kann. Schneefahrbahn. Was, wenn absichtlich nicht über-
legt wird? Was, wenn von mir absichtlich nicht überlegt wird,
absichtlich ein unüberlegtes Fahrmanöver vollführt wird? – *Man*
kann gar nicht anders als das innerlich immer wieder zu rekapitulieren,
obwohl man selbst ja gar nicht dabei gewesen ist. Immer wieder führt
man sich den Unfallhergang vor Augen … Man wird nie wissen, was
sie sich im Moment ihres Todes gedacht haben. Sie spricht immer

noch davon. Immer noch vom Tod ihres Onkels, vom Tod ihres Cousins. Dabei wäre meine Frage, die diesen ganzen Redefluss überhaupt erst in Gang brachte, schon mit drei kleinen Worten beantwortbar gewesen. Sie hätte nichts weiter als: „Zu einem Begräbnis" sagen müssen. Wohin soll es gehen? Das habe ich gefragt. Abbano die Antwort. Dann die Erklärung, die bereits – Blick auf die Autouhr – eine gute Viertelstunde andauert. – *Eigentlich verbietet einem der Anstand das eh, dass man sich diese Bilder ansieht. Trotzdem macht man's. Ich glaub' das is einfach so in uns drinnen, in uns Menschen. Wir müssen immer alles mit eigenen Augen sehen.* Es ist schwer. Tatsächlich ist es äußerst schwer ein für alle Mal loszulassen, sich vom Tod ab- sich dem Leben zuzuwenden. – *Da sind wir alle wie der ungläubige Thomas. Ich weiß ja nicht, was Sie sind ... Sind Sie katholisch? – Nein. – Is ja wurscht. Aber ich war immer schon eine Frau, die sich immer selber von allem überzeugen hat müssen. Ich hab immer alles mit meinen eigenen Augen sehen müssen, bevor ich's glaubt hab ... Na ja.* Ich musste es auch zuerst mit meinen eigenen Augen sehen. Ich habe ihn jetzt noch vor Augen, Ugurs Leichnam. Die Stimme von der Rückbank, die Stimme meines Fahrgastes, dringt nach vorn, dringt in meine Gedanken. – *Am Anfang ist es ein Gefühl wie in einem Traum. Also wie in einem Albtraum. Ich war mir sicher, dass ich gleich aufwach und alles is wieder normal.* Ihre Stimme versinkt im dezenten Wunderbaumgeruch, versinkt im alles verschlingenden Schneegestöber. Die großen Augen, die dünnen Härchen auf seinen Unterarmen, auf seinen Füßen. Die Ohren. Die Ohren seines Großvaters. Der Flaum auf der Oberlippe. Stets trägt Ugur seinen blauen, samtig weichen Babypullover, den Babypullover, der uns von Anils Frau – wie heißt sie noch mal? – geschenkt wurde. Er spricht nicht. Noch nicht. Vielleicht sehe ich ihn wieder. Vielleicht treffen wir oben aufeinander. Vielleicht. Fest steht, dass ich ihn nie als Erwachsenen sehen werde, dass ich nie mit ihm sprechen werde, mich mit ihm nie von Mann zu Mann werde unterhalten können. Auch wird er mich nicht zum Großvater machen. – *Ja. So was is nicht schön. Wissen Sie, vor einem Monat ist mein Sohn gestorben.* Der passende Satz, der die thematische Lücke – die mir zugleich auch eine Lücke im Gespräch, eine Gesprächspause zu sein scheint – perfekt ausfüllt, endlich ihren Redeschwall, vielleicht sogar für längere Zeit, unterbricht. Ugur. Ich war es dir schuldig. Grün. Gas.

Doktor Weber betritt soeben den Sitz der Niederösterreichischen Krankenkasse durch die automatisch öffnende Tür als von der Hauptdurchzugsstraße her, die sich nun schräg links hinter ihm befindet, Unfallgeräusche wahrnehmbar werden. Reifen quietschen. Blech stößt auf Blech. Glas zersplittert. Doktor Weber hält inne, ist soeben dabei seinen Kopf den Geräuschen zuzuwenden, als er es sich offensichtlich anders überlegt, seinen Kopf wieder nach vorne richtet, um festen Schrittes tiefer in das Gebäude vorzudringen. Nun befindet er sich in einem weiten offenen Raum, der hauptsächlich in Weiß gehalten ist, nur von einigen wenigen symmetrisch unauffällig von den Wänden leuchtenden, roten, violetten sowie gelben Streifen ein wenig lebendiger gemacht wird. Zu seiner Linken befindet sich ein kleiner, vollkommen in Weiß gehaltener Portierschalter, hinter dem, sich unauffällig verhaltend, eine junge, rothaarige Frau steht, deren Blick direkt in Doktor Webers Richtung weist. Über ihrem Kopf prangt das ausschließlich in Gelb und Blau gehaltene Logo der Niederösterreichischen Krankenkasse. Doktor Weber bleibt stehen, sieht in Richtung Schalter, muss dabei unfreiwillig den Blick der jungen, rothaarigen Frau erwidern, woraufhin er sich dem ganz in Weiß gehaltenen Schalter mit dem sich darüber befindenden gelbblauen Logo der Niederösterreichischen Krankenkasse entgegen in Bewegung setzt. Kurz bevor Doktor Weber am Schalter anlangt, wendet die Rothaarige ihren Blick ab, nach unten, betrachtet anscheinend etwas sich hinter dem Schalter Befindendes, richtet ihren Blick daraufhin wieder nach vorne, starrt nun allerdings ins Leere. Doktor Weber spricht sie an, versucht Blickkontakt mit ihr herzustellen, was jedoch erst nach einem erneuten Sie-Ansprechen seinerseits funktioniert. Nachdem also endlich der Blickkontakt hergestellt ist, wechseln die beiden einige Worte, während denen der Blick der Rothaarigen aber immer wieder kurz nach unten wandert, um gleich darauf wieder schuldbewusst Doktor Webers Blick aufzunehmen. Doktor Weber will sich bereits abwenden, als die Rothaarige ihm noch etwas Wichtiges zu sagen scheint, woraufhin sie mit dem linken Zeigefinger zu einer Ecke im linken hinteren Teil des Empfangsbereichs, hinter der sich anscheinend noch ein weiterer Raum befindet, zeigt. Sofort nach Beendigung des Gesprächs senkt sich der Blick der Rothaarigen erneut nach unten hinter den Schalter. Doktor Weber entfernt sich nun schnellen Schrittes von eben jenem, hält sich links, passiert einen Aufzug, nimmt einen kleinen, engen Gang, der zur linken Seite aus dem Empfangsbereich führt, an dessen Ende rechts sich ein Stiegenaufgang befindet. Doktor Weber biegt in ihn ein, steigt die ersten Stufen empor, um sich an ihrem Ende nach rechts zu wenden und die Stiege in den ersten Stock zu nehmen. Doktor Webers Kopf bleibt während der gesamten Prozedur des Stiegensteigens konstant gesenkt. Erst als er schließlich im ersten Stock anlangt, hebt sich sein Kopf, wendet sich nach rechts, heftet sich an das Ende des kahlen, leeren, weißen Ganges. Durch das Ans-Ende-des-Ganges-geheftet-Sein seines Blickes wird Doktor Weber förmlich auf marionettenhafte Weise durch eben jenen gezogen. Erst nachdem er bereits drei Viertel der Länge des Ganges abgeschritten hat, bleibt Doktor Weber stehen, um sich nach links zu drehen und vor der Tür mit der Aufschrift: Sechsundvierzig sowie dem daneben angebrachten Schild: Dr. Hofmeister innezuhalten.

hinter dem Empfangsschalter stehende, junge, rothaarige, den Doktor Weber beim Eintreten beobachtende, seinen Blick aufgreifende, Doktor Weber auf sich zukommen lassende, dann an ihm vorbeiblickende, von ihm angesprochen werdende, dann ein zweites Mal von ihm angesprochen werdende, ihn wieder direkt ansehende, zu ihm etwas sagende, dann jedoch immer wieder auf etwas sich hinter dem Schalter Befindendes blickende, währenddessen sich mit Doktor Weber unterhaltende, als er sich bereits abwenden will noch mal etwas anscheinend Wichtiges sagende, mit ihrem linken Zeigefinger in die linke hintere Ecke des Empfangsbereiches weisende, erneut kurz konversierende, dann Doktor Weber gehen lassende Frau

Die Glastüren öffnen sich, lassen Schneeflocken von draußen in den Eingangsbereich wehen, lassen einen gut gekleideten, mittelalterlichen Herrn mit noch natürlich braunen Haaren von draußen in den Eingangsbereich treten. – *(...) Ich ruf dich gleich zurück.* Das Handy, das auf der Ablage vor mir abgelegt wird. Laute Geräusche von draußen, die mein Herz springen lassen. Offensichtlich befindet sich der Herr zum ersten Mal in diesem

Gebäude. Zum ersten Mal nehme ich ihn wahr. Zum ersten Mal also wendet er sich mir zu. Zum ersten Mal geht der gut gekleidete, mittelalterliche Herr mit den noch natürlich braunen Haaren in meine Richtung, in Richtung Schalter, kommt zum ersten Mal auf mich zu. Ich habe nicht aufgelegt. Jetzt ist es zu spät. Hoffentlich hat Dominik aufgelegt. Eintausend Freiminuten. Es wäre kein Problem. Zumindest wäre das nicht das Problem. Das Problem liegt in der Ahnung möglicherweise belauscht zu werden, von Dominik belauscht zu werden. Und wenn schon. Ich habe nicht vor mit diesem Herren über geheime Dinge zu konversieren, außerdem bin ich nicht mit Dominik liiert, was bedeutet, er hat sich um meine Arbeit nicht zu kümmern, nicht im Mindesten, sie geht ihn nichts an. Er hat kein Recht auf mich. Kein Mensch, kein einziges Individuum kann das Recht auf ein anderes beanspruchen, kein Mensch kann einen anderen besitzen, dieser Umstand kann sich bloß eingebildet werden, denn jeder Mensch ist sein eigener Herr, und selbst wenn er sich in einer Beziehung von einem anderen besitzen lässt, so gehört er immer noch sich selbst. Ob er sich besitzen lässt, liegt einzig und allein in seiner eigenen Hand. Die besessenen Menschen sind die schwachen Menschen, sind jene Menschen, die nicht den Mut aufbringen sich zu befreien, um schließlich sich selbst zu gehören, meist nur aus einem einzigen Grund, nämlich aus dem Grund, den der höchst angenehme Zustand der Verantwortungslosigkeit darstellt, das Leben in den Ketten des bürgerlichen Mittelstandes bevorzugen. Es lebt sich leichter, wenn man nicht dazu genötigt wird, auf irgendeine Weise Verantwortung zu übernehmen. Hat Dominik aufgelegt? Hat er aufgelegt? Ich höre ihn atmen. Ja, so atmet nur er. Es handelt sich um Dominik. Er atmet. Er hat nicht aufgelegt. Der mittelalterliche Herr, der vor mir steht. Der Bildschirm meines Handys ist verdunkelt. Dominik muss aufgelegt haben. In letzter Zeit verhält er sich merkwürdig, seine Stimmungen sowie deren nun häufiger auftretende Schwankungen sind für mich schlichtweg nicht mehr einordenbar, nicht mehr nachvollziehbar, er hat sich verändert, wirkt nur noch gleichgültig, allem, ja selbst mir gegenüber wirkt

Dominik bloß noch gleichgültig, vollkommen differenziert, aber nur bis er wieder zu schreien beginnt, wie verrückt zu schreien beginnt. Der Herr mit den immer noch natürlich braunen Haaren, der vor mir steht, sieht mich an. Ganz egal, wo wir uns soeben befinden, fährt Dominik aus der Haut, schreit mich selbst auf offenen Plätzen vollkommen ungeniert an. Dominik, der keiner Fliege etwas zuleide tun kann, schreit mich an, schreit mir ins Gesicht, hat dabei die Augen eines Verrückten. – *Entschuldigung. Mein Name ist D o k t o r W e b e r . Um halb hab ich einen Termin mit dem H e r r n D o k t o r H o f m e i s t e r . Könnten Sie mir b i t t e sagen, in welches Zimmer ich da muss?* Verdammt. Der adrette, mittelalterliche Herr mit den noch natürlich braunen Haaren steht vor dem Schalter, mir direkt gegenüber. Nach der merkwürdig übertriebenen Betonung seiner Worte zu schließen, spricht er mich nun, nachdem ich seine Anwesenheit direkt vor mir, vor meinem Schalter erst jetzt tatsächlich bemerke, bereits zum zweiten Mal an, da ich bei seinem ersten Versuch wahrscheinlich nur abwesend auf mein Handy gestarrt habe. Verdammt. – *Der Herr Doktor Hofmeister befindet sich im ersten Stock im Zimmer sechsundvierzig.* Hofmeister meinte: „Frau Riegler, am Vormittag erwarte ich noch einen gewissen Herrn Doktor Weber. Bitte schicken Sie ihn direkt zu mir hoch!" – *Er wartet eh schon auf Sie.* Doktor Weber strahlt eine Sicherheit aus, vermutlich die Sicherheit, die aus dem Alter erwächst. Der Hauch eines Grinsens, eines schelmischen Grinsens umspielt seine Lippen. Doktor Weber hat sich in seinem Wesen eine jugendliche Leichtigkeit bewahrt. – *Okay. Danke … Ähm, wissen Sie eigentlich, was genau der Herr Doktor Hofmeister mit mir besprechen möchte?* Er hat aufgelegt. Hat Dominik aufgelegt? Der Handybildschirm, der schwarze Handybildschirm. Hofmeister hat mir gegenüber nicht das Geringste erwähnt, hat kein Wort über den Zweck des Treffens mit Doktor Weber in meiner Gegenwart verloren. – *Das weiß ich leider nicht. Aber – wie schon gesagt – er wartet eh schon oben auf Sie, Herr Doktor.* Doktor Weber überlegt. Der Bildschirm bleibt schwarz. *Na gut. Danke.* Na gut. Danke. Der Lift. Der Lift ist außer Betrieb, funktioniert nicht. Morgen wird es laut, morgen kommen die Arbeiter, um ihn zu reparieren. Soeben will sich Doktor Weber von mir abwenden. – *Entschuldigung! Sie müssen nur leider die Stiegen da hinten um die Ecke nehmen.* Der linke Zeigefinger wandert vor Doktor Webers Augen nach oben, nach links, weist zur Treppe hinter der vorgebauten Ecke. – *Der Lift ist leider außer Betrieb.* Er wird die Stiegen nehmen, wird sich nicht daran stören. Er wirkt sportlich. – *Kein Problem.* Ein höfliches Lächeln. Ein sympathisches Lächeln. Doktor Weber überlegt. – *Die Stiege in den ersten Stock und dann …? Aja. – Genau. Die Stiege in den ersten Stock und dann rechts. Das Zimmer sechsundvierzig is ganz am Ende. – Gut. Danke. – Gerne.* Der immer noch schwarze Handybildschirm. Kurz die Taste am unteren Bildschirmrand berührt, woraufhin sich der Bildschirm sofort erhellt. Dominik hat aufgelegt. Tatsächlich. Dominik hat tatsächlich aufgelegt. Erst wenn Doktor Weber hinter der Ecke verschwunden ist, erst dann werde ich Dominik zurückrufen. Vorhin war er völlig normal, ich konnte absolut normal mit ihm sprechen, ein vollkommen normales Gespräch mit ihm führen. Ja er machte sogar einen gar nicht unlustigen Scherz über Altersheime und seinen Großvater. Hoffentlich ist er immer noch so ausgesprochen gut aufgelegt, wenn ich ihn gleich zurückrufe. Hoffentlich verliert er nicht wieder plötzlich die Beherrschung. Hoffentlich beginnt er nicht wieder zu schreien.

als von der Hauptdurchzugsstraße her Unfallgeräusche zu ihm dringen,
soeben die Niederösterreichische Krankenkasse betretender, innehaltender,
seinen Kopf ein wenig in Richtung der Geräusche wendender, es sich dann
doch anders überlegender, seinen Kopf wieder nach vorne richtender, weiter-
gehender, im weiten, offenen Empfangsbereich wieder stehen bleibender,
in Richtung Schalter blickender, dabei unfreiwillig den Blick der jungen,
rothaarigen, hinter dem Schalter stehenden Empfangsdame erwidernder,
sich daraufhin dem ganz in Weiß gehaltenen Schalter, über dem das gelb-
blaue Logo der Niederösterreichischen Krankenkasse prangt, entgegen in
Bewegung setzender, die Empfangsdame ansprechender, Blickkontakt
mit ihr herzustellen versuchender, dies erst nach einem erneuten An-
sprechen schaffender, dann einige Worte mit der rothaarigen Empfangs-
dame wechselnder, als sie ihm noch etwas mitteilen will, sich bereits ab-
wendender, es sich anhörender, selbst etwas sagender, sich daraufhin
umdrehender, sich schnellen Schrittes vom Schalter entfernender, sich links
haltender, einen Aufzug passierender, einen kleinen Gang, der zur linken
Seite aus dem Empfangsbereich führt, an dessen Ende sich ein schmaler
Stiegenaufgang befindet, nehmender, die erste Stiege emporsteigender,
sich an ihrem Ende nach rechts wendender, schließlich die zweite Stiege
in den ersten Stock nehmender, die gesamte Zeit über seinen Kopf ge-
senkt haltender, ihn erst beim Anlangen im ersten Stock hebender, ihn
nach rechts wendender, seinen Blick ans Ende des kahlen, weißen Ganges
heftender, dadurch durch jenen förmlich hindurchgezogen werdender, nach-
dem er den Gang zu drei Viertel durchschritten hat, stehen bleibender,
sich nach links zu der Tür mit der Aufschrift: Sechsundvierzig sowie dem
daneben angebrachten Schild: Dr. Hofmeister drehender
Doktor Weber

Der Übergang. Der erneute Übergang aus der Kälte in die Wärme,
in die wohlige Wärme. Von unzähligen, kleinen, ungestümen,
ja ungestümsten Schneeflocken begleitet setze ich meinen Fuß
in den, hauptsächlich in Weiß gehaltenen, Empfangsbereich der
Niederösterreichischen Krankenkasse, der nicht den einladensten
aller Eindrücke auf mich ausübt. Reifen, die quietschen! Blech,
das auf Blech stößt! Glas, das zersplittert! Ein Unfall. Zweifellos
ein Unfall auf der Hauptdurchzugsstraße. Oder habe ich mich

etwa verhört? Bei Personenschaden wäre ich verpflichtet zu helfen. Erste Hilfe zu leisten. Hippokratischer Eid. Allerdings darf ich mir keine Blöße geben, nicht hier, nicht in der Höhle des Löwen, darf mich jetzt nicht mehr umdrehen, die Niederösterreichische Krankenkasse erst nach getaner Arbeit wieder verlassen. Links, nach links muss ich mich wenden, mich auf den Empfangsschalter konzentrieren, mich auf die Empfangsdame konzentrieren. Nach links. Den hippokratischen Eid hinter mir lassend – die Zeit drängt – wird plötzlich mein musternder Blick von der jungen, sehr weiblich geformten, hübschen Rothaarigen abgefangen. Sie heftet ihren Blick untrennbar an meinen. Meinen Blick jetzt noch einmal abzuwenden ist daher keinesfalls möglich, kann keinesfalls in Betracht gezogen werden, ist ein Ding, wenn nicht sogar das Ding, der Unmöglichkeit. Offensichtlich handelt es sich bei der Rothaarigen um die Empfangsdame und bei dem Schalter, hinter dem sie regungslos verharrt, um den Empfangsschalter, was mich also dazu bringt, mich in diese Richtung, in ihre Richtung und daher auch in die Richtung des Empfangsschalters in Bewegung zu setzen, um herauszufinden, in welchem Zimmer ich Doktor Hofmeister aufzusuchen habe, welcher Raum also Schauplatz dieses historisch einzigartigen Ereignisses wird, in welchem Raum der Grundstein für die Sanierung des zurzeit äußerst maroden, von der Wirtschaft missbrauchten, unbeachtet langsam vor sich hin und vor unseren Augen wegfaulenden Gesundheitssystems gelegt wird. Ich nähere mich. Immer näher bringen mich meine Beine dem weißen Empfangsschalter mit dem sich darüber befindenden gelbblauen Logo der Niederösterreichischen Krankenkasse. Doch der Blick der Rothaarigen schweift ab, schweift ins Leere, bleibt dort hängen. Vor dem Schalter als ordinärer Bittsteller angekommen wende ich mich an die Empfangsdame: *Entschuldigung. Mein Name ist Doktor Weber. Um halb hab ich einen Termin beim Doktor Hofmeister. Wären Sie so nett und könnten Sie mir sagen, in welchem Zimmer ich ihn antreffe?* In der E-Mail stand, ich solle am Schalter nach dem Zimmer fragen. Jedoch stand nichts davon geschrieben, wie ich mit einer mental völlig abwesenden, abgedrifteten, wortwörtlich ins sogenannte

Narrenkasterl starrenden Empfangsdame umgehen solle. Ganz offensichtlich ist ein zweiter, ein erneuter Anlauf vonnöten, um sie aus ihrer Abwesenheitsstarre zu befreien, dadurch an meine gewünschte Information zu gelangen. – *Entschuldigung. Mein Name ist D o k t o r W e b e r. Um halb hab ich einen Termin mit H e r r n D o k t o r H o f m e i s t e r. Könnten Sie mir b i t t e sagen, in welchem Zimmer er sich befindet?* Die Schlagworte besonders betont, besonders hervorgehoben, um sie nun, beim zweiten Anlauf, möglicherweise aufhorchen zu lassen, warte ich nun auf ihre Reaktion. Siehe da, ihr Blick löst sich von dem imaginären Punkt an der, ihr gegenüberliegenden, Raumseite und sie fixiert mich auf erschreckt verwirrte Weise. Ich werde wahrgenommen. Sie überlegt. Aber nur kurz. – *Der Herr Doktor Hofmeister befindet sich im ersten Stock im Zimmer sechsundvierzig.* Anscheinend wurde mein Besuch der Empfangsdame schon im Vorhinein angekündigt, da sie zu keinerlei weiteren Fragen ansetzt. Oder etwa doch? – *Er wartet eh schon auf Sie.* Eine Beifügung. Allerdings eine, die sich für mich von Interesse zeigt. „Er wartet eh schon auf Sie." Was bedeutet, dass es sich hierbei nicht um ein belangloses Treffen handeln kann. Handelt es sich bei der Rothaarigen nicht vielleicht sogar um die Dame, mit der ich diesen heutigen Termin vereinbart habe, um die Dame, die mein kleines Generika-Problem bereits am Telefon hat anklingen lassen? Um das herauszufinden, müsste ich noch mal ihre Stimme hören. Also eine Frage. Eine Frage, die mir auch etwas bringt, eine Frage, die mich schon auf das unmittelbar bevorstehende Gespräch mit Doktor Hofmeister vorbereitet, eine Frage, die mir ihm gegenüber einen Vorteil verschaffen kann. – *Okay. Danke … Ähm, wissen Sie eigentlich, was genau der Herr Doktor Hofmeister mit mir besprechen möchte?* Vielleicht etwas zu forsch, etwas zu offensichtlich. Sie braucht Zeit, wirkt schon wieder abwesend. – *Das weiß ich leider nicht. Aber – wie schon gesagt – er wartet eh schon oben auf Sie, Herr Doktor.* Nein. Bei ihr handelt es sich eindeutig nicht um die Stimme, mit der ich vor zwei Tagen konferiert habe. Auch bei ihrer Antwort handelt es sich leider nicht um eine mir tatsächlich nützliche. Sie wollen mich im Unwissen lassen. Na gut. Also, auf den Weg! – *Na gut. Danke.* Umgedreht. – *Entschuldigung! Sie müssen nur leider die Stiegen da hinten um die Ecke nehmen.* Gut zu wissen. – *Der Lift ist leider außer Betrieb.* Ich hätte die Stiegen sowieso dem Lift vorgezogen. Also: *Kein Problem.* Das automatisierte, höfliche Lächeln. Zimmer achtundvierzig. Nein! Vierundvierzig. Nein. Welches Zimmer? – *Die Stiegen in den ersten Stock und dann …* Links, rechts, geradeaus? Ich will da oben nicht ziellos herumirren. – *Genau. Die Stiege in den ersten Stock und dann rechts. Das Zimmer sechsundvierzig is ganz am Ende.* Sechsundvierzig! – *Gut. Danke.* – *Gerne.* Zu den Stiegen. Doktor Weber. Doktor Weber. Doktor Weber. Doktor. Doktor. Doktor. Doktor. Ich weiß noch, kann mich sogar noch bildlich an den lauen Sommerabend vor achtundzwanzig Jahren erinnern, als ich Bernhard offenbarte, dass wenn ich jemals einen Doktortitel verliehen bekommen sollte, ich ihn bestimmt nicht anführen würde. „Wenn ich mich tatsächlich an ein Doktorratsstudium herantrauen sollte, dann nur, um gegen den Strom zu schwimmen und meinen Doktortitel – nachdem ich ihn erhalten habe – nirgendwo anzuführen. Einen anderen Sinn würde ich an so einem Studium gar nicht sehen …" Der Aufzug. Der defekte Aufzug. Es wird sich links gehalten. In den kleinen Gang, in dem sich die Stiege in den ersten Stock befinden soll. Tatsächlich, die Stiege, die am Ende des Ganges rechts in den ersten Stock führt. Das waren die Worte: „Einen anderen Sinn würde ich an so einem Studium gar nicht sehen …" Das waren die Worte. Nie war mir an einem Titel gelegen. Ironie. Jetzt als Besitzer eines solchen werde ich nur mehr mit diesem angesprochen. Doktor. Doktor Weber. Den ersten Treppenabschnitt hoch. Eine nach der anderen. Eine Stufe nach der anderen. Ich bin kein Doktor und doch der Inbegriff eines Doktors. Ich bin kein Verfasser einer Doktorarbeit, dennoch trage ich diesen unsäglichen Titel. Ich trage den schrecklichsten aller Doktortitel, denn dieser Titel ist zweckentfremdet, dient nicht als offizielle Anerkennung meiner Leistung, sondern bloß der Wahrung des Scheins, der Beruhigung der Patienten. Niemand möchte von einem Magister behandelt werden, einen Magister möchte niemand so nah an sich heranlassen, niemand möchte seine Krankengeschichte einem Magister erzählen oder seine intimsten Privatangelegenheiten vor einem Magister ausbreiten. Der falsche Doktor. Der echteste falsche Doktor, da der medizinische Doktor schließlich den Inbegriff eines Doktors darstellt. Ich, der echteste falsche Doktor, wende mich nach rechts. Die letzten acht Stufen, die letzten acht Stufen, die in den ersten Stock führen. Ich steige sie empor. Aus nichts wird etwas Herausragendes gemacht. Ein an sich bedeutungsloses Wort, das plötzlich eine größere Wichtigkeit zugeschrieben bekommt als der menschliche Name selbst, das diesen Namen sozusagen offiziell krönt. Aber der Perversität nicht genug, so wird dieser echteste falsche Titel sogar zu einem gesetzlich vorgeschriebenen Teil des bürgerlichen Namens gemacht. Selbst der schlechteste echteste falsche Doktor muss auch als echtester falscher Doktor auftreten, von Gesetzes wegen! Das royale Doktoren-System. Heiratet man beispielsweise als Frau einen Doktortitelträger, egal ob es sich dabei um einen echtesten falschen Doktor oder aber um einen sozusagen tatsächlichen Doktor handelt, so wird sie selbstverständlich von dem Zeitpunkt ihrer Vermählung an nur mehr mit „Frau Doktor" angesprochen, ist durch ihre Heirat also mehr oder weniger geadelt, beziehungsweise gedoktort. Nein. Dem ist nicht mehr so. Das hat sich geändert, sich im Laufe der Zeit verändert. Diese Zeiten sind nun vorüber. Was allerdings bleibt, das ist der Nachgeschmack einer der größten aller menschlichen Perversitäten. Im ersten Stock. Erster Stock rechts, Zimmer sechsundvierzig. Die ungeraden Nummern rechts – einundvierzig, dreiundvierzig –, die geraden Nummern links – vierzig, zweiundvierzig –, also sechsundvierzig links, tatsächlich am Ende dieses langen, kahlen Ganges. Doktor Hofmeister, der sicherlich bereits all seine Unterlagen zur Hand hat. Doktor Hofmeister, der mich erwartet, gewiss die genauesten Anweisungen, den Umgang mit mir betreffend, erhalten hat, von ganz oben erhalten hat … Vierundvierzig … Doktor Hofmeister. Ja, einmal nur ein einziges Mal bin ich diesem Doktor Hofmeister begegnet. Bei einer Fortbildung hat Robert ihn mir vorgestellt. Allerdings wurden keine drei Worte gewechselt.

… Sechsundvierzig … Keine drei Worte. Fest, ausgesprochen fest wird von mir angeklopft werden. Oder aber, ich klopfe leicht und schnell, öfters hintereinander. Ja, leicht und schnell. Er wird glauben, ich habe es eilig, er wird glauben, er wäre mir nicht wichtig. Ich werde schnell klopfen. Ich werde leicht klopfen.

5

Mit versteinertem Gesichtsausdruck geht der hellbraun marmorierte Brillen tragende, etwas fester gebaute Doktor Hofmeister mit braun-grauem, schütterem Haar, in einem, ihm um mindestens eine Nummer zu kleinen, Nadelstreifanzug im Zimmer sechsundvierzig mit einem großen Wandkasten aus rötlich braunem Kirschholz an der rechten Zimmerwand, einem ebenfalls kirschenen Tisch samt einem Computerbildschirm, einer bunten Schreibunterlage sowie einigen anscheinend wahllos verteilten Papierstapeln und einer nicht mehr vollkommen frisch wirkenden Topfpflanze, die trotz ihres dezent matten Grüns die gesamte linke Raumhälfte aufhellt, auf und ab. Er überlegt. Dann begibt sich Doktor Hofmeister zum Doppelfenster an der rechten Raumseite, vor dem er, aus selbigen ins Schneegestöber blickend, länger verharrt. Es wird an die Tür geklopft.

mit versteinertem Gesichtsausdruck, hellbraun marmorierte Brille tragender, etwas fester gebauter, schütter-braun-grau-haariger, in einem, ihm um mindestens eine Nummer zu kleinen Nadelstreifanzug, im Zimmer sechsundvierzig auf und ab gehender, überlegender, sich dann zum Doppelfenster an der rechten Raumseite begebender, länger ins Schneegestöber blickender, dort verharrender
Doktor Hofmeister

„(…) mit mir spielen?", fragt Daniel. „Ich werd so lang mit dir spielen, wie's nur geht", antworte ich. „Aber jeder Mensch muss amal gehen. Keiner is ewig da, Daniel", sage ich. Verdammt, er ist erst fünf Jahre alt, fünf Jahre! Ein Zehntel! Tatsächlich weniger als ein Zehntel meines Alters. Es liegt nicht an mir, es liegt nicht daran, dass ich mit dreiundfünfzig Jahren Vater wurde, auch wenn dieser Umstand einem von jedem, ja ausnahmslos jedem vorgehalten wird. Sie müssen es gar nicht aussprechen, müssen ihre Vorhaltungen gar nicht publik machen. Ich sehe es an ihren Blicken, ich sehe es ihnen an. Spätestens in seinem sechsten Lebensjahr wird er den Tod seines Vaters zu verkraften haben. Zweifellos hätte das auch seine guten Seiten. Frisch. Bernhard. Brecht etwa auch? Sie alle, ich glaube sie alle – sowohl Frisch als auch Bernhard (ja, die beiden mit Gewissheit) und ich glaube erzählt bekommen zu haben, ebenfalls Brecht – sind vaterlos aufgewachsen, wurden einzig von ihren Müttern erzogen. Kafka hat seinen Vater ebenso geliebt, wie er ihn aus tiefstem Herzen hasste, wurde von seinem Vater ignoriert, mehr oder weniger sogar verstoßen. Alle Großen der deutschen Literatur hatten in ihrer Kindheit, hatten während ihrer Jugend hauptsächlich weibliche Bezugspersonen. Das ist der gute Aspekt. Obwohl ich nie ein Leser war. Die Menschen. Die Menschen sind interessanter. Die Menschen dahinter. Die Menschen hinter den weltbekannten literarischen Werken und die Ansichten dieser Menschen sowie das, was zu eben jenen Ansichten führte. Ja, darin bestand seit jeher die Anziehung, bestand für mich immer das Interesse an der Literatur, vorzüglich natürlich der deutschsprachigen Literatur. Entweder nach, vor oder während eines Lidschlags tritt der Tod ein, der alles vernichtet, mit einem Schlag alles. Der Tod, der mit einem Schlag die Welt, wie sie von mir gesehen wird, auslöscht. Allerdings bleibt jene Welt, welche nicht aus meiner persönlichen Perspektive betrachtet wird, weiterhin bestehen, für meinen Sohn erhalten. Das ist das Gute. Das ist das Schlechte. Das Licht. Der Tunnel. Sowohl der lange dunkle Tunnel als auch das endlos gleißende Licht, an dessen Ende, von dem sie alle sprechen, überzeugt mich, überzeugt mich gleichzeitig auch nicht. Gewissheit müsste man haben. Aber ist nicht auch die Aussicht auf das endlose Nichts, auf die absolute Nichtigkeit aller Dinge, auf das einen für alle Zeit umgebende Dunkel, eine erstrebenswerte, eine ausgesprochen schöne, ja eine, auf gewisse Weise, tatsächlich beruhigende Aussicht? Das Nichts ist mit sehr großer Wahrscheinlichkeit eher schwarz als weiß. Da das absolute Nichts aus nichts anderem denn aus der Abwesenheit aller Dinge resultiert, muss man also auch die Abwesenheit des

Lichts, demzufolge also auch die Abwesenheit von Farbe, aller Farben, nicht zuletzt also die Abwesenheit von Weiß im postmortalen Nichts als Voraussetzung annehmen. Es sei denn, es gäbe einen Gott, es gäbe einen Himmel, es gäbe eine Hölle, es existiere tatsächlich ein Leben nach dem Tod. Ein beruhigender Gedanke. Ebenfalls. Der Gedanke, der Kraft spendet. Ebenfalls. Ein Gedanke, der mich leben lässt. Ebenfalls. Der einzige Gedanke jedoch, der mich hoffen lässt. Schneeflocken, die ziellos durcheinanderwirbeln, zu Boden segeln, sich ineinander verfangen, gemeinsam eine Decke bilden, die die gesamte Stadt bedeckt, das alles nur, um bei steigenden Temperaturen wieder zu schmelzen, sich aufzulösen, spurlos zu verschwinden. Das Leben als Schneeflocke. Der Zusammenhang, der nicht verborgen bleibt. Allerdings drängt sich bereits ein weiterer auf: Die schmelzende, die sich auflösende Schneeflocke, sie verschwindet ja nicht, wird bloß Teil eines andersartigen, größeren Ganzen, wird Teil einer Pfütze, die ihrerseits wieder verdampft und sich am Firmament nicht mehr als Pfütze, sondern als Dampf mit anderem Dampf zu einer Wolke zusammenschließt, sich also zur Wolke weiterentwickelt, die sich wiederum vom Wind angetrieben, an irgendeinem anderen Ort entlädt, also in Tropfen-, Schnee-, Hagel-, oder andersartiger Form die ehemalige Schneeflocke wieder zur Erde schickt. Nichts weiter. Eine bloße Metapher. Warum gleichen Sternensysteme so auffallend den molekularen Strukturen? Die Sonne beispielsweise als Atomkern, warum nicht? Die sie umkreisenden Planeten, Elektronen, Protonen, Neutronen. Ja, warum nicht? Was, wenn ich, in mir abgeschlossen, mein eigenes Universum bilde? Was passiert tatsächlich, wenn ich mir die Fingernägel schneide? Ich sollte meine Fingernägel schneiden. Zerstöre ich dabei ganze Galaxien, ganze Galaxien, die in mir existieren, die Kultur von unzähligen Lebewesen, Rassen, Gesellschaften, die sich in mir, in meinen Zellen, in meinen Atomen bereits gebildet und entwickelt haben? Ich sollte meine Fingernägel schneiden. Was, wenn wir alle auf einem Teilchen eines Fingernagels eines für uns unvorstellbar großen Riesen existieren, der seinerseits selbst wieder auf einem Teilchen eines noch größeren

Riesen existiert? Was, wenn er sich die Fingernägel schneidet, unser Fingernagel zu Boden fällt, verrottet? Wie schnell kann alles vorbei sein? Wie schnell kann für uns alle alles vorbei sein? Die Zeit wird unterschiedlich schnell vergehen, wird auf der Welt des Riesen um etliches schneller vergehen als auf unserer. Der Verfallsprozess des abgeschnittenen Fingernagels würde für uns unendlich lange andauern. Ich sollte meine Fingernägel schneiden. Das ist das Positive. Ich werde es nicht mehr erleben, das Ende des Verfallprozesses, das Schneiden des Riesenfingernagels. Aber auch Daniel nicht, höchstwahrscheinlich nicht. Es klopft. Noch ein Termin?

Doktor Weber steht vor der Tür Nummer sechsundvierzig. Er überlegt, blickt zu Boden, dann auf die Türschnalle, dann den weißen Gang, in die Richtung, aus der er soeben gekommen war, entlang. Er überlegt, während er das Schild an der Tür nachdenklich begutachtet. Doktor Weber sieht noch ein letztes Mal die Türschnalle an, schließt daraufhin fest die Augen, um sie gleich darauf wieder zu öffnen, schlussendlich an die Tür mit der Nummer sechsundvierzig zu klopfen.

überlegender, zu Boden, dann auf die Türschnalle, dann den weißen Gang entlang blickender, das Schild an der Tür musternder, ein letztes Mal auf die Türschnalle blickender, die Augen zuerst schließender, dann sie wieder öffnender, daraufhin an die Tür Nummer sechsundvierzig klopfender Doktor Weber

Die Sekretärin, Rezeptionistin, Empfangsdame, wie auch immer, hat es ihm gewiss bereits mitgeteilt, hat Doktor Hofmeister gewiss von meinem Kommen in Kenntnis gesetzt. Doktor Hofmeister steht also im Startloch, scharrt bereits in den Startlöchern, wie man sagt, steht scharrend in den Startlöchern. Vielleicht sollte ich einfach ins Zimmer sechsundvierzig hineinplatzen, natürlich nicht zu offensichtlich mit Krawall und Radau, jedoch vom Grundtenor her eher mit der Tür ins Haus fallen, als mich wie ein schüchternes Mäuschen vorsichtig vorzutasten, einfach selbstsicher die Türschnalle herunterdrücken, die Tür öffnen und hineinspazieren. Das wird Hofmeister überraschen. Allerdings wird ihm einzig aufgrund meines Mit-der-Tür-ins-Haus-Fallens sicherlich nicht die ihm von den höheren Etagen der Krankenkasse aufoktroyierte Rede entfallen. Allein deswegen wird Doktor Hofmeister mit mir nicht offener reden. Doktor Hofmeister versteckt soeben die Unterlagen, die Unterlagen, in denen die Richtlinien für dieses Gespräch verzeichnet sind, die Unterlagen, die die Schlüsselpunkte für dieses amikale Gespräch enthalten, die Unterlagen, die ihm wahrscheinlich schon vor einer Woche direkt von der Chefetage gefaxt wurden. In der Krankenkasse funktioniert nichts ohne Fax. Alles, aber auch wirklich alles wird gefaxt, alle Angelegenheiten werden via Fax erledigt, ohne Ausnahme. Das hat Michi behauptet. Hinter seinem pompösen Schreibtisch sitzend wird mich Doktor Hofmeister mit ernster Miene erwarten. Alles bloß Spiel, das Einschüchterungsspiel, er in seiner, ich in meiner Rolle, beide konsequent, beide erbarmungslos in unserer jeweiligen Rolleninterpretation, werden wir in diesem Raum einander gegenübersitzen; zuerst einander zum großen Showdown gegenübertreten, dann sitzen. Dennoch handelt es sich hierbei um nichts anderes als um ein überflüssiges Gespräch, ein überflüssiges, amikales Gespräch, ganz gleich, aus welchem Blickwinkel man es auch betrachten will. Vorhersehbar sowohl sein Vortrag in Form einer Rüge als auch meine Reaktion in Form meines gespielt zustimmenden Gehorsams. Vorhersehbar bis ins kleinste Detail. Schon seit jeher wurde dieses Stück nur auf eine Art gespielt, nämlich auf die unsrige, auf die uns bevorstehende, exakt auf jene Art, die in wenigen Momenten wieder aufgeführt wird. Er, der Diktator, ich der offiziell zwar zustimmende, inoffiziell jedoch sich weigernde, sich verweigernde Revolutionär. Noch nie konnte ein Revolutionär durch Reden seinen Standpunkt tatsächlich vertreten, geschweige denn durchsetzen. Tatsächliche Veränderung rührt immer nur aus der Aktion, nie aus dem reinen Theoretisieren her, immer zuerst durch die Zerstörung, dann durch den neuerlichen Aufbau, der meist in der Rekonstruktion des Alten, Verwesten, bereits Verworfenen, soeben Vernichteten endet, was sowieso jede Revolution ad absurdum führt. Wer nicht probiert, der stets verliert. Erst die Destruktion – die Phase, die sogleich von mir eingeleitet wird – dann die Konstruktion – in die noch etliche Gedanken sowie Gedankengänge einfließen werden müssen. Der erste Schritt zur Destruktion, der Schritt durch diese Tür, mein Schritt durch eben jene Tür. Die Aufregung, die sich in meinen Unterleib frisst, immer tiefer, um schlussendlich den gesamten unteren Teil meines Torsos in Besitz zu nehmen. Was, wenn mich jemand so zögerlich vor dieser Tür stehen sieht? Eine Überwachungskamera? Blick nach hinten. Blick nach rechts. Niemand. Gut. Also: souverän, mit festem Blick, festem Gang, fester Stimme, festem Händedruck. Die rechte Hand gehoben, mit der rechten Hand drei Mal hintereinander, in kurzen Abständen, an die Tür geklopft, leicht, trotzdem energisch, aber nicht zu energisch.

Doktor Hofmeister ruft in Richtung Tür, woraufhin diese sich öffnet, Doktor Weber das Zimmer sechsundvierzig betritt. Doktor Hofmeister wendet sich ganz vom Fenster ab, macht zwei Schritte in die Mitte des Raumes, schüttelt dem Doktor Weber die Hand, spricht einige Worte, woraufhin Doktor Weber nickt, kurz auf die soeben gesprochenen Worte eingeht. Nun wendet Doktor Hofmeister Doktor Weber den Rücken zu, um sich zu seinem massiven Schreibtisch zu begeben. Währenddessen lässt Doktor Weber seine rechte Hand in seine rechte Jackentasche gleiten, macht ebenfalls einige Schritte auf den Schreibtisch zu. Während Doktor Hofmeister hinter diesem Platz nimmt, schlüpft Doktor Weber aus seiner Jacke, hängt sie über die Stuhllehne des Stuhls, der sich auf der, dem Doktor Hofmeister gegenüberliegenden Schreibtischseite befindet. Jetzt nimmt auch Doktor Weber Platz. Doktor Hofmeister spricht mit Unterbrechungen vereinzelte Sätze, während er seine unübersichtlichen Papierstapel durchstöbert, wird dabei durchgehend von Doktor Weber fixiert. Schließlich scheint er den gesuchten Zettel entdeckt zu haben, wirft allerdings nur einen kurzen Blick darauf, um sofort, wie automatisiert, zu sprechen zu beginnen. Doktor Weber bleibt die meiste Zeit still auf seinem Stuhl sitzen, rutscht nur ab und an ein klein wenig auf ihm hin und her, behält seine ernste, seriöse Miene. Ab einem gewissen Punkt übernimmt er allerdings die

Konversation, dadurch nahezu im Alleingang das Reden, stellt Fragen, auf die Doktor Hofmeister aber nur sporadisch antwortet. Doktor Weber wird ungeduldig, was an seinen Gesichtszügen sowie seiner immer verkrampfteren Körperhaltung eindeutig abzulesen ist. Plötzlich bricht ein Redeschwall, der jedoch in einem zurückhaltenden, leisen, bedachten Ton verpackt ist, aus Doktor Hofmeister hervor und scheint einfach nicht mehr versiegen zu wollen. Doktor Weber nickt zustimmend, äußert sich nur mit wenigen, aber anscheinend zustimmenden Worten. Aus der rechten Jackentasche Doktor Webers ertönt in diesem Moment ein Piepsen, dringt in die vier Ohren der beiden Anwesenden ein, woraufhin Doktor Weber leicht erschrickt, ein wenig zusammenzuckt, wovon Doktor Hofmeister allerdings nichts mitzubekommen scheint, denn er spricht unbekümmert weiter. Er spricht noch einige sehr ernste Worte mit ausgesprochen ernster Miene zu Doktor Weber, die dieser bereitwillig aufnimmt, wieder nickt, darauf, im selben ernsten Tonfall mit beinahe derselben ernsten Miene, antwortet. Indem er als Erster seinen Stuhl nach hinten schiebt, gibt Hofmeister den Impuls zum Aufstehen. Beide erheben sich beinahe zugleich vor, sowie hinter dem Schreibtisch, über den hinweg Doktor Hofmeister Doktor Weber zum Abschied die Hand schüttelt, etwas sagt, worauf Doktor Weber etwas erwidert. Doktor Weber dreht sich um, verlässt den Raum. Doktor Hofmeister bleibt allein im Zimmer sechsundvierzig zurück.

das Zimmer sechsundvierzig betretender, dem Doktor Hofmeister die Hand reichender, etwas zu ihm sagender, ihn zum Schreibtisch begleitender, währenddessen die rechte Hand in die rechte Jackentasche wandern lassender, aus seiner Jacke schlüpfender, die Jacke über die Stuhllehne hängender, Platz nehmender, dem Doktor Hofmeister zuhörender, ab und an etwas einwerfender, hin und her rutschender, das Gesprächsruder übernehmender, fragender, nicht immer sofort eine Antwort erhaltender, seine Gesichtszüge verspannender, sich verkrampfender, dann endlich doch Antworten erhaltender, in sowohl leise als auch ernsthafte Diskussion mit Doktor Hofmeister tretender, nach deren Beendigung sich erhebender, Doktor Hofmeisters Hand schüttelnder, sich verabschiedender, das Zimmer sechsundvierzig verlassender
Doktor Weber

Die Hitze kriecht unter meine Jacke, kriecht durch die Ärmel in meine Jacke, sammelt sich unter ihr, lässt meinen Körper, lässt sowohl meinen Körper als auch meinen Geist in ihrer Entität ermüden. Es wird heißer, der ganze Gang heizt sich auf. Alles nur Einbildung? Doktor Hofmeister ruft aus dem Zimmer. Es hätte „Herein" heißen können oder „Nein"? Vielleicht auch „Bitte". Es handelt sich um eine dicke Tür, die die wenigen Schallwellen, die von ihr durchgelassen werden, verzerrt. „Bitte" wäre mir am liebsten. „Herein" jedoch ist wahrscheinlicher. „Herein" als Befehl, als Befehl, der seine Stellung mir gegenüber eindeutig festlegt, als Befehl der perfekt in seine Rolle passt. Ein „Nein" ist hingegen nicht sehr wahrscheinlich. Also selbstsicher die Türschnalle betätigt, die Tür, die keine Sicherheitstür ist, nach innen geöffnet. Hinein ins Zimmer sechsundvierzig. Die Tür hinter mir geschlossen. Der Raum mit zwei mittelgroßen Fenstern, an der rechten Seite, einem Schrank (wahrscheinlich aus Kirschholz oder Kirschholzimitat), einem mächtigen, kirschhölzernen Schreibtisch, der von Unterlagenstapeln bedeckt wird. Doktor Hofmeister, der mir von den Fenstern her entgegenkommt. Sein Gesicht wirkt auf seltsame Weise teilnahmslos, er auf mich also, passend assoziiert, eher unvorbereitet oder gehört diese Miene bereits zu seiner elaborierten Taktik? Nur der erste Eindruck. Er tritt mir entgegen, streckt zur Begrüßung die rechte Hand aus, die ich sofort automatisch ergreife, die ich schüttle. – *Hofmeister.* Kein Titel. Stimme sowie Tonlage sympathisch. – *Weber.* Sein Händedruck fest, aber nicht zu fest. Ich hoffe, dass mein Druck ebenso dosiert war, denn Doktor Hofmeister lässt bereits nach, lässt los. – *Guten Tag.* Und schon wendet sein Blick sich von mir ab, dem Schreibtisch zu, der zwar mächtig in diesem eher kleinen Raum wirkt, aber nicht pompös, nicht einschüchternd. Ich erwidere: *Grüß Gott.* Doktor Hofmeister wendet mir am Weg zum Schreibtisch den Rücken zu. Ich folge ihm. Die rechte Hand wird langsam, ganz nebenbei in die rechte Jackentasche gesteckt. Das Diktafon wird von mir ertastet, ergriffen, die einzelnen Knöpfe betastet bis zum vordersten, bei dem es sich um die Aufnahmetaste handelt. Indem ich ihn, indem ich diesen Knopf nun drücke, setze ich alles in Gang. Das erste, das kleinste Rädchen, das den Mechanismus antreibt, der die Zerstörung sowie die hoffentlich darauf folgende Wiedererrichtung der Niederösterreichischen Krankenkasse (zuletzt auch aller österreichischen Krankenkassen) bewirken wird, stellt dieser Knopf, der soeben von mir betätigt wurde, metaphorisch dar. Jetzt wird die Hand wieder, von Doktor Hofmeister unbemerkt, aus meiner Jackentasche gezogen. Doktor Hofmeister nimmt hinter seinem großen, kirschhölzernen Schreibtisch Platz, woraufhin ich mich meiner Jacke entledige, sie auf den, sich auf der dem Doktor Hofmeister gegenüberliegenden Schreibtischseite befindenden Stuhl, hänge, es ihm als Spiegelbild gleichtue, indem ich mich auf den Stuhl mit dem Rücken zur Eingangstür setze. Unvermittelt beginnt Doktor Hofmeister mit gesenktem Blick seine Unterlagenstapel zu durchsuchen. Er öffnet seinen Mund, spricht allerdings eher zum Schreibtisch als zu mir. – *Also Herr Weber … Ich habe Sie heute zu mir … hierher … bestellt, wegen Ihrer kleinen Geschichte, wegen ihrem Problem oder vielmehr wegen dem Problem, das wir …* Doktor Hofmeister scheint den gesuchten Zettel gefunden zu haben, legt diesen allerdings mit weitersuchendem Blick zur Seite, unterzieht daraufhin den nächsten Stapel einer eingehenden Untersuchung. – *… das wir hinsichtlich Ihrer Handlungsweise … Ihres*

Vorgehens in dieser Geschichte, in dieser … Er will unvorbereitet wirken, um jeden Preis möchte Doktor Hofmeister auf mich abwesend, desinteressiert, unvorbereitet wirken. Warum? Was versucht er damit zu bezwecken? Er möchte mich verwirren, möchte mich auf diese Weise entwaffnen. Erneut hat er einen Zettel vor sich, auf den er einen kurzen Blick wirft, um gleich darauf auch diesen zu verwerfen, zur Seite zu legen. Nun allerdings sieht er mich an, blickt mir direkt in die Augen. – *… in dieser Generika-Geschichte haben. Ich gebe zu, Sie sind nicht der Erste, den ich aus diesem Grund hier sitzen habe, aber nichtsdestotrotz handelt es sich um einen klaren Verstoß gegen die Regeln … einen klaren Verstoß gegen die Vorschriften.* Er kommt zur Sache. – *Ich habe hier zwar nur die Zahlen vom letzten Quartal vorliegen, aber ich glaube, mich zu erinnern, dass es sich bei den vorhergehenden nicht anders verhalten hat. Sie haben in nur zwölf Fällen im gesamten letzten Quartal Generika verschrieben. Bei insgesamt sechstausend Rezepten kommen wir da auf eine Generikaquote von nicht einmal einem Prozent.* Der Blick, der mich während seiner letzten Sätze durchgehend gemieden hat, heftet sich nun wieder an mich, fixiert mich erbarmungslos. – *Und bei einer festgesetzten Quote von mindestens zwanzig Prozent haben wir es hier schon mit einem ziemlich eklatanten Verstoß gegen die Generikaregelung zu tun.* Doktor Hofmeister wartet auf eine Erwiderung meinerseits, auf irgendeine. Soll ich stark bleiben, etwa den Rebellen spielen? Es liegt ganz in meiner Hand, nun liegt es ausschließlich an mir, welche Rolle ich ihm gegenüber einnehmen werde. Die Stunde oder vielmehr die Sekunde der Wahrheit. Mit den bereits ausgetauschten Höflichkeiten sowie den automatisierten Begrüßungsritualen hinter uns muss jetzt die unausweichliche Entscheidung getroffen werden. Trotz allem wirkt dieser Doktor Hofmeister sympathisch. Ich entscheide mich für die Wahrheit, wie auch immer sie in seinen Ohren klingen wird. – *Ehrlich gesagt mach ich mir darüber keine großen Gedanken. Wenn das infrage kommende Generikum ausreichend getestet wurde und dem Patienten weniger kostet, denk' ich natürlich nicht lange darüber nach und verschreib' es. Aber heutzutage gehen nun mal die Pharmakonzerne mit ihren Preisen sowieso laufend runter und da kommt das halt nicht mehr so oft vor. Ich versteh'* *nur nicht ganz, warum ich mich an eine Quotenregelung halten sollte, die dem Patienten teurer kommt und unvorhergesehene Nebenwirkungen nach sich ziehen kann, wenn ich ihm genauso gut ein ausreichend getestetes Medikament mit einem besseren Preis verschreiben kann.* Doktor Hofmeisters Gesichtsausdruck wirkt verständnisvoll, so gar nicht angriffslustig, als er wieder das Wort ergreift. – *Sehen Sie, Herr Weber, ich sitze nicht hier, um Ihnen eine Standpauke zu halten oder dergleichen. Ich möchte Sie lediglich auf die Sichtweise der etwas höheren Etagen hinweisen, die Ihr Vorgehen höchstwahrscheinlich als Verstoß gegen ihre Regelung wahrnehmen und ehrlich gesagt bin ich mir nicht sicher, wie lange die da noch tatenlos zuschauen werden.* Eine versteckte Drohung? Eine versteckte, wenn auch offensichtliche Drohung. Er selbst jedoch hält sich mehr als fein aus der Sache raus, indem er von „denen" spricht. „(…) wie lang DIE da noch tatenlos zuschauen werden." – *Soll das … Soll das jetzt eine Drohung sein?* Er beeilt sich: *Nein, ganz und gar nicht, ganz und gar nicht, eher das Gegenteil, eher eine Warnung. Deswegen sage ich es Ihnen ja bereits jetzt, wo noch kein Schaden entstanden ist. Wenn sich das alles allerdings im nächsten Quartal so wiederholt, dann könnte es wirklich schon zu spät sein.* Ich muss es aus ihm herausbekommen, ich muss es versuchen. – *Ich wäre ja sofort dazu bereit, mehr Generika zu verschreiben, wenn ich einen sinnvollen Grund dafür sehen könnte.* Unterschwellig formuliert, gut formuliert. Möglicherweise habe ich damit bei Doktor Hofmeister tatsächlich den richtigen Knopf gedrückt. Er hat den Blickkontakt wieder abgebrochen, starrt an mir vorbei ins Leere. Es bleibt mir nichts anderes übrig als nachzusetzen. – *… Nur seh' ich zurzeit noch keinen.* Doktor Hofmeister wendet den Blick, sieht mich also wieder an. Das ist der Beginn oder könnte er wenigstens sein, eine Erklärung, die für Furore sorgen wird. – *Es gibt durchaus einen Grund und der ist sogar ziemlich einfach.* Mitten im Satz unterbricht er sich selbst. Ich muss ihm neuen Mut zusprechen. – *Ich mein, irgendwas muss da ja im Busch sein, irgendeine stillschweigende Vereinbarung mit einem großen Konzern oder was auch immer, weil mit Patientensicherheit kann das ja alles nicht wirklich was zu tun haben.* Er sieht mich weiterhin an. – *Da haben Sie recht.* Aber er weigert sich fortzufahren, mit der eigentlichen Erklärung überhaupt zu beginnen. Alle Register müssen gezogen werden, eher gebe ich mich nicht geschlagen. – *Ja, also? Ich verlang' ja nichts weiter, außer dass man zu mir ehrlich is.* Weiterhin werde ich von Doktor Hofmeister mit starr aufeinandergepressten Lippen angesehen. – *Ich weiß natürlich, dass ich bis zu einem gewissen Grad von Ihnen, das heißt von der Kasse, abhängig bin, aber Sie sollten auch nicht vergessen, dass die Kasse ohne Ärzte gar nicht existieren würde, die Kasse also von den Ärzten genauso, bis zu einem gewissen, wahrscheinlich geringeren Grad – aber trotzdem!- abhängig ist. Und wenn der Kopf nicht weiß, was der Schwanz tut, beißt er ihn sich aus Angst bekanntlich selber ab. Also? – Wer ist der Kopf und wer der Schwanz? Diese Frage müsste wahrscheinlich zuerst geklärt werden.* Ist er auf eine bloße Grundsatzdiskussion aus oder will er mich weiter ablenken, um bloß nicht auf das von mir angeschnittene Thema zu sprechen kommen zu müssen, oder ist er bloß darauf aus, mich durch einen abstrusen Themenwechsel in falscher Sicherheit zu wiegen? Ich versuche es mit wahrhaftig empfundener Gleichgültigkeit. – *Ja, das wär' natürlich interessant.* Der Ton macht die Musik, in diesem Fall der nebensächlichste. Hierbei nun handelt es sich letztlich um den richtigen Knopf. Doktor Hofmeister erhebt die Stimme. – *Na gut. Kommen wir also zu dem Grund, der hinter dieser ganzen Generika-Geschichte steckt ...* Piep, piep, piep. Dreimal schnell hintereinander. Das Piepen aus meiner Jackentasche, aus der rechten. Der Reflex, sofort zu meinem Diktafon zu greifen, kann in letzter Sekunde nur unter Aufwendung der allergrößten Willenskraft meinerseits unterdrückt werden. Das Piepen fiel genau in Doktor Hofmeisters rhetorische Pause, der es aber dennoch nicht bemerkt zu haben scheint oder einfach nur so tut als hätte er es nicht wahrgenommen. Er hat es nicht bemerkt. Doktor Hofmeister hat das Piepen meines Diktafons mit Sicherheit nicht bemerkt. Die rhetorische Pause ist beendet. – *Der Wirtschaftsminister Batenberg sagt Ihnen was?* Auf die rhetorische Pause folgt also die rhetorische Frage. Es wird beiläufig genickt. – *Natürlich.* Wir kommen der Sache näher. – *Das ist jetzt eine Information, die sehr vielen sehr mächtigen Leuten in Österreich sehr unangenehm wäre, wenn sie an die Öffentlichkeit geriete.* Der

Konjunktiv als Prelude. Dabei erweist er sich mir überraschenderweise als sehr zugetan. Denn bei diesem Satz handelte es sich nicht im Entferntesten um eine Drohung, auch nicht um eine Warnung, sondern vielmehr bereits um einen Teil des Geständnisses, einen Teil der Aufdeckung. Allein mit diesem Satz in meiner Tasche habe ich alle populistischen Oppositionellen auf meiner Seite, dabei müsste Doktor Hofmeister die Hintergründe gar nicht mehr eingehender erläutern. Ich bin also zweifellos bereits auf der sicheren Seite. Er mustert mich eingehend mit einem mich einzuschätzen versuchenden Blick, bis er sich schließlich ein Herz fasst und sich dazu entscheidet, leise aber sehr bestimmt fortzufahren. – *Also der Batenberg hat eine Fabrik in Kasachstan, und zwar nicht irgendeine Fabrik, sondern de facto eine Generikafabrik.* An dieser Stelle werde ich von Doktor Hofmeister abwartend betrachtet. Jedoch schenke ich ihm nicht eine einzige nennenswerte Reaktion, was ihn aber auch nicht weiter zu stören scheint, denn er setzt fort. – *Und ich spreche hier nicht von einem kleinen Betrieb, mit dem er sich ein moderates Nebeneinkommen schafft, sondern von einem Betrieb mit über hundertfünfzig Angestellten, der zumindest in Österreich einer der Marktführer ist und laufend expandiert.* Ich will die Verbindung, die Verbindung von Batenberg zur Krankenkasse. Diese Information in digitaler Form, als Audiodatei ist von unschätzbarem Wert. Die Datei, die einen Teil dieser Welt verändern wird, entsteht hier, entsteht direkt vor meinen Augen, entsteht in diesem Augenblick. Allerdings muss zuerst noch die richtige Frage gestellt werden. Ich merke es an Hofmeisters Gesichtsausdruck; die für das Gesamtmosaik so wichtigen kleinen Informationen muss man ihm aus der Nase ziehen, muss man aus ihm herauskitzeln. – *Und was hat der Wirtschaftsminister mit der Krankenkasse zu tun? – Na ja, der Batenberg und der Kugner sind Klassenkameraden und haben dann nachher gemeinsam studiert. Also wenn sich die nicht so gut kennen würden, wär' die Quote nie im Leben eingeführt worden, nie im Leben. Ja, und so läuft das.* Kugner, der Krankenkassenpräsident. Das ist sein Name. Kugner. So heißt er. Kugner. Das Gefühl, das in mir hochsteigt, das Gefühl des Wiederfindens eines lang gesuchten, verschollen geglaubten

Gegenstandes, dieses über alle Maßen befriedigende Gefühl.
Kugner. Es ergibt alles einen Sinn. Auf perverse, makabre, ver-
rückte, menschenverachtende, Menschen vernichtende, jedoch
auch erstaunlich leicht nachvollziehbare Weise ergibt nun alles
einen Sinn, ergibt vor allem die sinnlosest erscheinende Quote
einen Sinn. Es musste so sein. Trotzdem erschreckt mich dieser
Umstand, erschreckt mich mehr als mir lieb ist. Hoffentlich
wurde durch das Piepen des Diktafons nicht das Ende des Speicher-
platzes auf der SD-Karte angezeigt. Mir bleibt nichts weiter als
das blinde Vertrauen, denn wechseln lässt sich die Karte hier
direkt vor Doktor Hofmeisters Augen nicht mehr. Außerdem
habe ich nicht einmal eine Ersatzkarte dabei, also kann diese Idee
ein für alle Mal verworfen werden. Mir bleibt nichts anders übrig
als abzuwarten, zu hoffen, dass das gesamte Gespräch samt dieser
Offenbarung als digitale Datei auf der SD-Karte sowohl ge-
speichert als auch wiederabrufbar ist. Doktor Hofmeisters Blick
wird nun wieder von mir aufgenommen. Mir fällt nichts Besseres
ein. – *Streng geheim?* – *Selbstverständlich streng geheim, strengst geheim.*
Die Fabrik in Kasachstan läuft ja nicht einmal auf den Batenberg persön-
lich. – *Nein?* – *Nein, natürlich nicht. Die läuft auf seine Frau. Ein*
österreichischer Politiker – *besser gesagt, ein Regierungsmitglied* – *kann*
doch in Kasachstan keine Firma besitzen und schon gar keine Generika-
fabrik. Er sieht mich weiterhin über den Tisch hinweg an. Sein
Blick wandert zu meiner Jacke, zu meiner rechten Jackentasche.
Nachdenklich, nicht zu mir, sagt er: *Ja.* Hat er das Diktafon, das
Piepen des Diktafons, etwa doch gehört? Solang er es nicht an-
spricht, ist alles gut. Kein Grund zur Aufregung. Aber er hat
recht. Ja. Mehr kann man dazu nicht sagen. Ja. Mit dieser
Information in der Hand könnte man mehrere Personen, wichtige,
öffentliche Personen sofort ohne Umwege ins Gefängnis wandern
lassen. Illegale Absprachen. Wettbewerbsverfälschung. Ver-
nachlässigte Patientensicherheit. Wenn all das endlich ans Tages-
licht kommt, endlich von mir ans Tageslicht gebracht wird … Ja
dann … Nie im Leben hätte ich angenommen, dass Doktor Hof-
meister noch mit einer weiteren derartig brisanten Information
herausrücken würde. Unvermittelt erhebt sich Doktor Hofmeister,

streckt mir die rechte Hand entgegen, woraufhin ich nicht länger sitzen bleibe, mich ebenfalls erhebe. Auch ich halte ihm nun meine rechte Hand hin. Sie treffen sich auf halbem Wege. Zum Abschied schütteln wir die Hände. Doktor Hofmeister ergreift das Wort. – *Nun gut. Ich hoffe, Sie nehmen sich meine Anregungen zu Herzen und schauen in Zukunft ein wenig auf Ihre Quote. Und wie gesagt, Sie kennen jetzt Informationen, die diesen Raum nie im Leben verlassen sollten.* Das muss er sagen. Ich nicht. – *Na gut. Dann danke für die Einladung. – Ich sage Danke. – Ich danke für das aufschluss-reiche Gespräch. – Ja. Na gut, auf Wiedersehen!* Ich greife nach meiner wertvollen, nicht zu weiten, nicht zu engen Jacke mit der rechten Jackentasche. Ich begebe mich mit Doktor Hofmeisters Gesicht in meinem Kopf zur Tür, öffne sie. Es wirkte traurig, im Stich gelassen, beinah theatralisch melancholisch. Auch jetzt, als ich hinter mir langsam die Tür zuziehe, wirkt es nicht anders. Ich muss das Diktafon überprüfen. Ich brauche diese Datei.

*in Richtung Tür rufender, sich, nachdem Doktor Weber das Zimmer be-
treten hat, ganz vom Fenster abwendender, zwei Schritte in die Raum-
mitte machender, dem Doktor Weber die Hand schüttelnder, einige Worte
sprechender, Doktor Weber den Rücken zuwendender, sich zu seinem
massiven Schreibtisch begebender, hinter diesem Platz nehmender, mit
Unterbrechungen vereinzelte Sätze sprechender, währenddessen seine un-
übersichtlichen Papierstapel durchsuchender, den richtigen Zettel entdeckt
zu haben scheinender, jedoch nur einen kurzen Blick darauf werfender,
sofort darauf zu sprechen beginnender, Doktor Weber nach einiger Zeit
zu Wort kommen lassender, auf dessen Fragen allerdings nur sporadisch
antwortender, einen nicht versiegen wollenden Redeschwall aus sich heraus-
locken lassender, sich von dem Piepen aus Doktor Webers rechter Jacken-
tasche nicht aus dem Konzept bringen lassender, in ruhigem Ton weiter-
sprechender, an Doktor Weber einige ernste Worte richtender, indem er
seinen Stuhl zurückschiebt den Impuls zum Aufstehen gebender, sich zu-
gleich mit Doktor Weber erhebender, Doktor Weber zum Abschied die
Hand reichender, etwas sagender, nachdem Doktor Weber das Zimmer
sechsundvierzig verlassen hat, alleine in eben jenem zurückbleibender
Doktor Hofmeister*

Wer mag das sein? Wo ist das bis zur Mittagspause reichende
Zeitfenster? Es fließt. Alles fließt. Die Zeit fließt. Mein Leben
fließt an mir vorüber. Krankenstand. Im Krankenstand hätte ich
wieder Zeit, Zeit für mich. Allerdings fühle ich mich nicht im
Geringsten krank, weiter basiert diese Idee auf einem Fehlurteil,
dem Fehlurteil, dass ich zu Hause glücklicher wäre, entspannter,
mehr Zeit für mich hätte. Doch genau das Gegenteil wäre der
Fall. Gerade zu Hause wäre ich nicht glücklich, könnte mich
nicht entspannen, gerade zu Hause könnte ich nicht einmal eine
Minute für mein persönliches Wohlbefinden erübrigen, mich
nicht einmal eine Minute lang um nichts anderes als mich selbst
kümmern. Zu Hause sein, das heißt tot sein, sagt Pascal. Heim-
gehen heißt sterben. Das ist wahr und nicht nur in einer Hin-
sicht. Die Schneeflocken. Das Schneegestöber. Wer mag das sein?
Die klopfende Ungewissheit vor der Tür. – *Ja, bitte!* Die Tür
bleibt zu, wird nicht geöffnet. Habe ich mich etwa verhört?

Wurde überhaupt nicht geklopft? Greift der Krebs jetzt auch schon meine Gehörgänge an? Der Krebs. Der Krebs. Stets ist es der Krebs, der uns alle tötet, langsam, selbst dann, wenn wir gar nicht von ihm befallen sind, dem Krebs. Die Tür wird geöffnet. Ich höre es, das vertraute Geräusch, das mir so vertraute Türöffnungsgeräusch. Ich wende meinen Blick vom Fenster, von den sich dahinter befindenden, dahinter herumwuselnden Schneeflocken ab. Ich kenne den Mann, bewege mich auf ihn zu. Was will er von mir? Zumindest einmal habe ich ihn bereits gesehen. Was will der Mann? War es auf einer Feier? Die rechte Hand wird ihm entgegengestreckt, von ihm ergriffen. Wir begrüßen einander. – *Hofmeister*. Die konventionelle Vorstellung, eine bloße Formel. Und wie durch einen Zauberspruch wird er dadurch dazu bewegt sich selbst vorzustellen. – *Weber*. Weber, Weber, Weber, Weber, Weber. Ein mir unbekannter Name. Aber das Gesicht, die Statur, der Händedruck, das kenne ich, die kenne ich, den kenne ich, kenne ich mit Gewissheit. Gestern, beim Verlassen des Gebäudes hat Martina mich auf etwas aufmerksam gemacht. War es dieser Termin? Handelt es sich hierbei etwa um einen wichtigen Termin? Es wird mir einfallen, sobald ich Platz genommen habe, wird mir auch sein Name wieder einfallen. Er hat einen Termin, sonst hätte Martina ihn nicht zu mir hoch gelassen. Also: *Guten Tag. – Grüß Gott*. Ein Termin um diese Uhrzeit, vor der Mittagspause … Der kann unmöglich mit mir persönlich vereinbart worden sein. Demnach handelt es sich entweder um einen äußerst wichtigen Termin oder aber um einen, der bloß an mich weitergeleitet wurde. Auch Martina weiß über meine bevorzugten Zeiten Bescheid, würde mir so kurz vor der Pause niemanden mehr einteilen. Dieser Herr Weber wurde mir also definitiv aus einer anderen Abteilung einfach so zugeschoben. Das kommt in letzter Zeit häufiger vor, immer häufiger. Ich avanciere zur Ablage aller anderen Abteilungen, jedes unwichtige, unangenehme Meeting wird auf mich abgewälzt. Das tatsächlich Schlimme daran ist der absolut unersichtliche Grund dahinter. Ich verstehe es einfach nicht. Bloß ein weiterer Umstand der die sowieso bereits spärliche Zeit, die mir noch verbleibt, erbarmungslos, durch einen unstillbaren Hunger getrieben, wegfrisst. Also, was macht er hier, was macht Herr Weber hier? Ein wenig hin, ein wenig her gerutscht, bis die angenehmste Sitzposition eingenommen ist. Irgendwo hier, irgendwo auf diesem Schreibtisch befinden sich Unterlagen, die mir verraten, was es mit diesem Weber auf sich hat, dessen bin ich mir sicher. Der Name kommt mir bekannt vor, richtiggehend geläufig. Weber. Ich muss erst kürzlich etwas von ihm gehört oder über ihn gelesen haben. Weber. Ein Anruf am Schalter, ein Telefonat mit Martina um herauszufinden, wen sie mir da hochgeschickt hat, ist nicht angebracht, würde einen seltsamen Eindruck auf Herrn Weber machen, würde keinesfalls kompetent wirken, wäre keineswegs seriös. Außerdem, was, wenn es sich hierbei ausnahmsweise um eine tatsächlich wichtige Angelegenheit handeln sollte? Irgendwo in diesem Stapel befindet sich eine Notiz – ich glaube eine A5-formatige Seite – über diesen Weber. Ganz sicher. Gestern … ja gestern erst habe ich sie gesehen, sie gelesen, habe mich noch gewundert, welchen Termin Martina ihm zugeteilt hat. Oder war es vorgestern? Mein Zeitgefühl schwindet. Mein Erinnerungsvermögen wird schlechter, stetig schlechter. Mein Tumor wächst. Wo ist diese verdammte Notiz? – *Also, Herr Weber … Ich habe Sie heute zu mir … hierher …* Eine Ermahnung: Ich bin mir sicher, er ist gekommen, um von mir ermahnt zu werden. Weshalb? Das E-Card-Stecken? – … *bestellt, wegen Ihrer kleinen Geschichte.* Den Ton vage halten, den Satz vage formulieren, das ist das Geheimrezept. – *wegen Ihrem Problem oder vielmehr wegen dem Problem, dass wir … das wir hinsichtlich Ihrer Handlungsweise … Ihres Vorgehens in dieser Geschichte, in dieser …* Weswegen muss Herr Weber ermahnt werden? Kugner persönlich hat mich deshalb angerufen. Jetzt weiß ich es wieder. Aber was hat Kugner gesagt? Nein, nein, nein. Das ist der Stapel von vergangener Woche. Die Notiz muss sich irgendwo zwischen den Blättern des Stapels dieser Woche befinden. Rechnung, Rechnung, Umfrage, Plenarsitzung, Rechnung, Meeting, Ärzteball, Weber. Das ist er. „Und bitte machen Sie ihm das klar, und zwar so klar wie nur irgend möglich. In diesem Bezirk ist er der Einzige, der die vorgeschriebene

Quote mit so großem Abstand verfehlt." Kugner mit rauer Stimme, er war verkühlt, angeschlagen. Die Quote. Doktor Weber als praktischer Arzt. Die Generikaquote, natürlich. – … *in dieser Generika-Geschichte haben. Ich gebe zu, Sie sind nicht der Erste, den ich aus diesem Grund hier sitzen habe, aber nichtsdestotrotz handelt es sich um einen klaren Verstoß gegen die Vorschriften.* Zwar handelt es sich hierbei um einen besonderen Fall, trotz allem aber nur um einen besonderen Routinefall. Nicht einmal ein Prozent aller verschriebenen Medikamente als Generika. Die Einzelheiten wurden mir von Kugner gemailt. – *Ich habe hier zwar nur die Zahlen vom letzten Quartal vorliegen, aber ich glaube, mich zu erinnern, dass es sich in den vorhergehenden nicht anders verhalten hat. Sie haben in nur zwölf Fällen im gesamten Quartal Generika verschrieben. Bei insgesamt sechstausend verfassten Rezepten kommen wir da auf eine Generikaquote von nicht einmal einem Prozent. Zwanzig Prozent. Mindestens! – Und bei einer festgesetzten Quote von mindestens zwanzig Prozent haben wir es hier schon mit einem eklatanten Verstoß gegen die Generikaregelung zu tun.* Mein Standpunkt ist klargemacht. Ich habe meinen Standpunkt klargemacht, wie ich ihn bereits so oft klargemacht habe. Routine. Jetzt seine Antwort – auch die kenne ich schon in allen Varianten auswendig. Zuerst kommt die Entschuldigung, dann die Rechtfertigung durch den Preis, dann die Versicherung, so etwas werde nicht mehr vorkommen. Wieso habe ich nur diesen Doktor Weber vergessen? Ist es tatsächlich schon so schlimm? Die Kopfschmerzen setzen wieder ein. Ich darf nicht darüber nachdenken. Umso mehr ich darüber nachdenke, desto schwerer werden sie, die Kopfschmerzen. Psychosomatik. Alles verhält sich psychosomatisch. Die Macht der Psyche über den Körper. Der Körper als Spielball der eigenen Gedanken. Hier kommt Webers reuige Rechtfertigung. – *Ehrlich gesagt mach ich mir darüber keine großen Gedanken. Wenn das infrage kommende Generikum ausreichend getestet wurde und dem Patienten weniger kostet, denk ich natürlich nicht lange darüber nach und verschreib' es. Aber heutzutage gehen nun mal die Pharmakonzerne mit ihren Preisen sowieso laufend runter und da kommt das halt nicht mehr so oft vor. Ich versteh' nur nicht ganz, warum ich mich an eine Quotenregelung halten sollte, die dem Patienten teurer kommt und unvorhergesehene Nebenwirkungen nach sich ziehen kann, wenn ich ihm genauso gut ein ausreichend getestetes Medikament mit einem besseren Preis verschreiben kann.* Keine so geheuchelt reuige Rechtfertigung. Keine dermaßen geheuchelt reuige Rechtfertigung wie erwartet. Eigentlich überhaupt keine geheuchelt reuige Rechtfertigung. Dieser Weber weiß, was er will, weiß, wovon er spricht. Bei Weber handelt es sich um einen mir sehr sympathischen Menschen. Ich teile seine Sichtweise, ihm etwas anderes vorzumachen, ist für mich schlichtweg unmöglich. – *Sehen Sie, Herr Weber, ich sitze nicht hier, um Ihnen eine Standpauke zu halten oder dergleichen. Ich möchte Sie lediglich auf die Sichtweise der etwas höheren Etagen hinweisen, die Ihr Vorgehen höchstwahrscheinlich als Verstoß gegen Ihre Regelung wahrnehmen und ehrlich gesagt bin ich mir nicht sicher, wie lange die da noch tatenlos zuschauen werden.* Durch die Blume. Das war zweifellos durch die Blume gesagt. Ich muss ihn nun mal darauf hinweisen. Er muss darauf hingewiesen werden. Weber wirkt irritiert. – *Soll das … Soll das jetzt eine Drohung sein?* Die Interpretation des von mir soeben Gesagten trifft mich wie ein Faustschlag ins Gesicht. So war das nicht gemeint, keinesfalls! – *Nein, ganz und gar nicht, ganz und gar nicht, eher das Gegenteil, eher eine Warnung. Deswegen sage ich es Ihnen ja bereits jetzt, wo noch kein Schaden entstanden ist. Wenn sich das alles allerdings im nächsten Quartal so wiederholt, dann könnte es wirklich schon zu spät sein.* Versöhnlich. Versöhnlicher wird es nicht werden. – *Ich wäre ja sofort dazu bereit, mehr Generika zu verschreiben, wenn ich einen sinnvollen Grund dafür sehen könnte.* Er will einen Sinn. Er will einen Grund. Es rattert, rattert so laut, dass ich es buchstäblich hören kann. Ich halte mich zurück, setze ihm nichts mehr entgegen, lasse ihn fortfahren. – *… Nur seh ich zurzeit noch keinen.* Bei diesem Weber handelt es sich tatsächlich um einen ausgesprochen klaren Kopf. Die Karten auf den Tisch! Bei dieser Art Mensch kann man getrost seine Karten offenlegen, mit offenen Karten spielen. – *Es gibt durchaus einen Grund und der ist sogar ziemlich einfach …* Wie teile ich es ihm am schlichtesten mit? Wie kann ich ihm alle Sauereien, die dahinterstecken schnell, einfach begreiflich machen? Weber hakt ein. – *Ich mein, irgendwas muss da ja im*

Busch sein, irgendeine stillschweigende Vereinbarung mit einem großen Konzern oder was auch immer, weil mit Patientensicherheit kann das ja alles nicht wirklich was zu tun haben. Dieser Weber. Er fasziniert mich. – *Da haben Sie recht.* Nun müsste er mir nur einen kleinen Moment geben, um mich zu fassen, damit ich mir zumindest einen Beginn für meine Erläuterungen zurechtlegen könnte. Gut. Plötzlich reißt Weber seine Augen auf. Plötzlich spricht er in angriffslustigem Ton. – *Ja, also? Ich verlang' ja nichts weiter, außer dass man zu mir ehrlich is.* Ich verstehe ihn. Ich verstehe ihn vollkommen. Ich bin auf Doktor Webers Seite, bloß muss er mir erst mal die Gelegenheit geben, ihm die Sachlage zu erklären, damit ich ihm mein Verständnis, meine Zuneigung beweisen kann, damit ich ehrlich zu ihm sein kann. Schon wird das Wort erneut von ihm ergriffen. – *Ich weiß natürlich, dass ich bis zu einem gewissen Grad von Ihnen, das heißt von der Kasse, abhängig bin, aber Sie sollten auch nicht vergessen, dass die Kasse ohne Ärzte gar nicht existieren würde, die Kasse also von den Ärzten genauso, bis zu einem gewissen, wahrscheinlich geringeren Grad – aber trotzdem! – abhängig ist. Und wenn der Kopf nicht weiß, was der Schwanz tut, beißt er ihn sich aus Angst bekanntlich selber ab. Also?* Er hat recht, auch wenn das Sinnbild in diesem Fall nur Klischee und Übertreibung ist. Die rhetorische Frage. Das Klischee hernehmen, um alle Prämissen an den richtigen Platz zu rücken. – *Wer ist der Kopf und wer der Schwanz? Diese Frage müsste wahrscheinlich zuerst geklärt werden.* Er hat mich verstanden, hat die Infragestellung seines Sinnbilds verstanden, denkt darüber nach. – *Ja, das wär' natürlich interessant.* Schnippisch. Warum die Konfrontation, diese sinnlose, mich in den Wahnsinn treibende Konfrontation, diese Aggression, dieser permanente aggressive Unterton? Muss denn das unbedingt sein? Höchste Zeit für eine Erklärung. – *Na gut. Kommen wir also zu dem Grund, der hinter dieser ganzen Generika-Geschichte steckt …* Piep, piep, piep. Was zum … Das digitale Piepen eines digitalen Gerätes. Sein Handy? Nein. Eine Videokamera? Mag sein. Der Kerl ist gewieft. Anscheinend werde ich von ihm aufgezeichnet, zeichnet er unser Gespräch auf, anscheinend wird jedes hier von mir gesprochene Wort aufgezeichnet, aufgezeichnet, um in weiterer Folge auch verwendet werden zu können, verwendet zu werden, um etwas zu bewirken, etwas zu verändern, vielleicht aber gegen mich verwendet zu werden? Ich bin ein Rädchen, bloß ein kleines Rädchen in diesem komplexen Getriebe der Korruption, des Machtgewinns sowie des Machterhaltes, in dem das ganze Land, jede einzelne seiner Institutionen umfassenden Getriebe, das doch nur aus den niedrigsten, den dreckigsten, verabscheuungswürdigsten menschlichen Charakteren sowie Charakterzügen zu bestehen scheint. Ich habe es satt. In einem Jahr bin ich nicht mehr hier. In einem Jahr existiere ich nicht mehr, nur noch in den Erinnerungen meiner Hinterbliebenen. Außer ich hinterlasse einen Fußabdruck, einen Fußabdruck, der einprägsam genug ist, außer ich zerstöre ein kaputtes System, trage zu dessen Wiederaufbau bei. Außer. Ja, außer. Also: *Der Wirtschaftsminister Batenberg sagt Ihnen was?* Er nickt. Aber selbstverständlich. – *Natürlich.* Die dramaturgisch perfekte Einleitung für die heimlich filmende Kamera. – *Das ist jetzt eine Information, die sehr vielen sehr mächtigen Leuten in Österreich sehr unangenehm wäre, wenn sie an die Öffentlichkeit geriete.* Wurde so etwas von ihm erwartet? Natürlich hat er haargenau eine solche Offenbarung erwartet. Sonst würde er dieses Gespräch nicht mit seiner Videokamera aufzeichnen. Er ist durchaus schlau, dieser Weber. Das nun Folgende kann Weber nicht erwartet haben, zumindest nicht auf diese Weise, zumindest nicht diese detaillierten Auskünfte, die ich in der Lage bin, ihm zu geben, die ich ihm nun geben werde. Schließlich wurde immer wieder alles darangesetzt nicht den kleinsten Teil dieser Informationen an die Öffentlichkeit kommen zu lassen. – *Also der Batenberg hat eine Fabrik in Kasachstan, und zwar nicht irgendeine Fabrik, sondern de facto eine Generikafabrik.* Weber reagiert nicht. Wie viel davon ist Fassade? Ich weiß, dass er das nicht wusste, dass er davon nichts wissen konnte, nicht das Geringste. Woher denn auch? Auf jeden Fall habe ich ihm die Augen geöffnet. – *Und ich spreche hier nicht von einem kleinen Betrieb, mit dem er sich ein moderates Nebeneinkommen schafft, sondern von einem Betrieb mit über hundertfünfzig Angestellten, der zumindest in Österreich einer der Marktführer ist und laufend expandiert.* Er scheint noch immer nicht zufrieden zu sein. Das ist gut so. Die Videokamera läuft, nimmt auf, zeichnet auf, zeichnet ein Bild, ein Bild, das von mir entworfen wird, ein Bild der Tatsachen, ein Tatsachenbild. Luft in die Lungen. Und … Weber kommt mir zuvor: *Und was hat der Wirtschaftsminister mit der Krankenkasse zu tun?* Die richtige Frage. Jedoch hätte er mich nur ausreden lassen müssen. Weber ist aufgeregt, das sieht man ihm an, hat offensichtlich Angst, dass ich seinen Videokamera-Spionageangriff bemerkt habe, vernachlässigt deshalb sein Gefühl, das Gefühl für eine angemessene Konversation, verstößt daher gegen den Rhythmus, hätte dadurch beinahe den gesamten Gesprächsfluss ruiniert. Nichtsdestotrotz wird von mir geantwortet. – *Na ja, der Batenberg und der Kugner sind Klassenkameraden und haben dann nachher gemeinsam studiert. Also wenn sich die nicht so gut kennen würden, wär' die Quote nie im Leben eingeführt worden, nie im Leben. Ja und so läuft das.* Hier eine Zäsur. Ich gebe Weber Zeit, das von mir Gesagte zu verarbeiten. Ich will, dass er mir folgen kann. Zweifellos geht ihm etwas durch den Kopf. Irgendetwas. Vielleicht das Richtige, vielleicht habe ich die richtige Reaktion ausgelöst, die richtige Kettenreaktion in Gang gesetzt. Weber hingegen zeigt sich ganz in sich selbst versunken. Draußen vor dem Fenster fallen sie immer noch, immer weiter, fallen die Schneeflocken, fallen vor sich her, begraben draußen vor dem Fenster immer noch alles und jeden unter sich, draußen vor dem Fenster herrscht sie immer noch, die Kälte, die Kälte, von der ich erst im Tode verlassen werde, dann, dann erst ist alles Wärme, endlos schwarz, immer warm. Weber blickt vor sich hin, mich nicht an, aber lebendig vor sich hin. Draußen fallen die Flocken. Weber, in dem es rattert. – *Streng geheim?* – *Selbstverständlich streng geheim, strengst geheim. Die Fabrik in Kasachstan läuft ja nicht einmal auf den Batenberg persönlich.* – *Nein?* – *Nein, natürlich nicht. Die läuft auf seine Frau. Ein österreichischer Politiker – besser gesagt, ein Regierungsmitglied – kann doch in Kasachstan keine Firma besitzen und schon gar keine Generikafabrik.* Der Schmerz setzt ein, der Kopfschmerz sticht zu, der Tumor breitet sich aus. Heute ist wieder einer dieser Tage, einer dieser schlimmen, dieser schlimmsten Tage. Ich werde erwartet, von der Dunkelheit werde ich erwartet. – *Ja.* Ich bin es losgeworden. Von der Videokamera aufgezeichnet bin ich alles losgeworden, was ich loswerden wollte, alles außer der brisantesten aller Informationen, der Information, deren Preisgabe mich in Gefahr bringen würde, schlimmer noch, Daniel in Gefahr bringen würde, mein Vermächtnis in Gefahr bringen würde, den einzigen Menschen, der einen Teil von mir in sich trägt, der auch noch lange nach meinem Tod an mich denken wird, in Gefahr bringen würde. All die Menschen, die verschwunden sind, spurlos im Osten, in Kasachstan verschwunden sind, diese Journalisten, diese Privatdetektive, diese Personen, die auf eigene Faust, ganz ohne Rückhalt, ohne irgendeiner Rückendeckung in Kasachstan recherchiert, nachgeforscht haben, die einfach nicht mehr nach Hause zurückgekommen sind, um die Ecke gebracht wurden, von Batenberg um die Ecke gebracht wurden. Nicht von ihm persönlich wurden sie ermordet, nein, von seinen Handlangern, von dubiosen, kasachischen Auftragskillern wurden diese Menschen zum Schweigen gebracht, auf brutale, auf fatale Art zum Schweigen gebracht. Batenberg im Hintergrund. Der Schmerz. Der Stich in meinen Schläfen. Es wird schlimmer. Das Gespräch muss langsam einem Ende zugeführt werden. Weber wird es verstehen. Zweifellos habe ich ihm, habe ich seiner Videokamera, damit der Öffentlichkeit, ausreichend Informationen zukommen lassen. Weber wird zufrieden sein. Mit diesem Material kann nun endlich ein sowohl wahrheits- als auch detailgetreues Bild der Zustände innerhalb der österreichischen Krankenkasse und also auch der gravierenden Fehler innerhalb unseres Gesundheitssystems, gezeichnet werden. Hoffentlich konnte ich überzeugen, als Schauspieler überzeugen, hoffentlich kauft man mir mein Unwissen ab, das von mir gespielte Unwissen der Anwesenheit einer Videokamera, dem Umstand gegenüber, gerade gefilmt zu werden, ab. Allerdings ist es jetzt genug, es reicht, die Aufdeckungsaktion kann abgebrochen, muss beendet werden. Es ist genug. – *Nun gut. Ich hoffe, Sie nehmen sich meine Anregungen zu Herzen und schauen in Zukunft ein wenig auf Ihre Quote.* Zweifellos ein schöner Abschluss. Ein Abschluss, der mich wieder meinem Kopfschmerz überlässt, der mich wieder absolut, mehr oder weniger bedingungs-

218

los, voll und ganz meinen Kopfschmerzen überlässt. – … *Und wie gesagt, Sie kennen jetzt Informationen, die diesen Raum nie im Leben verlassen sollten.* Stärker. Stärker. Stetig stärker werden die Schmerzen, die mittlerweile meinen gesamten Körper wie Stromstöße traktieren. Ich erhebe mich, um Weber die Hand zu reichen. – *Na gut. Dann danke für die Einladung. – Ich sage Danke. – Ich danke für das aufschlussreiche Gespräch.* Ich werde von ihm benutzt. Ich werde sterben. – *Ja. Na gut. Auf Wiedersehen!* Er nimmt seine Jacke, wirft sie sich um. Wo hat er seine Kamera versteckt? In dieser Jacke? Gut möglich. Diese Dinge werden immer kleiner. Mir wird schwindelig. Bei dem Piepen könnte es sich allerdings auch um ein ordinäres, handelsübliches Mobiltelefon gehandelt haben. Weber verlässt den Raum. Ich werde sterben.

Es ist Nacht.

Doktor Weber liegt in einem Taschenbuch lesend im Bett, rechts neben ihm, von ihm weggedreht, eine braunhaarige Frau um die vierzig mit geschlossenen Augen sowie einem für ihr Alter auffallend faltenlosen Hals. Das Zimmer umfasst in etwa fünfundzwanzig Quadratmeter. Der Tür direkt gegenüber befindet sich das Bett mit den beiden Personen, links Doktor Weber, rechts die braunhaarige Frau. Der linken Bettseite gegenüberliegend befindet sich eine Wand mit zwei Fenstern, die nur von einer in dunkelbraunem Holz gehaltenen Kommode getrennt werden. Zwischen dem einen Fenster und dem Kopfende des Bettes auf Doktor Webers Seite steht ein, im selben Dunkelbraun wie die Kommode gehaltener, Nachttisch mit einer eingeschalteten Nachttischlampe, die gleichzeitig die einzige Lichtquelle in diesem Raum darstellt. Über dem Bett hängen zwei abstrakt abstrus anmutende Bilder, die hauptsächlich aus willkürlich angeordnet wirkenden Farbklecksen bestehen, deren Inhalt von Betrachter zu Betrachter merklich variiert. Der rechten Seite des Bettes gegenüber befindet sich ein kleines, offenes Bücherregal, welches hauptsächlich von medizinischen Sachbüchern okkupiert wird. Daneben befindet sich der offene Eingang in den begehbaren Wandschrank. Doktor Weber lässt sein Buch sinken. Sein Kopf bleibt allerdings starr nach vorn gerichtet. Er nimmt das Lesezeichen vom Nachttisch auf, steckt es zwischen die beiden Seiten, klappt daraufhin das Taschenbuch zu, legt es am Nachttisch ab, bewegt sich über die braunhaarige Frau neben ihm, gibt dieser einen Kuss auf die Stirn, schaltet die Nachttischlampe aus, zieht sich seine Decke bis über die Schultern, schließt die Augen. Die braunhaarige Frau hingegen öffnet die Ihrigen.

braunhaarige, mit einem für ihr Alter überraschend faltenlosen Hals, die Augen geschlossen haltende, von Doktor Weber weggedreht, auf ihrer linken Körperseite liegende, sich nicht bewegende, von Doktor Weber einen Kuss auf die Stirn bekommende, erst als Doktor Weber das Licht löscht, ihre Augen öffnende Frau

Und was, wenn ihm etwas Schreckliches zugestoßen ist? Was, wenn ihm die Zulassung entzogen wurde? Was, wenn ihm die

Zulassung aufgrund einer groben Fahrlässigkeit seinerseits entzogen wurde? Er sagt es mir nicht, spricht nicht mit mir, spricht darüber nicht mit mir, spricht einzig über Alltägliches, Allfälliges, spricht nicht über das Außergewöhnliche, spricht nicht über das seit Langem angekündigte amikale Gespräch in der Krankenkasse, welches heute Vormittag stattgefunden haben müsste, spricht nicht darüber. Ich bin machtlos, kann nichts dagegen unternehmen. Er ist nicht gehässig, verhält sich mir gegenüber keineswegs bösartig oder ungerecht. Ich will ihn nicht dazu zwingen, will ihn nicht zwingen, mir von seinem Tag zu berichten, will ihm meine helfende Hand nicht aufdrängen, will nicht, dass er mir gegen seinen Willen davon berichtet, was hinter verschlossener Tür, in der Zweigstelle der Niederösterreichischen Krankenkasse besprochen wurde. Ich will ihn nicht zwingen. Mir gegenüber verhält er sich normal, ja geradezu liebenswürdig, sogar liebenswürdiger, zutraulicher als früher. Ich fühle mich ihm in letzter Zeit näher, vertrauter als in all den Jahren, trotzdem weiß ich immer weniger über ihn, trotz der von mir empfundenen Nähe entferne ich mich stetig weiter, weiter, ja noch weiter von ihm, meinem Mann, meinem Ehemann. Sogar jetzt, in diesem Moment, in dem er direkt neben mir liegt, liest, empfinde ich Distanz, fühle mich Kilometer von ihm entfernt. Er liest eines seiner so geliebten Sachbücher. Das Sachbuch, das er zu Weihnachten von mir geschenkt bekommen hat. Er blättert nicht, hat schon seit einer guten halben Stunde keine einzige Seite mehr umgeblättert. „Ich lese nur Sachbücher, ausschließlich. Menschliches Leid hab' ich Tag ein, Tag aus zur Genüge", hat er einmal gesagt. Die Krankheit. Die Ärztekrankheit, die aus der Berufsgefahr des medizinischen Metiers erwächst. Aber warum? Warum ständig nur in Sachbüchern lesen, wenn man alles Wissenswerte mit nur ein paar Klicks innerhalb weniger Sekunden im Internet erfahren kann? Alles Wissen dieser Welt schwebt lautlos, imaginär, digital ständig um uns herum, hängt von jedem Baum, jederzeit, muss nur noch gepflückt werden, von uns, von dem, der will gepflückt werden. Ich höre nichts. Nichts außer das stete Rauschen des Heizkörpers, von dem der ganze Raum erfüllt wird. Ich höre Georg nicht umblättern. Reglos liegt er neben mir, das Taschenbuch in der Hand, in dem er nicht liest. Er hat es noch immer nicht weggelegt, noch nicht auf den Nachttisch gelegt. Das hätte ich gehört. Sachbücher liest er, wo es doch so gute Dokumentationen gibt. Nicht nur im Fernsehen. Das Internet ist voll von ihnen. Zu jedem beliebigen Thema gibt es mindestens zwei außerordentlich gute Dokumentationen. Hat man sich eine angesehen, werden einem auch sogleich zehn neue, gleichermaßen sehenswerte, vorgeschlagen. Eigentlich ein Teufelskreislauf, ein Kreislauf, der einen gefangen hält, ein Kreislauf, der einem nicht die geringste Möglichkeit zum Ausbruch lässt. Sechseinhalb Stunden, ich habe auf die Uhr gesehen, sechseinhalb Stunden habe ich heute vor dem Computer verbracht, in der Arbeit vor dem Computer verbracht. Die Arbeit, die sich nicht mehr als Arbeit gebiert, die nur noch als Schatten einer eigentlichen Arbeit auftritt, die mir nichts mehr gibt, mir nicht mehr das Geringste abverlangt, mich in keinster Weise vor neue Herausforderungen stellt, mich nicht mehr fordert. Selbstverständlich flüchtet man sich da in soziale Netzwerke auf Online-Video-Portale. Selbstverständlich. Ärzte haben jeden Tag mit neuen Menschen, mit ihnen absolut neuen Menschen zu tun. Jeder Einzelne dieser Menschen lässt ein Stück von sich zurück, ein Stück von sich, einen Teil seiner Probleme in der Praxis, ja am Arzt selbst zurück. Das ist der Umstand, der alle Ärzte zum Sachbuchlesen treibt. Georg hat immer noch nicht umgeblättert, legt jetzt das Taschenbuch zur Seite, auf dem Nachttisch ab, dreht daraufhin die Nachttischlampe ab. Was, wenn sie ihm die Zulassung entzogen haben? Der warme, der vertraute Kuss auf meine Stirn. Was, wenn wir auf der Straße landen?

im Bett liegender, in einem Taschenbuch lesender, sein Buch nach einer
Weile sinken lassender, das Lesezeichen vom Nachttisch nehmender, es
zwischen die Seiten steckender, dann das Taschenbuch schließender, es auf
dem Nachttisch ablegender, sich über die braunhaarige Frau neben ihm
beugender, dieser einen Kuss auf die Stirn drückender, die Nachttisch-
lampe ausschaltender, sich die Bettdecke bis über die Schultern ziehender,
die Augen schließender
Doktor Weber

Vielleicht am Montag. Am Montag müsste er wieder in der Stadt
sein. Vielleicht zeige ich ihm die Aufnahme am Montag. Max wird
begeistert sein. Zweifellos wird Max wahre Freudensprünge vor mir
absolvieren. Solch eine Titelgeschichte hatte er schon lange nicht.
Natürlich lasse ich sie mir bezahlen, ohne angemessenes Entgelt
wird sich meine Audiodatei nicht vermehren. Was verlangt man
dafür? Was wird üblicherweise für solch brisante Informationen
bezahlt? Zweitausend? Mehr. Zehntausend? Ich weiß es nicht.
Wahrscheinlich weniger. Das richtige Holzstapeln: Zuerst muss
ein etwa ein Meter breiter und zwei bis zweieinhalb Meter hoher
Platz geschaffen werden. Dieser Platz muss links und rechts von
Mauern oder Latten begrenzt werden. Quer zwischen diesen Be-
grenzungen müssen am Boden flache Holzbretter oder Latten ge-
legt werden, um ein etwaiges Auseinanderrollen der Holzscheite
zu verhindern und ein absolut planes Aufliegen derselben zu er-
möglichen. Ich habe es gelesen, hängen blieb allerdings nichts,
nichts, nicht das Geringste. Noch mal: Zuerst muss ein etwa ein
Meter breites (…) Es funktioniert nicht. Genauso gut könnte ich
dieses Buch, dieses Taschenbuch zur Seite legen, auf den Nacht-
tisch legen, das Licht ausschalten, mich zurücklehnen, die Decke
hochziehen, die Augen schließen, nur einschlafen könnte ich nicht.
Möglicherweise nimmt Max die Geschichte nicht einmal in die
nächste Ausgabe auf, veröffentlicht sie in keiner Form, bringt
den größten Skandal des österreichischen Gesundheitssystems
nicht an die Öffentlichkeit, bringt damit die Pharmaindustrie
nicht noch mehr in Verruf. Das Leben ginge weiter wie zuvor,
mein Leben ginge weiter wie immer, würde sich nicht verändern,

würde keine neue Abzweigung nehmen, alles bliebe, wie es ist, alles, alles genau gleich, vorbestimmt bis ans Ende meiner Tage, die Mittelmäßigkeit, die als Gefängnis fungiert, allerdings keine Gefangenen nimmt, diese Mittelmäßigkeit würde mich bis in das heimlich von ihr geschaufelte Grab begleiten. Sie ist vor allem eine Mittelmäßigkeit, die ein gewisses Wohlbefinden schafft, eine Geborgenheit, die man wie eine warme Bettdecke um sich schlingen kann, in die man sich gänzlich einwickeln, vorbehaltslos hineinkuscheln kann, die einen von der Umwelt komplett abschottet, einem eine Unantastbarkeit dieser kalten, tödlichen Umwelt gegenüber garantiert. Trotzdem handelt es sich dabei um eine Mittelmäßigkeit, die allen anderen Mittelmäßigkeiten um nichts, nicht um das Geringste nachsteht. Genauso wie bei anderen Mittelmäßigkeiten handelt es sich auch bei dieser, meiner Mittelmäßigkeit, um ein auf absolute Weise ausgesprochenes Todesurteil, das nicht revidierbar zu sein scheint. Allein durch die Enthüllung sowohl dieses mir so widerwärtigen Missstandes als auch meines höchsteigenen Selbst, indem ich eben jenen Missstand ans Tageslicht bringe, indem ich ihn entlarve, anprangere, allein dadurch entkomme ich ihr, entkomme ich der Mittelmäßigkeit, entkomme ich meinem Absterben. Das rechte Bein schläft ein oder vielmehr: Schlief bereits vor einer halben Stunde ein, jedoch wird dieser Umstand erst jetzt von mir bemerkt, von mir wahrgenommen, erst jetzt werde ich von ihm gestört. Langsam kriecht der Beinschlaf auch schon aus meinem rechten Bein hoch in die Hüftgegend, was mich fürchten lässt, dass er sich danach auch noch in andere Körperregionen ausweiten wird. Meine Position muss also verändert werden. Es ist Zeit. Ich werde mich ausstrecken, meinen Körper waagerecht unter der Bettdecke auf dem Bett platzieren. Zuerst muss aber das Licht gelöscht, davor auch noch das Sachbuch über Holzarbeit zur Seite gelegt werden. Das Buch wird also am Nachttisch abgelegt, Marianne wird auf die Stirn geküsst – sie bekommt es nicht mit, schläft bereits – das Licht wird ausgeschaltet, die Decke wird hochgezogen, die Augen geschlossen. Morgen beginnt sie, beginnt die Änderung, Verbesserung unseres Gesundheitssystems sowie die Änderung, die Verbesserung meines Lebens.

Doktor Webers Schlafzimmerfenster zeigt auf eine kleine Seitenstraße sowie auf einen tief winterlich verschneiten Park, der von gusseisernen Laternen warm orange ausgeleuchtet wird. Auf der gegenüberliegenden Straßenseite weisen blaue Parkflächenbegrenzungen eine Kurzparkzone aus. In einer der, um diese Uhrzeit beinahe leeren, Parkflächen steht, dem Schlafzimmerfenster direkt gegenüber, ein in Schwarz gehaltener Audi A6, dessen Innenraum matt blau ausgeleuchtet wird. In diesem Auto sitzt ein Mann in einer blauen Jeanshose sowie einem schwarzen Pullover. Seine stechend blauen Augen blicken ausdruckslos auf Doktor Webers beleuchtetes Schlafzimmerfenster, bis dort das Licht erlischt. Dann wendet sich der Schwarzhaarige, an den Schläfen leicht melierte Kopf dem Beifahrersitz zu, auf dem ein geöffneter, silberner Laptop steht, dessen Bildschirm die Quelle der blauen Autoinnenraumbeleuchtung darstellt. Auf diesem verharrt nun der Blick des Mannes. In dem Moment, in dem das Licht in Doktor Webers Schlafzimmer ausgeht, passiert fünf Meter unter jenem Schlafzimmer ein, in einen langen, grauen Mantel gehüllter Fußgänger mit einem runden, braunen Hut auf dem Kopf sowie einem dichten, schwarzen Bart im Gesicht und einem Spazierstock, der ihm auf dem glatten Gehsteig gute Dienste erweist, das Haus.

im in Schwarz gehaltenen Audi A6 sitzender, eine blaue Jeanshose sowie einen schwarzen Pullover tragender, mit seinen stechend blauen Augen ausdruckslos Doktor Webers beleuchtetes Schlafzimmerfenster, bis in diesem das Licht erlischt, betrachtender, dann den schwarzhaarigen Kopf mit den melierten Schläfen in Richtung Beifahrersitz wendender, dort den geöffneten silbernen Laptop, der die Quelle der blauen Autoinnenbeleuchtung darstellt, betrachtender Mann

(…) denn die Wärme ermüdet, erweitert die Gefäße, lässt sie sich ausdehnen, der Blutdruck sinkt, das warme Blut fließt nicht mehr, es plätschert durch meinen Körper. Die Glieder werden schwer. Wie gerne läge ich in diesem Doppelbett in diesem Schlafzimmer, neben dieser Frau. Ich kenne es, das Zimmer, ich kenne sie, die Frau, ich kenne ihn, den Doktor, kenne seine Angewohnheiten, kenne ihre Angewohnheiten. Ich kenne beide, kenne beide genau, genauestens, aufs Genaueste, in- und auswendig kenne ich Doktor Weber, kenne ich seine Lebensgefährtin Marianne. Drei Mal die

Woche nimmt sie das Einkaufssackerl zur Hand, verlässt das Haus, steigt ins Auto, fährt einkaufen. Drei Mal die Woche füllt sie den Kühlschrank neu auf, immer sie, immer Marianne, nie er, nie. Doktor Weber geht am Mittwochnachmittag, an seinem freien Nachmittag, in die Innenstadt Poolbillard spielen, ausnahmslos, an jedem Mittwochnachmittag seit Beginn der Observation. Beginn, ja der Beginn. Wann begann die Observation? Um das herauszufinden, müsste die PDF-Datei auf dem Computer in meinem Büro durchforscht werden. Mein Gefühl sagt mir, Doktor Weber wird bereits seit einigen Wochen, zwei, vielleicht drei, vier, möglicherweise auch schon seit fünf Wochen von mir beobachtet, ausgeforscht, erforscht. Deshalb kenne ich ihn so gut, kann mich mittlerweile in ihn hineinversetzen, in seine Welt hineinversetzen, in seine Gedanken hineinversetzen, in sein Schlafzimmer hineinversetzen, in sein Bett hineinversetzen. Leider besitzen bloß meine Gedanken diese Macht, mein Körper hingegen bleibt stets hier, außerhalb des Hauses, zumindest solang die Zielpersonen anwesend sind, bleibt immer in meiner Welt gefangen, eingesperrt, wagt es nicht auch nur den geringsten Ausbruchsversuch zu unternehmen. Das Licht geht aus, das Licht im Schlafzimmer, es erlischt. Es scheint, dass sich nun auch die letzte Gelegenheit an Doktor Webers Leben teilzuhaben, verflüchtigt hat, in dem Moment, in dem das warme Licht, das warme Leselicht der eisigen Dunkelheit der Winternacht, der dem gesunden Schlafe so zuträglichen Dunkelheit gewichen ist. Ich kann jedoch immer noch an seinem Leben teilhaben. Ich bin in seinem WLAN-Netz, bin in seinem Laptop, bin von meinem Laptop aus mit seinem verbunden, denn jede E-Mail muss überprüft werden, jede verdächtige E-Mail weitergeleitet, auf der Stelle abgefangen werden, der Auftraggeber wartet darauf. Was dann geschieht, das geht mich nichts an. Verschwörungstheorien sind unangebracht, in meinem Beruf immer unangebracht, haben hier nichts, aber auch gar nichts zu suchen, haben in meinem Kopf nicht das Geringste verloren. Die Beobachtung, mein Beobachten wird bezahlt, das ist dann auch schon alles, das Beobachten als Auftrag, den es zu erfüllen gilt. Mit allem, was nach dem Beobachten, nach dem Berichterstatten geschieht habe ich nichts zu tun, das alles liegt in anderen Händen, in ganz anderen Händen als den meinigen. Frau Peck geht auch nicht auf meine Rechnung. Für die Fotos war ich verantwortlich, das wurde auch bereits vor Gericht von mir ausgesagt, mit allem anderen, das nach meiner Berichterstattung vorfiel, hatte ich nichts zu tun, wusste nicht das Geringste davon. Die Fotos von Horst und Frau Peck wurden, wie zuvor abgemacht, termingerecht bei Herrn Peck abgeliefert. Die Verantwortung für die nachfolgende Tat, die nachfolgende Gewalttat, liegt zu hundert Prozent bei ihm, liegt einzig bei Peck. Mich trifft dieselbe Schuld, die den Schmied des Messers, der Tatwaffe, trifft, nicht mehr, nicht weniger. Mit diesem „nicht weniger" muss ich leben, ich alleine. Diese Schuld ist trotz allem die geringste. Genauso gut hätte Peck das Messer auch zum Gemüsezerkleinern benutzen können. Er tat es nicht. Genauso gut hätte er durch meine Observationsfotos sowohl innerlich als auch äußerlich bestätigt schlichtweg die Scheidung einreichen können. Er tat es aber nicht. Rund um rehabilitiert hat man mich zuerst aus dem Gerichtssaal, dann aus dem Gerichtsgebäude entlassen. Sieben Jahre stand in der Zeitung, sieben Jahre bedingt. Ich hatte es Herrn Peck nie angesehen, nie hätte ich ihm eine derartige Brutalität zugetraut, nie hätte ich auch nur ansatzweise solche Gelüste in seinem Kopf vermutet.

Doktor Webers Haus unter dem Schlafzimmerfenster, während hinter diesem das Licht ausgeht, passierender, in einen langen, grauen Mantel gehüllter Fußgänger mit einem runden, braunen Hut auf dem Kopf sowie einem dichten, schwarzen Bart im Gesicht und einem Spazierstock, der ihm auf dem glatten Gehsteig gute Dienste erweist, in der Hand

Jemand anderer spürt die Kälte, höchstwahrscheinlich gibt es in genau diesem Moment, möglicherweise in genau dieser Stadt, wahrscheinlich gar nicht so weit von meiner jetzigen Position entfernt eine Person, die friert oder sogar erfriert. Mein Mantel jedoch hält mich warm, mein Hut hält mich warm, sowohl meine dicken Socken als auch meine Winterschuhe halten mich warm, aber nicht zu warm, ich schwitze nicht. Weder friere noch schwitze ich, befinde mich exakt zwischen diesen beiden Extremen, nenne also den wohltemperierten Idealzustand mein Eigen. Es kann um einen herum noch so eisig kalt sein, durch die Kleidung passend ausgestattet, wird man davon nicht weiter tangiert. Dann bleibt nur das Bild, einzig das Bild einer von den Laternen nächtlich warm orange ausgeleuchteten Winterlandschaft, das keinesfalls unangenehm, das nicht im Entferntesten kalt oder feindselig auf einen wirkt. Des einen Idylle, des anderen Hölle. Einzig auf die Schalen, auf die multiplen Schalen kommt es an, die einzelnen Schichten, die die Wärme nicht nach außen, die die Kälte nicht nach innen dringen lassen, darauf kommt es an. Welchen Stellenwert aber nimmt meine Wahrnehmung ein, wo befindet sich ihr Platz, der Platz meiner höchst eigenen Wahrnehmung in dem Gesamtbild, das allgemein als Realität bezeichnet wird? Wo genau lässt sich die eigene, die persönliche Sichtweise der Dinge einordnen? Ist sie in irgendeinem höheren Sinne überhaupt als erwähnenswert zu bezeichnen? Unterstützt sie auf irgendeine Art, auf irgendeine Weise den überdimensionalen Pfeiler, der die allgemeine Weltanschauung, das allgemeine Gesellschaftsbild aufrechterhält oder handelt es sich in ihrem Falle bloß um ein winzig kleines Staubkörnchen, dessen Bedeutung unmöglich zu unterschätzen ist, das einfach, vom Zufall angestoßen, samt einer von außen auf- und angenommenen allgemeinen Weltanschauung, samt einem allgemeinen Gesellschaftsbild, sinnlos, nutzlos vor sich hintreibt? Nein. Dieses Körnchen bildet, in der Vereinigung mit milliardenfachen anderen, immer aber unterschiedlich geformten Körnchen, das Fundament dieses Pfeilers, dessen Statik grundlegend von der Gesamtheit eben jener Körnchen beeinflusst wird. Aus dem Pfeiler, aus den, das Fundament formenden, Körnchen, sowie aus allem sowohl diesen Pfeiler als auch diese Körnchen Umgebenden setzt sich die sogenannte Realität zusammen. Auf diese Realität gründet sich die Wahrheit, die Wahrheit jedoch zeigt sich natürlich als faktisch nicht existent, da sie von niemandem erkannt, ferner ihre Existenz auch von niemandem bewiesen werden kann. Die Wahrheit sei schlichtweg zu groß, um von einem einzelnen Menschen erkannt zu werden, heißt es. Aber warum? Aus einem tatsächlich höchst einleuchtenden, ausgesprochen einfachen Grund: Der Mensch kann keine Gedanken lesen, in keinen anderen Menschen hineinblicken, daher ist es für ihn ein Ding der Unmöglichkeit alle notwendigen Einzelteile der höheren, aus diesem Grunde faktisch nicht existenten Wahrheit zu erkennen. Wahrheit als sinngemäß falscher Ausdruck, Wahrheit als Wirklichkeit; wie wirkt die Realität und alles, was in ihr geschieht, was sich in ihr befindet, auf den Einzelnen? Die Wahrheit als objektivst mögliche Wirklichkeit. Wie allerdings kann man zu einer solchen objektivst möglichen Wirklichkeit überhaupt gelangen? Einzig durch eine Abwandlung des von mir soeben beschriebenen Schrittes. Erst in der Betrachtung eines Bildes, das unter der Berücksichtigung einer jeden existierenden, subjektiv vorhandenen Wirklichkeit in Kombination mit der haptischen Realität unserer natürlichen Umgebung sowie der von jedem Individuum gesetzten Aktionen gezeichnet wurde, kann man von Realität sprechen. Da dies jedoch eine Utopie, also in keinster Weise möglich ist, so zeigt sich eine einzige Wahrheit oder Realität als schlichtweg illusorisch. Was sich allerdings als durchweg möglich, ja wünschens- und durch und durch erstrebenswert darstellt, das ist das Erreichen der objektivsten Wirklichkeit, das ausschließlich in artistischer Form durchführbar ist, denn einzig in der Kunst kann der Schöpfer mehrere unterschiedliche Wirklichkeiten, Realitäten, wenn man so will, miteinander verknüpfen, daraus schließlich ein einheitliches Bild der objektivst möglichen Wirklichkeit gestalten. Jedoch handelt es sich auch hierbei um eine bloße Ansicht, um eine weitere Weltanschauung, um meine Weltanschauung, die wie alle anderen Weltanschauungen widerlegbar ist, sich schlussendlich womöglich sogar als falsch erweist.

Alle dargestellten Personen und Ereignisse sind beinahe zu hundert Prozent fiktiv. Ähnlichkeiten mit lebenden oder verstorbenen Personen sowie tatsächlichen Ereignissen sind nicht unbedingt die Intention des Verfassers.

Der Autor

Johann Sebastian Steif wurde am 05. 10. 1990
in Wiener Neustadt geboren.

Der Verlag

Wer aufhört besser zu werden, hat aufgehört gut zu sein!

Basierend auf diesem Motto ist es dem novum Verlag ein Anliegen neue Manuskripte aufzuspüren, zu veröffentlichen und deren Autoren langfristig zu fördern. Mittlerweile gilt der 1997 gegründete und mehrfach prämierte Verlag als Spezialist für Neuautoren in Deutschland, Österreich und der Schweiz.

Für jedes neue Manuskript wird innerhalb weniger Wochen eine kostenfreie, unverbindliche Lektorats-Prüfung erstellt.

Weitere Informationen zum Verlag und seinen Büchern finden Sie im Internet unter:

w w w . n o v u m v e r l a g . c o m